FRANK RIEMENSPERGER UND SVENJA FALK

DIGITALER DOPPELPASS

WIE KONKURRENZ UND KOOPERATION
GEMEINSAM ZU WIRTSCHAFTSWACHSTUM FÜHREN

REDLINE | VERLAG

Bibliografische Information der Deutschen Nationalbibliothek
Die Deutsche Nationalbibliothek verzeichnet diese Publikation in der Deutschen Nationalbibliografie. Detaillierte bibliografische Daten sind im Internet über http://dnb.d-nb.de abrufbar.

Für Fragen und Anregungen
info@redline-verlag.de

Wichtiger Hinweis
Ausschließlich zum Zweck der besseren Lesbarkeit wurde auf eine genderspezifische Schreibweise sowie eine Mehrfachbezeichnung verzichtet. Alle personenbezogenen Bezeichnungen sind somit geschlechtsneutral zu verstehen.

1. Auflage 2022
© 2022 by Redline Verlag, ein Imprint der Münchner Verlagsgruppe GmbH
Türkenstraße 89
80799 München
Tel.: 089 651285-0
Fax: 089 652096

Umschlagabbildung: Finn Falk
Satz: Carsten Klein, Torgau
Druck: GGP Media GmbH
Printed in Germany

ISBN Print 978-3-86881-872-7
ISBN E-Book (PDF) 978-3-96267-385-7
ISBN E-Book (EPUB, Mobi) 978-3-96267-386-4

Wir produzieren
nachhaltig
www.m-vg.de

Weitere Informationen zum Verlag finden Sie unter

www.redline-verlag.de

Beachten Sie auch unsere weiteren Verlage unter www.m-vg.de

Inhalt

RAUS AUS DEN SILOS – REIN IN DIE ÖKOSYSTEME!

Wenn du schnell sein willst, geh allein. Wenn du weit kommen willst, geh gemeinsam mit anderen.

– Afrikanisches Sprichwort

Traditionelle Ansätze von Strategie, Wertschöpfung und Unternehmensführung haben sich überlebt, ohne dass die Pfade in die Zukunft für jeden bereits klar erkennbar sind. Kein Unternehmen kann die notwendige große Transformation in die digitale Zukunft allein schaffen! Das sind zentrale Ergebnisse unserer Gespräche mit CEOs, Vorständen und Vordenkern aus der Wissenschaft. Aber es gibt innovative Ansätze für die Reise in das Neue.

Sie sind es, die uns zu diesem Buch inspiriert haben. Es handelt von einem tiefgreifenden Umbruch in Wirtschaft und Unternehmen, einem völlig neuen Potenzial von Wertschöpfung und den damit einhergehenden Geschäftsmodellen – einer Transformation, die an immer mehr Orten Realität wird. Das gilt für die Welt – und damit auch für die deutsche Wirtschaft.

Die Rede ist von dem Prinzip des Doppelpasses – der Zusammenarbeit einer Vielzahl von Akteuren in digitalen Ökosystemen. Hier arbeiten Unternehmensriesen und Start-ups, Partner und Konkurrenten, Brancheninsider und andere Stakeholder zusammen, gruppiert um eine Plattform. Gerade hierin zeigt sich ein fundamentaler Paradigmenwechsel in der Art des Wirtschaftens.

Für Unternehmen bedeutet er: Zukünftig findet der Wettbewerb nicht mehr zwischen einzelnen Unternehmen, sondern zwischen Ökosystemen statt, deren Teil sie geworden sind. Erst der »Doppelpass« zu einem oder auch mehreren Mitspielern, die partielle Zusammenarbeit selbst unter Konkurrenten, aber auch mit anderen Akteuren, öffnet die Sicht auf bisher unbekannte Horizonte.

Diese neue Form der Wertschöpfung wird immer wichtiger. Sie bedeutet, dass sich immer mehr zukunftsträchtige Geschäftsideen nur im Zusammenspiel mit anderen Teilnehmern des Ökosystems erfolgreich entwickeln und skalieren lassen. Gelingt das Zusammenspiel, dann können die Unternehmen sich transformieren und gleichzeitig wachsen.

Entwicklungsfelder für digitale Projekte gibt es genügend. Die physische Welt kann durch das Zusammenspiel von Daten und Software zunehmend digital gesteuert werden. Das bietet ungeahnte Möglichkeiten für die Herausforderungen an Gesundheit, Umwelt und gutes Leben. Allein die Vorgaben für Umweltschutz, Soziales und verantwortliche *Governance* (ESG) fordern intelligente Produkte und verlässliche Datenströme, ebenso wie die Geschäftsfelder für die Kreislaufwirtschaft, die Energiewende oder den Klimaschutz und anderes mehr.

In digitalen Business-Ökosystemen werden von seinen Mitspielern gemeinsam Werte für den Markt geschaffen. An die Spitze setzen sich jeweils diejenigen Unternehmen, die nicht nur zielsicher in der virtuellen Welt navigieren, sondern diese digitalen Ökosysteme nach neuen Spielregeln auch am besten nutzen können. Nur durch diese Bündelung von Kraft und Kompetenz können sich Deutschland und die EU einen Platz zwischen den Digitalmächten USA und China sichern, in einer geopolitischen Situation, die sich seit der Invasion der Ukraine völlig neu sortiert.

Für Deutschland gilt dabei: Das Ingenieurswesen, über Jahrhunderte der Stolz der deutschen Industrie, ist nicht mehr der primäre Wachstumstreiber, jetzt sind Strategen und Spielführer in digitalen Ökosystemen gefragt. Aus »*Made in Germany*« wird immer öfter ein »*Made in and Operated by Germany*«.

Drei Jahre nach unserem ersten Buch *Titelverteidiger* (2019) hat sich die Welt bereits deutlich verändert. Damals fragten wir, wie wir unsere Spitzenposition auf dem Weltmarkt würden halten können, kritisierten mangelnde Ambitionen und fehlende Kreativität. Heute stehen wir, wie in unserem zweiten Buch *Neues wagen* (2020) beschrieben, am Beginn einer Dekade der Machtblöcke. Der politische und wirtschaftliche Graben zwischen West und Ost wird größer. Im Frühjahr 2022 ist schwer zu sagen, welche konkreten Auswirkungen die Invasion Russlands in die Ukraine haben wird. Aber bereits jetzt wird deutlich, dass Blockbildungen und Fragmentierung das wirtschaftliche und politische Geschehen auf lange Zeit prägen werden. Für Deutschland wird es zunehmend schwieriger, seine Märkte in alle Richtungen offen zu halten. Den großen Sprung in die Digitalwirtschaft hat das Land immer noch nicht getan. Gleichzeitig wird digitale Souveränität immer wichtiger – ohne sie sind all unsere Freiheiten bedroht. Das erhöht den Druck, nicht nur auf die Wirtschaft, sondern auch auf Politik und Gesellschaft.

Während in den USA und China jedoch die Handlungsfelder klarer sind, fehlt in Europa und Deutschland die Orientierung auf allen Ebenen – in Wirtschaft und Politik. Diese will dieses Buch geben. Uns geht es um die moderne Wiederbelebung eines nur scheinbar widersprüchlichen, eigentlich schon vor Jahrhunderten praktizierten Prinzips: der kreativen Zusammenarbeit im Wettstreit miteinander, der *Coopetition*, diesmal im Rahmen digitaler Ökosysteme.

Wir sind überzeugt, der Wettbewerb in dieser Dekade wird unter anderen Vorzeichen stehen als bislang: Es geht um neue Narrative, dezentrale digitale Architekturen und den Betrieb der physischen Welt, ergo das Zusammenwachsen von Physik und Daten, Materie und Information.

Dabei wird deutlich: Die Firmen stehen vor einem grundsätzlichen Kulturwandel, um die vor uns liegende große Transformation erfolgreich zu bewältigen. Die Offenheit für neuartige Ideen, das Lernen von Erfahrungen anderer und der Mut, quer zu Hierarchien und Branchen ins Offene zu agieren, erfordert dabei ein ganz neues Mindset in den Unternehmen in Deutschland und andernorts.

Aber unser Buch handelt nicht nur davon. Denn wir sehen auch die dringende Notwendigkeit des besseren Teamplays zwischen dem Staat als Initiator und verlässlichem Gewährleister von digitaler Infrastruktur auf der einen und der Wirtschaft als Innovator auf der anderen Seite.

Denn wie dies bereits für die USA und China gilt, muss es auch in Europa zu einer gemeinsamen digitalen Technosphäre kommen, in der innovative Ökosysteme unternehmens- und branchenübergreifend zu einer neuen Art von Wertschöpfung führen. Rund um die digitalen Spieler müssen – an den Seitenlinien sozusagen – digitale Infrastrukturen hochgezogen werden.

Konkret bedeutet das: Mithilfe von Förderprogrammen der EU oder der Bundesregierung müssen Datenräume, Edge-Technologien und Clouds entstehen. Auch muss der Staat stärker als bisher als Leitanbieter und -anwender auftreten, insbesondere mit Blick auf gemeinsame Standards und Rechtsrahmen, um auf diese Weise den Zugang zu den Plattformen und Ökosystemen so leicht, aber auch so sicher wie möglich zu machen. Auch der Datenschutz muss weiter als bisher gedacht werden: Das Prinzip der Datensparsamkeit und das Konzept einer datengetriebenen Wirtschaft und Gesellschaft passen nicht zusammen. All das ist die Basis für Vertrauen, das notwendige Geschäftskapital für neue Partnerschaften.

Eine Fülle von Fallbeispielen aus Unternehmen zeigt, wie vielgestaltet diese neue Welt der digitalen Doppelpässe in Ökonomien schon heute ist, hierzulande und anderswo, und wohin die Reise gehen kann.

Etwa bei Dräger, der mit Daten Leben retten möchte. Oder bei Catena-X, in dem BMW, VW und Mercedes innovativ mit Zulieferern zusammenarbeiten. Oder beim TÜV im Hinblick auf die Entwicklung von Standards und Normen für künstliche Intelligenz. Oder bei der KfW, die mit Open-Source-Technologien zu nachhaltiger Förderung kommen will. Und anderes mehr.

Die Fallbeispiele belegen erneut, dass der eigentliche Gewinn der Digitalisierung nicht in der Optimierung und Effizienzsteigerung der physischen Welt besteht, sondern in der Ernte und smarten Kombination ihrer Daten. Gerade dies ermöglicht die Entwicklung neuer Geschäftsmodelle, Transparenz und sogar den Aufbau neuer Wertschöpfungsketten. Gemeinsam in digitalen Ökosystemen, so zeigt sich, können Unternehmen die notwendigen Voraussetzungen schaffen, um innovativ zu sein und im internationalen Wettbewerb zu bestehen – auch gegen die US- und die chinesische Konkurrenz. Das Metaverse Industrie 4.0 gewinnt dabei zunehmend an Konturen und verspricht eine spannende Zukunft der Produktion, des Wirtschaftens und Arbeitens rund um Web-3.0-Technologien.

Der digitale Doppelpass ist also kein taktisches Manöver, sondern er verhilft strategisch und operativ zu neuen Dimensionen der Wertschöpfung, mit dem Kunden im Mittelpunkt.

DIE NEUE REALITÄT

Das Tempo der Veränderung ist schneller denn je. Innerhalb weniger Jahrzehnte haben sich Weltordnungen zerschlagen und neu formiert, andere sind im Fluss. Seit der Schaffung des Internets hat die Digitalisierung erst die Globalisierung vorangetrieben, neue Märkte geschaffen, aber auch den weltweiten Cyberterrorismus und desaströse Finanzskandale mit ermöglicht. Auf Euphorie und Ernüchterung rund um die Jahrtausendwende folgte dann eine Dekade der globalen Fragmentierung und des wiedererwachenden Nationalismus. Ein neuer Systemwettbewerb mit Fokus auf Technologie und zunehmend auch auf Energie durchzieht alle Sphären von Fortschritt – China ist auf dem Sprung, die USA als Technologie- und Weltmarktführer abzulösen. Die Covid-19-Pandemie hat die Entkopplung weltweit auf allen Ebenen beschleunigt, politisch, wirtschaftlich, kulturell. Und die Invasion Russlands in die Ukraine hat Rüstungspolitik und Cyberwarfare wieder ganz nach oben auf die politische Agenda gebracht.

In seinem jährlichen Brief an die Shareholder schreibt Microsoft-CEO Satya Nadella: »Die digitale Transformation, die innerhalb der nächsten zehn Jahre passieren sollte, findet heute statt.«[1] Eine Umfrage bestätigt dies: 84 Prozent von über 3000 weltweit befragten Führungskräften erklären, dass die Auswirkungen des Covid-19-Virus die Transformation in ihren Unternehmen nicht nur beschleunigt, sondern auch die Zielsetzungen verändert haben.[2]

In diesem Jahrzehnt müssen Deutschland und die EU ihren Platz finden, wollen sie nicht in diesem Wettlauf abgehängt werden und damit ihre – technologische wie wirtschaftliche – Souveränität verlieren. Der Zeitrahmen wird eng: Wer glaubte, der Wandel komme gemächlich durch Wissens- und Erfahrungszuwächse, durch den langfristig geplanten Einstieg in die Cloud oder den Anstoß veränderter Kundenwünsche, ist eines Besseren belehrt worden. Solche Erwartungen sind entweder in kürzester Zeit durch die Entwicklungen überholt oder in ihren Zielen gänzlich infrage gestellt worden. Symbolträchtig war die Tatsache, dass die Covid-19-Impfstoffe nach rund einem Jahr zur Verfügung standen statt wie bisher nach mindestens zehn Jahren Forschung. Das dabei angewandte m-RNA-Prinzip in Verbindung mit der Anwendung künstlicher Intelligenz und Robotik war in diesem Punkt ein Durchbruch, der weitere Bereiche der Medizin revolutionieren wird. Und als wäre Erfindergeist ansteckend, wurden auch neue Lieferketten und Geschäftsmodelle in wenigen Wochen und Monaten aufgebaut. Die Vergangenheit, wird immer deutlicher, ist kein entscheidender Bezugspunkt mehr für Erfolg.

Weil der Wandel auf vielen Ebenen gleichzeitig stattfindet, stehen die Unternehmen vor einer bisher ungekannten Rundum-Herausforderung. Denn es geht darum, die Produkte zu digitalisieren, die Services über Plattformen auszubauen, Ökosysteme zu bilden, in die Cloud einzusteigen und neue Geschäftsmodelle zu entwickeln – und das alles gleichzeitig. Hinzu kommt eine durch die Geopolitik erzwungene wirtschaftliche Neuorientierung, was Lieferketten und Absatzmärkte angeht.

Die Unsicherheit ist groß: Zwar sind sich 88 Prozent der Unternehmen klar darüber, welche Probleme sie aktuell lösen müssen, doch nur sechs Prozent sind überzeugt, dass sie für die unkalkulierbare Zukunft ausreichend gerüstet sind.[3] Katalysator für die Beschleunigung ist die digitale Transformation: Über 90 Prozent der CxOs fühlen den Druck der Veränderung auf vielen Ebenen (*compressed transformation*), im jeweiligen Unternehmen genauso wie in der eigenen Branche. Das gilt für Europa ähnlich wie für die USA, den Asien-Pazifik-Raum oder auch China.

Systemwettbewerb: Die Entkopplung der Welt

Die digitale Revolution hat zu einer neuen Form des Systemwettbewerbs geführt. Im vergangenen Jahrhundert ging es noch um die wirtschaftliche und ideologische Konkurrenz zwischen demokratisch-marktwirtschaftlichen und lenkungswirtschaftlich-sozialistischen Systemen. Heute entscheidet über die Führungsrolle vor allem die Frage, wie effizient Forschung und Technologie reguliert, gefördert und geschützt werden kann. Geopolitische Sicherheitsfragen, digitale Souveränität und Energiesicherung rücken in den Vordergrund.

USA: Die Machtfülle der *Iconic Leaders*

Noch sind die führende Technologiemacht die USA. Ihre *Hyperscaler*, allen voran Amazon, Facebook/Meta und Microsoft, haben bis dahin ungekannte digitale Geschäftsmodelle B2C etabliert, die in rasantem Tempo skalierten und das Entwicklungspotenzial für immer neue Innovationen, technologisch wie wirtschaftlich, boten. Charismatische Führungspersönlichkeiten haben dieser Gründer-Ära der digitalen Transformation ihren Stempel aufgedrückt und prägen sie bis heute.

Zum Beispiel Jeff Bezos. Der Informatiker ist durch die Gründung des Onlinehändlers Amazon 1994 in rund 20 Jahren zum reichsten Mann der Welt geworden – kaum jemand hatte sich in den ersten Monaten seines Unternehmens vorstellen können, dass man mit einer Buchhandelplattform im Prinzip alles verkaufen kann. Inzwischen sind nicht nur frische Lebensmittellieferungen ins Haus, sondern auch Videostreaming, Amazon Music und diverse Prime-Angebote mit im Paket. Über 46 Millionen deutsche Kunden hat Amazon heute, also rund jeder Zweite kauft dort. Besonders bei

Elektrogeräten, Kleidung und Freizeitartikeln erobert der Online-gigant seit Jahren Marktanteile.[4]

Nicht nur der Einzelhandel, auch die Warenhäuser sind durch den wachsenden Onlinehandel in eine schwere Krise gerutscht. Die Coronakrise hat diesen Trend zum kontaktlosen Kaufen verstärkt: 50 Kaufhof-Karstadt-Filialen wurden 2020 geschlossen, 50000 Insolvenzen im Einzelhandel werden für die nächsten zehn Jahre vorhergesagt, so der Handelsverband Deutschland (HDE).[5] Was radikale Kundenorientierung konkret bedeutet, das schärfte Bezos seinen Mitarbeitern ein: *»I constantly remind our employees to be afraid, to wake up every morning terrified. Not of our competition, but of our customers. Our customers have made our business what it is, they are the ones with whom we have a relationship, and they are the ones to whom we owe a great obligation.«*[6]

Bezos, der im Sommer 2021 vom Vorstandsvorsitz zurücktrat, hatte Amazon durch neuartige Produkte wie Kindle oder Alexa vorangetrieben. In seine Ägide fallen auch die Anfänge des Cloud-Business. Bereits 2006 ist Amazon mit Amazon Web Services (AWS) in den damals noch kleinen Markt für Cloud-Dienstleistungen eingestiegen. Ursprünglich war die Cloud zur eigenen Nutzung entwickelt und implementiert worden, um dem signifikanten Anstieg an Bestellungen über Weihnachts- und andere Festtage gerecht zu werden. Anschließend wurden die überschüssigen Kapazitäten außerhalb der Feiertage anderen Unternehmen angeboten. Heute ist AWS Marktführer.[7]

Anbieter Cloud-basierter Diestleistungen nach Marktanteil (global), 4/2017-12/2021

Quelle: Synergy Research Group

Eine ähnliche Sprengkraft wie das von Bezos hatte das Charisma von Steve Jobs, dem exzentrischen Führer von Apple, dessen Innovationskraft Technologie und Design auf unnachahmliche Weise verknüpfte und durch die Synchronisation seiner Produktewelt neue Standards setzte. Auf seinem eigenen Betriebssystem iOS führt Apple eine Welt von *Applications* zusammen, die es im Mobilfunk-Bereich jedem Newcomer schwer macht, auch nur annähernd mitzuhalten. Das iPhone hält deshalb heute einen weltweiten Marktanteil von 20 Prozent und sorgt für die Hälfte der Einnahmen von Apple.[8]

Ständiger Rivale von Jobs war der frühere Microsoft-Chef Bill Gates, der noch heute mit der Bill & Melinda Gates Foundation weltweit Einfluss nimmt – nicht nur in Gesundheitsfragen, sondern auch im Umfeld von Innovation, Bildung, Armutsbekämpfung und Gleichberechtigung. Die Software seines Unternehmens hat entscheidend dazu beigetragen, dass die vormals riesigen Rechenmaschinen zu Personal Computern und damit zu einem Gegenstand wurden, der aus dem Alltag nicht mehr wegzudenken ist. Kritiker bemängeln immer wieder das unverhüllte Streben von Microsoft nach Monopolen. Seine Betriebssysteme und Program-

me sind heute in fast jedem Computer vorinstalliert: Weltweit laufen nach Angaben von StatCounter 73 Prozent aller Computer mit
Windows.[9]

Marktanteile der führenden Betriebssysteme weltweit (1/2009 bis 11/2021)

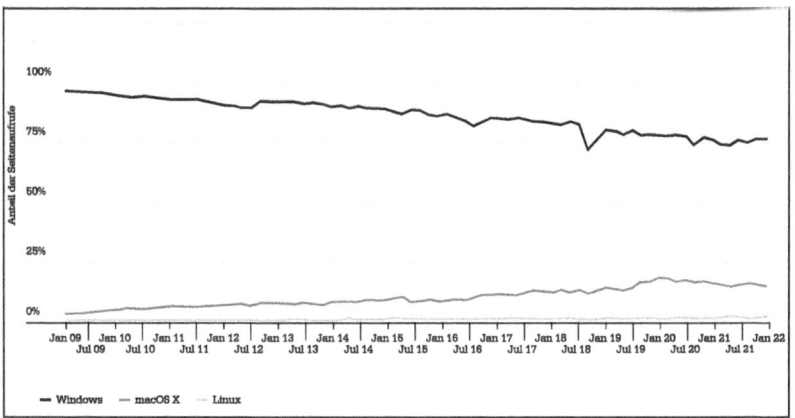

Quelle: Statista 2022

Ende der 1990er-Jahre sah sich Microsoft mit einem spektakulä-
ren Antitrust-Verfahren konfrontiert – im Zusammenhang mit dem
Untergang seines Konkurrenten Netscape. Microsoft hatte begonnen, in sein Betriebssystem zusätzliche Programme – in diesem
Fall einen kostenlosen Browser – einzubauen. Eine Zerschlagung
konnte Microsoft abwenden. Schließlich wurde ein Vergleich geschlossen.[10]

Heute wird Microsoft von dem indisch-amerikanischen CEO Satya
Nadella geleitet. Microsoft müsse »Teil des Gewebes werden, das
bei der Digitalisierung von allem« helfe, sagte er in einem Interview.[11] In seinem Bemühen, sein Unternehmen in dem Wettkampf
mit der digitalen Konkurrenz Google, Amazon und Co. neu aufzu-
stellen, hat er für den Ausbau einer riesigen Cloud-Infrastruktur
gesorgt: Die Cloud-Computing-Plattform Microsoft Azure ist inzwischen in 140 Ländern der Welt vertreten.[12] Der Umbau bei

Microsoft soll weg von der Lizenz-Software und hin zur Cloud, zu horizontalen Plattformen wie MS Office 365, Teams, LinkedIn, Gaming sowie Geräten und Services führen. Unter Nadellas Leitung veränderte sich auch die Unternehmenskultur in Richtung stärkerer Kollaboration wie auch lebenslangen Lernens. 2014 wurde er CEO, bis 2018 hatte sich der Aktienwert vom Microsoft bereits verdreifacht.

Google steht heute vor ähnlichen Antitrust-Hürden wie damals Microsoft: Der Google- und Alphabet-CEO Pichai Sundararajan musste sich vor einem Komitee des US-Abgeordnetenhauses kritischen Fragen zur Datenschutzpolitik und zu einem an Chinas staatliche Interessen angepassten Suchmodus stellen. Im Kern geht es aber auch hier vor allem um die Machtfülle, die durch die Kombination von Leistungen entsteht. Denn Googles Suchmaschine ist der eigentliche Motor des Geschäftes, beliebte Plattform für digitale Anzeigen und häufig vernetzt mit den Karten und GPS-basierten Echtzeit-Orientierungssystemen. Vertragsklauseln verbieten aber Geräteherstellern zum Beispiel, nur einzelne Google-Dienste mit dem Google-eigenen Betriebssystem *Android* zu kombinieren.

Die US-Regierung hat wegen unlauteren Wettbewerbs Klage erhoben. Das Verfahren zeigt die Problematik, die der Umgang mit digitalen Gütern mit sich bringt. Denn weil zum Beispiel der Gebrauch der Suchmaschinen kostenfrei ist, greift die normale Antitrust-Gesetzgebung nicht, denn das Unternehmen verdient sein Geld über andere Mechanismen. Die Anklage fußt dann auch auf dem Vorwurf, das Unternehmen schränke durch seine annähernde Monopolstellung potenziell die Qualität der Suchergebnisse ein.

Dominanz von Google weltweit nach Märkten[13]

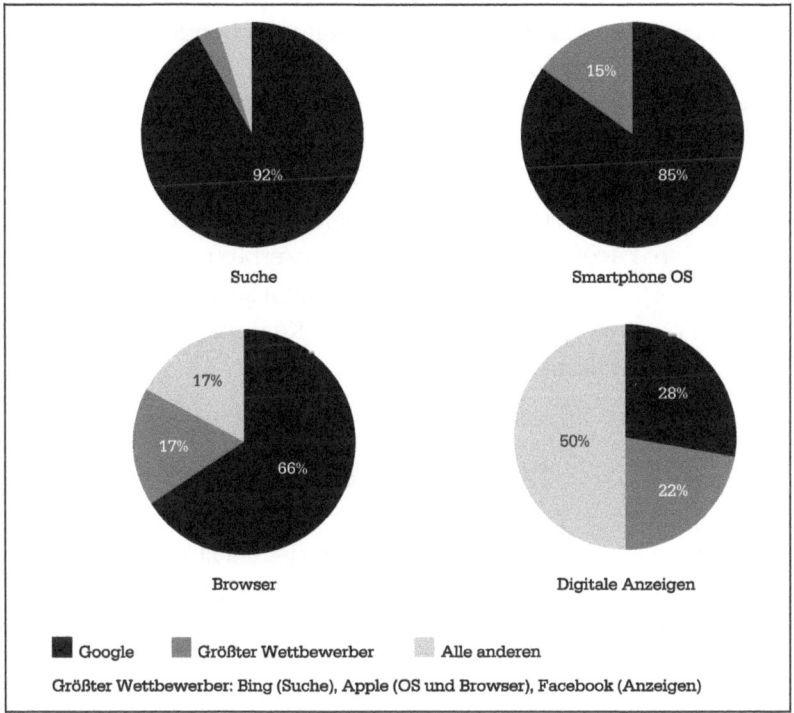

Quelle: StatCounter (Suche und Browser); IDC (Smartphone); E-Marketer (Anzeigen)

Der Justizausschuss des US-Abgeordnetenhauses kam jedenfalls nach Jahren der Beschäftigung zu dem Schluss, dass nicht nur Google, sondern auch Amazon, Facebook und Apple ihre marktbeherrschenden Positionen ausnützen, um ihre Führung zu verteidigen. Die Macht von Big Tech soll durch eine neue Gesetzgebung gebrochen werden. Doch die politischen Instanzen sind in diesem Punkt gespalten zwischen Demokraten und Republikanern.

Schließlich geht es nicht nur um Wirtschaft, es geht auch um Politik. In Ost wie in West werden digitale Medien als potenziell systembedrohend bewertet – nicht nur durch die Demokratiebewegung in Hongkong, sondern auch in Washington, wo es im Januar 2021 zum Sturm auf das Kapitol kam. Radikale Netzwerke hatten zum Bürgerkrieg aufgerufen. Die Selbstzensur, mit der Netzwerke wie Facebook, inzwischen Meta, weiterreichenden staatlichen Reglementierungsversuchen entgegenwirken, ist in ihrer Wirkung umstritten. Denn sie gefährdet nicht nur das Recht auf Meinungsfreiheit, sie überlässt auch den Anbietern der Plattformen die Entscheidung, was veröffentlicht werden darf und was nicht. Je abstruser der Content, desto häufiger wird er geklickt und bringt Einnahmen: Facebook-Gründer Mark Zuckerberg musste sich deshalb von 14 Generalstaatsanwälten befragen lassen, ob sein Unternehmen bestimmte Impfgegner von der Kontenschließung wegen irreführender Informationen ausschloss.[14]

Vom *World Wide Web* in den Weltraum

Die Pioniere des Internetzeitalters konnten jedenfalls eine Machtfülle anhäufen, die bisher in der Geschichte ihresgleichen sucht und weit über nationale Einflussbereiche hinausgeht. Elon Musk zum Beispiel, der südafrikanisch-kanadische Entrepreneur, hat als Branchenfremder mit seinem Tesla die internationale Autobranche in nur 20 Jahren völlig auf den Kopf gestellt. Verantwortlich dafür war nicht nur der Elektroantrieb, sondern auch sein Konzept, ein Fahrzeug in einen rollenden Computer in Designerverpackung zu verwandeln, der von Satelliten aus verfolgt und programmiert werden kann. In Las Vegas erprobte Musk auch neuartige Massenverkehrsmittel wie eine experimentelle Rohrpostbahn. Sein besonderes Interesse gilt der Solartechnologie, aber auch einer neuen Generation von Batterien, die seine Autos in mobile Energiequellen verwandeln sollen – mit der Möglichkeit der Einspeisung in dezentrale Versorgungsnetze.[15]

Die *Tweets* des scheinbaren Alleskönners Musk stellen regelmäßig die Börse auf den Kopf. Klappern gehört zum Geschäft – schließlich gilt Musk als der Star unter den Start-up-Entrepreneuren. Er hat ein Weltraumunternehmen gegründet, das inzwischen für die

NASA Transportflüge zur internationalen Raumstation ISS übernimmt. Hier ist er Konkurrent des Amazon-Gründers Bezos, der ebenfalls ein Raumfahrtunternehmen betreibt und die US-Regierung wegen ihres Auftrags an den Rivalen im August 2021 verklagte. Musk baut außerdem mit 1600 Satelliten, die seine Firma bereits in niedriger Umlaufbahn um die Erde platziert hat, ein eigenes Kommunikationsnetz im All. Dagegen protestierte wiederum China, deren Raumstation mehrfach auf Kollisionskurs mit den Musk-Satelliten war. Eine Systemkonkurrenz besonderer Art, zwischen dem Stolz der chinesischen Nation und dem Eroberungsdrang eines kapitalistischen Entrepreneurs: »Das Weltall ist offenbar zu klein für zwei große Egos«, schrieb dazu der *SPIEGEL*.[16]

Das Ringen um digitale Souveränität

Nicht zuletzt die Geopolitik hat die Spielregeln der Weltwirtschaft erneut verändert: Das mächtige China, dessen erklärtes Ziel es ist, spätestens bis 2049 zum Wirtschaftsführer der Welt zu werden, soll nach dem Willen der USA und seiner Partner auf seinem Eroberungskurs eingebremst werden, zumal die chinesische Staatsführung auch im außen- wie innenpolitischen Kurs eine härtere Gangart eingelegt hat. Das ist kein einfaches Unterfangen: China hat mit 120 Ländern weltweit Handelsbeziehungen und ist immer noch einer der wichtigsten Absatzmärkte für die westliche Industrie – wie lange noch, ist aber unklar.

Im Mittelpunkt des Wettrennens um die globale Poleposition stehen die Industrie- und Technologiepolitik, die auch im Westen zunehmend zusammenwachsen. Im Wettbewerb punkten kann nur noch derjenige, der sich ständig im vordersten Feld des digitalen Fortschritts bewegt: im Bereich der mobilen Kommunikation mit 5G/6G, des Internets der Dinge (IoT), der künstlichen Intelligenz oder des Quantencomputing. Das Rennen ist dabei noch offen, hier wie dort haben Unternehmen und Regierungsvertreter verstanden, dass sich die Geschäftsmodelle der B2C-Welt nicht auf B2B übertragen lassen. China verfolgt dabei einen umfassenden und integrierten Ansatz im Wettbewerb der Systeme. Er unterlegt Wirtschaft, Bildung und Technologie mit korrespondierenden *Policy*-Instrumenten, Investitionen und einer großen Portion Ambition. In Deutschland und Europa fehlt dieser ganzheitliche Ansatz.

Dimensionen des Systemwettbewerbs

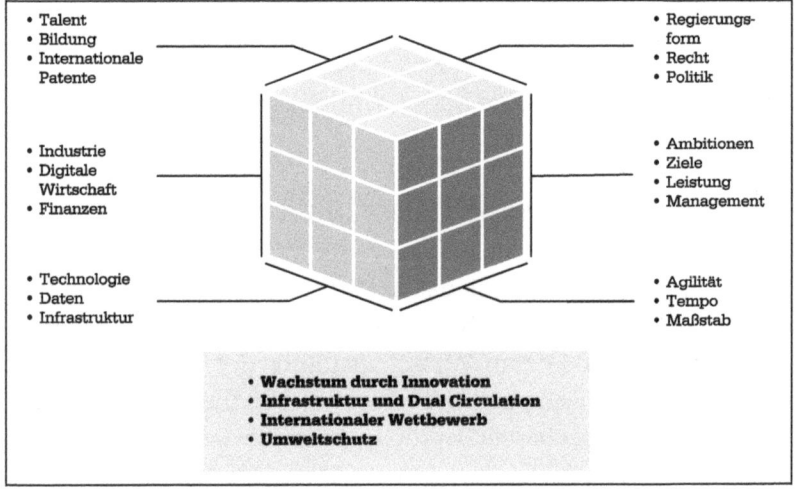

Quelle: Riemensperger/Falk

Zu Beginn der digitalen Ära hatten deren Technologien noch der Vernetzung und Verknüpfung im globalen Maßstab gedient, die ganze Welt schien zusammenzuarbeiten, um diese faszinierenden Möglichkeiten weiterzuentwickeln und auszubauen. Doch nun ist die Zeit des grenzenlosen digitalen Universums vorbei. Die amerikanische Non-Profit-Organisation Freedom House erfasst die Freiheit im Netz und verzeichnet seit nunmehr elf Jahren in Folge einen Rückgang.[17]

In der vergangenen Dekade waren in den USA wie in China digitale Riesen entstanden, deren Marktmacht kaum mehr zu brechen schien, die Big Five in den USA: Alphabet (Google), Amazon, Apple, Meta (Facebook) und Microsoft, in China die sogenannten BATX: Baidu, Alibaba, Tencent und Xiaomi. Doch in beiden Hemisphären mehren sich die politischen Versuche, die Hyperscaler in ihre Schranken zu weisen. In den USA gerieten die IT-Riesen ins Visier des Kongresses, Facebook zum Beispiel wegen seiner Algorithmen und dem Bild der Wirklichkeit, das diese zeichnen.[18] Auch China verstärkt die Kontrollen über seine Tech-Konzerne, sagt Börsengänge (IPOs) ab oder verhängt Strafen wegen unzulässiger Nutzung personenbezogener Daten oder Monopolbildung.[19] Wahrscheinlich nicht zufällig änderte die chinesische Regierung ihren Kurs direkt im Anschluss auf den gewaltsamen Sturm auf das Kapitol in Washington im Januar 2021. Diese Mobilisierung nämlich erfolgte blitzschnell über soziale Medien, der amerikanische Staat verlor im Handumdrehen die Kontrolle über das Zentrum seiner Macht.

Die Folgen dieses Richtungswechsels für die chinesischen Unternehmen sind ökonomisch desaströs. Das Vorzeigeunternehmen Alibaba hat im Januar 2022 die Hälfte seines Börsenwertes verloren und ist in der Liste der Top-100-Unternehmen auf Platz 26 gerutscht. Alibaba und Tencent hatten über Jahre einen festen Platz unter den Top 10, doch im April 2022 ist kein chinesisches Unternehmen mehr in dieser Gruppe.

Die zehn größten Unternehmen der Welt (Market Cap)

Rang	Firma		Market Cap	Preis	29.1.22	Region
1	Apple	AAPL	$2.782 T	$170.33	+6.98%	USA
2	Microsoft	MSFT	$2.310 T	$308.26	+2.81%	USA
3	Saudi Aramco	2222.SR	$1.967 T	$9.84	+0.00%	Saudi-Arabien
4	Alphabet (Google)	GOOG	$1.769 T	$2,666	+3.23%	USA
5	Amazon	AMZN	$1.460 T	$2,880	+3.11%	USA
6	Tesla	TSLA	$849.95 B	$846.35	+2.08%	USA
7	Meta (Facebook)	FB	$839.28 B	$301,71	+2.40%	USA
8	Berkshire Hathaway	BRK-A	$699.15 B	$469,880	+1.88%	USA
9	TSMC	TSM	$609.92 B	$117.61	+1.06%	Taiwan
10	NVIDIA	NVDA	$569.17 B	$228.401	+4.08%	USA

Quelle: Fortune 500

Peking erhöht den Druck auf Chinas große Technologiegiganten, ihre Geschäftsstrategien an den Zielen der Parteistaates auszurichten: Alibaba kündigte im Dezember 2021 die Ernennung eines neuen CFO und die Gründung einer neuen Geschäftseinheit International Digital Commerce an, auch wurde eine neue E-Commerce-App etabliert. Ziel ist es, »langfristigen Wert« zu schaffen. Die neue Aufstellung erfolgt nach verfehlten Wachstumszielen und dem ständig zunehmenden Druck, zum »gemeinsamen Wohlstand« beizutragen, anstatt Monopole zu bilden. Die Aufsichtsbehörden sind aktiver geworden, haben über Alibaba eine Rekordsumme für Kartellverstöße verhängt und bei der Unternehmensführung »Berichtigungssitzungen« erzwungen. Alibabas Beispiel veranschaulicht, was die Zukunft für Chinas Technologiegiganten bedeuten könnte – neue Vorschriften, vom Datenschutz bis zu Arbeitnehmerrechten, und der Druck, ihre Geschäftsstrategien an den parteistaatlichen Zielen auszurichten. Bisher hat Alibaba strikt nach den neuen Regeln gespielt.

Nach Jahrzehnten des Staunens über das Wirtschaftswunder Chinas, dessen innovative Ideen fast schon zum *Role Model* für die westliche Welt wurden, wachsen nun die Zweifel, ob die Innovationskraft sich dort angesichts zunehmender unternehmerischer Einschränkungen aufrechterhalten lässt.

Noch nie gab es weltweit so viele Reglementierungen wie im Bereich der digitalen Wirtschaft. Denn im Fokus steht plötzlich die Frage der digitalen Souveränität – wie man Abhängigkeiten beenden kann, Eingriffe von außen abwehren und die eigenen Märkte schützen. Wie China setzen auch die USA auf Entkopplung. Die schon in der Obama-Regierung losgetretene Containment-Politik wird uneingeschränkt fortgesetzt.

Die Technologieforschung wird zwar weltweit gepusht, aber ihre Fortschritte drohen hinter einer Firewall von nationalem Protektionismus zu verschwinden. So entsteht global eine interessante Gemengelage aus Forschungsförderung bei gleichzeitiger

Abschottung, nach innen gerichteten Antitrust-Regelungen sowie Sanktionen nach außen.

Digitale Abschottung im Vergleich USA, China, EU

USA	China	Europäische Union
Verordnung		
• US Cloud Act 2018 • National AI Initiative Act 2020 • Executive Order zur Förderung des Wettbewerbs in der amerikanischen Wirtschaft 2021 • Executive Order zu Lieferketten 2021 • Chips for America Act 2021 • Commerce Data Strategy 2021	• Cybersecurity-Gesetz 2017 • Anti-Monopol-Gesetz 2019 • Gesetz zur Datensicherheit 2021 • Gesetz zum Schutz personenbezogener Daten 2021 • Critical Information Infrastructure (CII) 2021 • China Standards 2035	• GDPR 2018 • Digital Services Act (DSA) • Digital Markets Act (DMA) • AI Act • 5G Action Plan
Investition		
• 1 Mrd. US-Dollar für die Einrichtung von zwölf Forschungszentren für KI und Quanteninformatik • 52 Mrd. US-Dollar an Bundesinvestitionen für die nationale Halbleiterforschung, -entwicklung und -herstellung	• 1,4 Bio. US-Dollar »neue Infrastruktur«: 5G, AI, IoT etc. • 150 Mrd. US-Dollar Halbleiter • 500 Mrd. US-Dollar Made in China 2025 • 1 Mrd. US-Dollar Nationales Labor für Quanteninformationswissenschaften • 150 Mrd. US-Dollar Entwicklung künstlicher Intelligenz der nächsten Generation	• 130 Mrd. Euro Recovery and Resilience Facility 5G • 20–35 Mrd. US-Dollar Digital Compass Plan Semiconductors • 2,5 Mrd. Euro in AI 2021–2027 Multiannual Financial Framework (MFF) • 2 Mrd. Euro Datenräume und föderierte Cloud • 10 Mrd. Euro Allianz für Industriedaten und Cloud (Mitgliedsstaaten)
Kartellrecht		
• Klage des Justizministeriums gegen Google wegen angeblichen Missbrauchs seines Monopols bei der Suchmaschinenwerbung • Federal Trade Commission und 46 Bundesstaaten verklagten Facebook wegen wettbewerbswidriger Praktiken in sozialen Netzwerken	• Erzwungene Migration in die staatliche Cloud • Ping An IPO Verbot • 2,75 Mrd. US-Dollar Geldbuße gegen die Alibaba Group Holding wegen Missbrauchs ihrer Marktposition • 527 Mio. US-Dollar Geldstrafe gegen den Essenslieferanten Meituan wegen Missbrauchs seiner Marktdominanz	• 2,8 Mrd. US-Dollar Geldstrafe gegen Google wegen unlauteren Wettbewerbs • 888 Mio. US-Dollar EU-Geldstrafe gegen Amazon wegen Datenverstößen • Ermittlungen gegen Apple wegen Verstoßes gegen das Wettbewerbsrecht
Sanktionen		
• Das Weiße Haus erlässt eine Durchführungsverordnung zum Verbot von US-Investitionen in chinesische Unternehmen • 260+ chinesische Unternehmen der Entitätsliste • Transaktionen mit chinesischen, elektronischen Zahlungsanwendungen (Alipay, QQ Wallet, WeChat Pay banned)	• Boeing, Lockheed und Raytheon über Taiwan-Waffenverkäufe • Sanktionen gegen einzelne Akademiker, »Think Tanks«	• Gegen vier chinesische Beamte und eine Einrichtung, die an den Menschenrechtsverletzungen gegenüber der muslimischen Minderheit der Uiguren beteiligt sein sollen

Quelle: Riemensperger/Falk

Das Ziel ist Abspaltung

Bereits 2018 hatte Eric Schmidt, der frühere Google-CEO, eine »*bifurcation of the internet*«, die Abspaltung, prognostiziert.[20] Dabei sind in den Konsumentenmärkten von jeher zwei voneinander entkoppelte Märkte entstanden, mit den sogenannten MAGS (Microsoft, Amazon, Google und Salesforce) auf der einen und den Big Three aus China, den BATs (Baidu, Alibaba und Tencent), auf der anderen Seite. Seither scheint sich die digitale Entkopplung zu beschleunigen. Sie wird vor allem durch die politischen Entwicklungen vorangetrieben, weniger durch die Märkte, und zielt auf wirtschaftliche Wettbewerbsfähigkeit genauso wie auf nationale Sicherheit.

Die großen Technologienationen erhöhen die Anreize wie auch die Anforderungen, um innerhalb ihrer jeweiligen Grenzen zu operieren und zu verkaufen. Dazu zählen auch gesetzliche Rahmenbedingungen für die Erfassung und Speicherung von Daten. Das führt zu einer technologischen Abspaltung – Systeme, Datenarchitekturen, Methoden, Standards, Internetprotokolle, Hardwaredesign und -herstellung werden nun nach nationalen Kriterien definiert, während sie zuvor weltweit in die industrielle Fertigung integriert waren.

Zentrales Konfliktfeld ist die Halbleiterindustrie. Weltweit sind es nur einige wenige Unternehmen, die allerneueste Technologie in diesem Bereich liefern können, die beiden wichtigsten, die Taiwan Semiconductor Manufacturing Company und Samsung, haben ihren Sitz in Südkorea. Die Hersteller, die komplexe Halbleiterprodukte produzieren, sind vor allem US-amerikanische Unternehmen. Die größten Abnehmer sind wiederum die Chinesen. Jede Verschiebung des Gleichgewichts auf diesem wichtigen Markt ist sofort ein Politikum.

So scheiterte der japanische Technologiekonzern Softbank jüngst bei dem Versuch, den britischen Chipkartenhersteller ARM an den

Branchenführer Nvidia (USA) zu verkaufen. Grund waren unter anderem Bedenken der europäischen Wettbewerbshüter. Den Verkauf des Münchner Chipzulieferers Siltronic nach Taiwan blockierte das Wirtschaftsministerium mit Verweis auf eine voraussichtliche Beeinträchtigung der öffentlichen Ordnung sowie der Sicherheit Deutschlands beziehungsweise anderer EU-Mitgliedstaaten. Bei Hoch- und Zukunftstechnologien, so hieß es, müsse besonders genau geprüft werden. Siltronic ist unter den weltweit fünf größten Siliziumherstellern der einzige aus Europa. Wirtschaftsminister Robert Habeck (Grüne) hatte schon kurz nach den Wahlen betont, dass Deutschland und Europa einen wachsenden Anteil an Mikroelektronik selbst produzieren müssten.[21]

Im Februar 2022 verkündete die EU-Kommission das Ziel, dass bis 2030 ein Fünftel der Halbleiter in Europa produziert werden sollen. Der mit 43 Milliarden Euro dotierte Chips Act zielt auf Forschung, Produktion und Lieferketten.[22]

Die US-Regierung unter Präsident Joe Biden hat im Sommer 2021 den »Innovation and Competition Act« erlassen, ein Gesetz, das 250 Milliarden Dollar bereithält, um die globale technologische Führungsrolle zu verteidigen. Gleichzeitig erschien ein ausführlicher Report zu Fragen von Lieferketten-Schwachstellen sowie der dringenden Empfehlung, in Speichertechnologien und Halbleiter zu investieren, mit dem Ziel, weniger abhängig von Importen zu werden. Der zur Abstimmung im Kongress vorliegende »Chips for America Act« sieht 52 Milliarden Dollar an Unterstützung für die heimische Halbleiterindustrie und 45 Milliarden für die Sicherung der Lieferketten vor.[23]

China wiederum hat 2020 einen 1,4-Billionen-Dollar-Plan vorgestellt, der laut der *South China Morning Post* den USA »die Krone in Sachen Technologie entreißen« soll.[24] Der Plan soll die industriellen Internetprovider stärker zusammenführen und zu neuen Unternehmen führen, die mit großen ausländischen Firmen wie Siemens oder General Electric mithalten können. China hat das Ziel, bis 2025 drei der weltweit führenden IoT-Plattformen-Unternehmen zu etablieren.[25] Dazu gehören etwa die industrielle CASICloud INDICS oder die auf den Konsumentenbereich fokussierte Plattform COSMOPlat des Unternehmens Haier.[26]

Parallel zu solchen Investitionen in der Technologie wird der Wettbewerb mit ausländischen Unternehmen im Sinne einer strategischen Offenheit neu definiert. Die *Dual Circulation Strategy* (DCS), ein zentrales Element der chinesischen Wirtschaftspolitik und Teil des 14. Fünfjahresplans, zielt seit 2020 unter anderem darauf ab, das wirtschaftliche Paradigma des Landes von einem Exportfokus auf einen Binnenkonsum umzustellen. Aber im Jahr 2021 war China nach Angaben der *Mercator Institute for China Studies* stärker als zuvor auf Exporte angewiesen: Die Auslandslieferungen verzeichneten im Oktober einen Anstieg um 27,1 Prozent gegenüber dem Vorjahr, während die Einzelhandelsumsätze nur um 4,9 Prozent stiegen, was den bescheidenen Inlandstrends vor Covid-19 entspricht.[27] Die Volksrepublik hat sich in mehreren Stufen klar definierte Ziele gesetzt, etwa die China Standards 2035, mit denen die Nation weltweit Industrienormen entwickeln und durchsetzen will. Der Fokus liegt dabei auf schnellem Transfer und Skalierung. Industrienormen bedeuten Marktmacht.

Dass, wie der *US-China Business Council* berichtet, China und die USA nach der Unterzeichnung des Phase-1-Handelsabkommens im Jahr 2020 die Zolleskalationen beendet hatten, trug zu einer Erholung des bilateralen Handels bei. Im ersten Halbjahr 2021 wuchsen die US-Warenexporte nach China um rund 43 Prozent und konnten damit den zollbedingten Rückgang von mehr als elf Prozent im Jahr 2019 mehr als ausgleichen.[28] Damit behauptet China seine Position als drittgrößter Markt für US-Warenexporte.

Auch zum Rest der Weltwirtschaft hat China seine Verbindungen aufrechterhalten oder sogar vertieft. Wie Nicholas R. Lardy vom

Peterson Institute for International Economics feststellt, zieht das Land »trotz wirtschaftlicher und finanzieller Spannungen und einer Vielzahl ausländischer Beschränkungen für den Technologietransfer nach China« weiterhin »Rekordbeträge« ausländischer Direktinvestitionen an. Tatsächlich wuchs Chinas eingehender FDI (Foreign Direct Investment) im Jahr 2021 um 20 Prozent auf rund 173 Milliarden US-Dollar [29]

Bis zum Wiederaufflammen der Pandemie durch die Covid-Variante Omikron im Frühjahr 2022 schien Chinas Wirtschaft sogar von Corona zu profitieren: Die chinesischen Exporte legten in den ersten boiden Monaten des Jahres 2021 um 60,6 Prozent im Vergleich zum Pandemie-Vorjahr zu, so die Zollverwaltung in Peking.[30] Der Marktanteil an der Weltwirtschaftsleistung stieg nach Berechnungen des ifo-Institut zwischen 2019 und 2021 um rund neun Prozent. Die EU verlor im selben Zeitraum 3,5 Prozent.[31] Das Handelsvolumen zwischen der EU und China betrug 2019 rund 560 Milliarden Euro und hat sich damit seit 2000 verachtfacht.[32] Im Februar 2021 löste China die USA als größter Handelspartner der EU ab.[33] China ist für alle großen Wirtschaftsnationen der wichtigste Geschäftspartner geworden. Doch die Furcht vor Abhängigkeit wächst: Jedes zweite deutsche Unternehmen möchte seine Importe aus China zurückfahren, so das Ifo-Institut 2022.[34]

Chinesische Planspiele

Am 2. Dezember 2021 meldete *CNN* Verstörendes: Chinesische Schiffe in chinesischen Gewässern waren auf einmal allesamt von den Radaren verschwunden.[35] Normalerweise erlaubt ein automatisches Identifikationssystem, Informationen wie Position, Geschwindigkeit, Kurs und Name mit Hochfrequenzfunk an Stationen entlang der Küstenlinie zu senden. Befindet sich ein Schiff außerhalb der Reichweite dieser Stationen, können die Informationen über Satellit ausgetauscht werden. Analysten vermuten, dass die am 1. November 2021 in Kraft getretene Cyber-Security- und Datenschutz-Gesetze für diesen Blackout verantwortlich sind.[36] Sie verlangen von Unternehmen, die Daten verarbeiten, die Genehmigung, chinesisches Hoheitsgebiet verlassen zu dürfen.

Dieses Ereignis war nicht nur ein weiterer Schlag für die ohnehin gebeutelten Logistikketten, sondern illustriert den Trend der zunehmenden technologischen Abkopplung Chinas. Diese wird über einen Mix aus Innovationsförderung, Investitionen und Protektionismus gezielt vorangetrieben. Die Kosten des *Decoupling* können – je nach Volkswirtschaft – bei bis zu fünf Prozent des Bruttosozialproduktes liegen.[37] Ökonomisch gesehen ist die Trennung der Welt in separate Technologie-Stacks ein *Lose-lose*. Laut *Economist* sind die Einfuhrzölle auf chinesische Importe in die USA seit 2018 von drei auf 19 Prozent gestiegen, bei US-Importen nach China erhöhten sich die Zölle von acht auf 21 Prozent.[38] Absurderweise müssen die Kosten für die amerikanischen Zollerhöhungen um bis zu 90 Prozent von den US-Unternehmen selbst getragen werden.[39] Aaron Flaaen und Justin Pierce vom Federal Reserve Board gehen davon aus, dass die Zollerhöhung die Anzahl der Beschäftigten im Manufacturing um 1,4 Prozent reduziert hat.[40] Die Datenlage in China ist schwierig, innovative Ansätze erlauben aber auch hier, die ökonomischen Auswirkungen abzuschätzen. Ein Team von Wissenschaftlern aus China und den Niederlanden haben anhand der auf einem chinesischen Jobportal angebotenen Stellen und den korrespondierenden Gehältern Stellenrückgang und Gehaltsreduktionen diagnostiziert.[41] Davin Chor und Li Bingjing analysierten anhand von Geodaten die Beleuchtung in einem chinesischen Industriegebiet. Aus dem Rückgang der Beleuchtung schlossen sie auf einen Rückgang der Arbeitsstunden und Produktion. Als Ergebnis gehen sie von einem Wertverlust von 2,5 Prozent des GDP pro Kopf in den betreffenden Regionen aus.[42]

Ökonomische Auswirkungen des amerikanisch-chinesischen Handelskonflikts
(gemessen an der nächtlichen Lichtintensität in Suzhou)

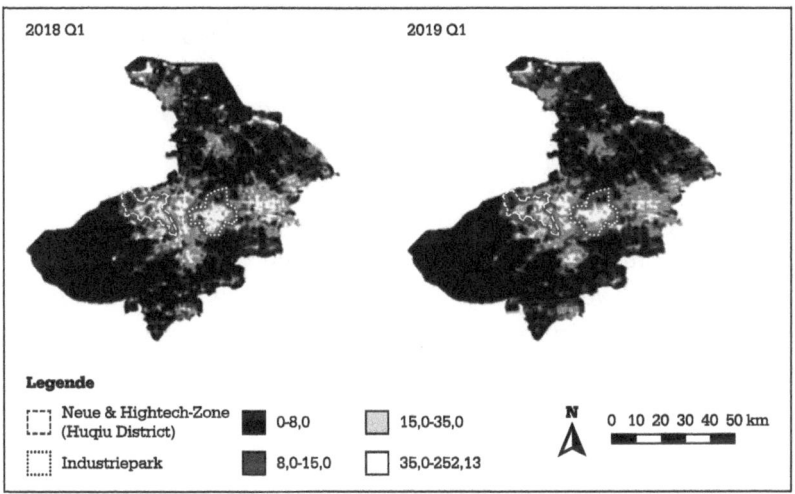

Quelle: Davin Chor/Beigjing Li: https://www.nber.org/system/files/working_papers/w29349/
w29349.pdf

Die Einbußen hier wie dort sind gewaltig: Ein Handelsvolumen von über 450 Milliarden Dollar ist von den Streitigkeiten zwischen den USA und China betroffen, und beide Staaten verlieren. Interessanterweise aber hat der Konflikt zu einem Wachstum des weltweiten Handels geführt. Das alte Sprichwort »Wenn zwei sich streiten, freut sich der Dritte« gilt auch im internationalen Handel. Profitieren tun vor allem Länder, die bisher eher an der Peripherie der Handelsnetze lagen.[43]

Insgesamt aber verstärkt die Volatilität geopolitischer Rahmenbedingungen für viele Unternehmen die Unsicherheit: Die Angst vor weiterer Spaltung steht auf dem ersten Platz der »gefühlten« Risikofaktoren und hemmt Strategieentscheidungen und Investitionen. Rund zwei Drittel (59 Prozent) der Chief Strategy Officers befürchten eine weitere Fragmentierung der Welt.

Ukrainische Zeitenwende

Dass Deutschland und Europa vor einer Zeitenwende stünden, seit Russland am 24. Februar 2022 in die Ukraine einmarschierte, war die zentrale Aussage der Regierungserklärung von Kanzler Olaf Scholz zu dem Krieg in Südosteuropa.[44] Nicht nur geostrategisch, sondern auch energie- und wirtschaftspolitisch wird diese militärische Auseinandersetzung massive Folgen mit sich bringen – angefangen mit den gegenüber Russland ausgesprochenen Sanktionen, dem Exodus westlicher Firmen und der weiteren wirtschaftlichen Entkoppelung, die von sicherheitspolitischen Überlegungen bestimmt wird. Die Neusortierung der Kräfteverhältnisse bringt hier die Sollbruchstellen der Globalisierung zutage.

Die Entwicklungen haben auch den russischen Plan, ein eigenes Internet zu etablieren, in ein aktuelles Licht gerückt. Die Abschaltung von Instagram, Twitter und Google News ist vermutlich erst der Anfang. Nach Berichten sollen alle staatlichen Server und Domains in eine russische Zone transferiert werden.[45]

Von offizieller russischer Seite wurde jedoch dementiert, dass die Föderation sich mit dem Ru-Net digital vom Rest der Welt abkoppeln wolle. Es gehe vielmehr um Cyber-Sicherheit. Umstritten ist auch, ob eine vollständige Abkopplung schon möglich wäre. Elon Musk zum Beispiel hat auf Anfrage der ukrainischen Regierung Dienste seines Satellitennetzes Starlink freigeschaltet, um Umwege für blockierte Internetzugänge zu schaffen. Der digitale Worst Case wäre nach Ansicht von Experten ein Kappen der Tiefseekabel, die Kontinente und Länder miteinander verbinden. Digitale Resilienz wird also eines der zentralen Zukunftsthemen.[46]

Die Zukunftsmärkte besetzt China

Laut einer aktuellen Studie der Harvard Kennedy School ist das Technologie-Rennen trotz aller Anstrengungen für die USA bereits verloren, was ihren Rivalen China angeht. Die Wissenschaftler fokussierten sich dabei in ihrer Analyse auf Zukunftstechnologien wie künstliche Intelligenz, Biotechnologie, Quantum Computing und andere. Besonders bedenklich sei die chinesische Führung in den neuen Märkten rund um nachhaltige Technologien und die dafür notwendigen Rohstoffe. »Grüne Technologie«, so die Autoren, »ist rot« (chinesisch). (In der Abbildung unten: schwarz.)

China führt in Zukunftsmärkten

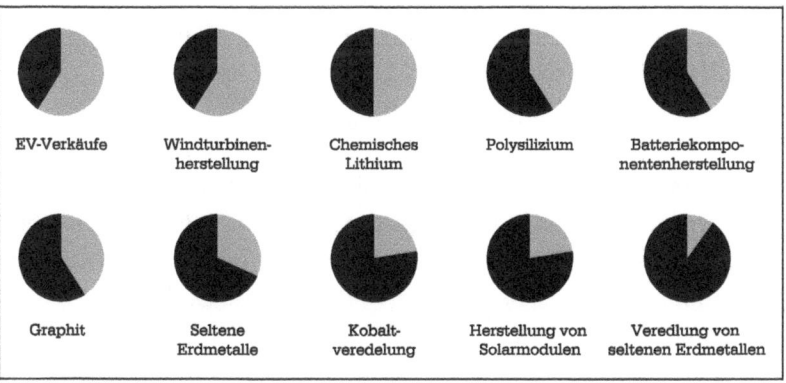

Quelle: belfercenter.org

Neben starken Marktpositionen in Elektromobilität und Solaranlagen hat China, so die Autoren, nahezu das Monopol auf mehrere der wichtigsten Inputs, die für Solarmodule, Batterien und andere grüne Technologien erforderlich sind, darunter chemisches Lithium (50 Prozent der weltweiten Produktion), Polysilizium (60 Prozent), Seltenerdmetalle (70 Prozent), natürliches Graphit (70 Prozent), Kobaltraffination (80 Prozent) und Seltenerdraffination (90 Prozent). Und wo es China im Inland an Ressourcen mangelt, hat es diese im Ausland gesichert. Chinesische Unternehmen besitzen acht der 14 größten Kobaltminen in der Demokratischen Republik Kongo (die 30 Prozent der weltweiten Produktion ausmachen) und einen Anteil von 51 Prozent an der weltweit größten Lithiumreserve (die China zusammen mit anderen Vermögenswerten zum größten Produzenten von Hartgestein-Lithium macht, bei über 50 Prozent der Weltproduktion).[47]

Europa sucht seinen Platz

Deutschland und Europa, die »Alte Welt«, riskieren in diesem dynamischen Feld Relevanz und Anschluss zu verlieren. Wir müssen uns fragen: Was sind die entscheidenden technologischen Bausteine, die darüber entscheiden, ob Wirtschaft und Gesellschaft sich in der digitalen Ära entfalten können? Und wo stehen wir in diesem globalen Wettlauf um ihre Verfügbarkeit und verantwortungsvolle Nutzung?

Der Weckruf der vier Staatschefinnen Angela Merkel, der Estin Kaja Kallas, der Dänin Mette Frederiksen und der Finnin Sanna Marin[48] zur Notwendigkeit digitaler Souveränität von Europa ist viel zitiert worden:[49] »Es ist ... an der Zeit, dass Europa seine digitale Souveränität stärkt«, erklärten sie im Frühjahr 2021. »Wir müssen den digitalen Binnenmarkt in all seinen Dimensionen stärken, damit Innovationen gedeihen und Daten frei fließen können. Wir müssen Wettbewerb und Marktzugang in einer datengetriebenen Welt wirksam sicherstellen. Kritische Infrastrukturen und Technologien müssen resilient und sicher werden. Es ist an der Zeit, dass Regierungen bei der Digitalisierung voranschreiten, um Vertrauen und digitale Innovation zu fördern.« Für diese Ziele solle die gesamte Palette der Politik ausgeschöpft werden, so die Forderung, die Instrumente aus der Industrie-, Handels- und Wettbewerbspolitik sowie der Forschungs- und Innovationspolitik, kombiniert mit langfristigen Finanzierungsinstrumenten und den Regeln für die Digitalökonomie.

Ob USA, China oder Europa – Digitalpolitik besteht überall aus einer Mischung von gegen Monopolbildung gerichtetem Wettbewerbsrecht, Investitionen in Zukunftstechnologien, verbunden mit Antitrust-Regeln und Sanktionen. Alle Digitalmächte bemühen sich um die Sicherung der Wettbewerbsfähigkeit der Zukunft in ihrem jeweils verbindlichen Wertekanon. China hat das als dirigistischer Parteistaat am konsequentesten umgesetzt: Es schützt protektionistisch nationale Märkte und ihre Unternehmen (siehe Seite 32).

Aktuell sieht es so aus, als würden in der internationalen Politik die digitale Fragmentierung voranschreiten, das Risiko eines digitalen Wettrüstens steigen und nationale Alleingänge eine regionale oder globale Kooperation zunehmend ersetzen. Auch die politischen Diskussionen rund um den Ukraine-Konflikt lassen uns fragen: Wo steht Europa?

Im B2C-Bereich dominieren die amerikanischen und chinesischen Plattformunternehmen und haben hier einen Vorsprung, der nur schwer aufzuholen ist. Auf nationaler, regionaler und kommunaler Ebene sind zwar Inseln der digitalen Exzellenz entstanden. Doch es hapert vor allem an einem: Es gibt keinen digitalen Masterplan für Europa. Die Folgen sind ein Mangel an Koordination, Redundanz, fehlende Skalierung und damit fehlende digitale Wettbewerbsfähigkeit.

Europa muss seine Chancen in der Verbindung der digitalen und physischen Welt suchen. Im B2B-Bereich nämlich kann Europa aufgrund seines tiefen Verständnisses der physischen Welt noch vorne mitspielen, hier wurden auch durch Forschung und Entwicklung mehr Bausteine der Digitalwirtschaft realisiert als bei B2C. Ein Erfolgsgeheimnis des Standorts Deutschland sind die Forschungsgemeinschaften, in denen Unternehmen vorwettbewerblich gemeinsam Probleme bearbeiten und die IP dann auf der Applikationsebene anpassen, so Frank Piller, Professor für Management und einer der Leiter des Instituts für Technologie- und Innovationsmanagement (TIM) an der RWTH Aachen.

Chronik wichtiger Regulierungen im Vergleich USA, EU/UK und China

USA	Europa/UK	China
	5/2017 EU-Kartellbehörde verhängt 122 Mio. $ Strafe gegen Facebook	
	6/2017 EU-Kartellbehörde verhängt 2,7 Mrd. $ Strafe gegen Google	**10/2017** Chinas 19. National-kongress nimmt, nach Skandalen, organisatorische Änderungen in der Finanz-aufsichtsbehörde vor
3/2018 Facebooks Cambridge Analytica-Datenskandal	**3/2018** Facebooks Cambridge Analytica-Datenskandal	
	5/2018 Umsetzung des EU-Datenschutzgesetzes	**6/2018** People's Bank of China: Obergrenze für Rücknahmen bei Geldmarktfonds
	7/2018 EU-Kartellbehörde verhängt 5 Mrd. $ Strafe gegen Google	
7/2019 US-FTC verhängt eine Geldstrafe von 5 Mrd. $ gegen Facebook wegen des falschen Umgangs mit persönlichen Daten der Nutzer	**1/2019** Google muss unter der EU-Grundverordnung 57 Mio. $ Strafe zahlen	
1/2020 Das kalifornische Datenschutzgesetz wird umgesetzt	**3/2019** EU-Kartellbehörde verhängt 1,7 Mrd. $ Strafe gegen Google	**10/2020** China führt ein neues Datenschutzgesetz ein
7/2020 Unterausschuss für Kartellrecht des US-Repräsen-tantenhauses hält Anhörung für CEOs der großen US-Technologieunternehmen ab	**7/2020** Europäisches Gericht kippt 14,9 Mrd. $ Kartellstrafe gegen Apple	**11/2020** Geplanter Börsengang der Ant Group wird von der chinesischen Regierung ausgesetzt
8/2020 US-FTC und die Staats-anwaltschaft beginnen mit Kartelluntersuchung gegen Amazon	**8/2020** Europäische Zentralbank warnt vor der Abhängigkeit der Finanzinstitute von kritischen digitalen Geräten	
10/2020 US-Justizministerium und die Staatsanwaltschaft erheben Kartellklage gegen Google	**11/2020** EU-Kartellbehörde erhebt Anklage gegen Amazon	**11/2020** China schlägt neue Kartellgesetze vor
12/2020 Staatsanwaltschaften reichen zwei separate Kartell-klagen gegen Google ein	**11/2020** Die britische Regierung stellt die neue Abteilung für digitale Märkte vor	**12/2020** China verhängt Geld-strafen gegen Alibaba und Tencent wegen Kartellverstößen
12/2020 US-FTC und die Staats-anwaltschaft erheben Kartell-klage gegen Facebook	**12/2020** EU-Gesetz über digitale Dienste und digitale Märkte wird veröffentlicht	**1/2021** Chinas Zentralbank erlässt neue kartellrechtliche Vorschriften
2/2021 Der Bundesstaat Maryland führt eine Steuer auf Einnahmen aus digitaler Werbung ein		**2/2021** Ant Group muss sich als Finanzholding umstrukturieren
	3/2021 Britische Kartellbehörde untersucht Facebook, Google und Apple	**3/2021** China verhängt Geld-bußen gegen zwölf Unternehmen, darunter Tencent und Baidu, wegen Kartellverstößen

Quelle: Milken Institute[50]

Doch es fehlen noch wichtige Cloud-Infrastrukturen, die für den Aufbau von Ökosystemen, für Transfer und Skalierung unerlässlich sind. Diese sollen durch Vorhaben wie etwa Gaia-X oder das europäische Wertschöpfungsnetzwerk IPCEI-Cloud (180 Unternehmen aus zwölf EU-Mitgliedsstaaten) adressiert werden.[51] Dieses »Important Project of Common European Interest« bildet ein spezielles Regulativ, das die Förderung transnationaler Kooperationen und die Abbildung der Wertschöpfungskette von der angewandten Forschung, Entwicklung und Innovation bis zur erstmaligen industriellen Umsetzung ermöglicht.

Die Europäische Union will technischen Fortschritt mit Förderprogrammen beflügeln: *Horizon Europe* (2021–2027) ist ein Bekenntnis zu Open Access in Forschung und Innovation; es wirbt für Daten-Sharing und Zusammenarbeit. Das Programm stellt 95.5 Milliarden Euro zur Verfügung und will unter anderem KI, Robotik, das Internet der Zukunft, Advanced Computing und Big Data voranbringen.[52] Darüber hinaus steckt Digitalisierung in so gut wie allen Forschungs- und Entwicklungsbereichen, so auch im Post-Corona-Programm NextGenerationEU, das mit rund 750 Milliarden Euro Europa »grüner, digitaler und krisenfester« machen soll. Die dabei entwickelten Richtlinien und Verordnungen, Dienstleistungen und Märkte sollen die europäischen Werte widerspiegeln und Vorbild für den Rest der Welt sein.

Ist China noch zu stoppen? Ist Europa bereits abgehängt? Wo steht Deutschland? Wachstum durch Innovation, Ausbau der Infrastruktur, internationale Wettbewerbsfähigkeit und Schutz der Umwelt, das sind Ziele, die sowohl China als auch der Westen verfolgen. Aber in Ambition, Geschwindigkeit, Skalierung und Leistungskontrolle gibt es riesige Unterschiede. Während China einen grundsätzlichen, »systemischen« Ansatz für Neues hat, passiert Fortschritt in Europa immer noch so, wie es der Begriff benennt – Schritt für Schritt, inkrementell. Das aber reicht nicht mehr.

Europa braucht einen gemeinsamen digitalen Masterplan, den Willen und die Governance zur Umsetzung, Investitionen und vor allem eine signifikante Zunahme der Geschwindigkeit all dieser Bereiche.

Die nächste Stufe der Digitalisierung

Neue Technologien wie künstliche Intelligenz, 3D-Druck, Blockchain oder autonomes Fahren werden auch bei uns wachsenden Einfluss auf Wirtschaft und Gesellschaft nehmen. Entscheidend aber bei dem Versuch, den Anschluss nicht zu verlieren, sind Geschwindigkeit und Ausrichtung der Adaption. Die Phasen und Kernprozesse transformativen Wandels bilden sogenannte S-Kurven ab. Sie beschreiben Entstehung, Wachstum, Reife und schließlich die Ablösung von Ideen.

Die S-Kurve der Cloud

	Entstehung	Verbesserung	Reife	Alterung

Cloud-basierte KI-Dienstleistungen

Edge Computing

Cloud-Sicherheit

IaaS

SaaS

PaaS

Containers

UCaaS

Serverless Computing

Hybrid/Multicloud-Lösung

Annahme

Zeit

● 3-5 Jahre   ● 1-3 Jahre   ● Reife

Quelle: Accenture Research

Diese Theorie der Diffusion von Ideen geht zurück auf den amerikanischen Kommunikationswissenschaftler Everett M. Rogers (1931–2004) und die 1960er-Jahre.[53] Vier Voraussetzungen beeinflussen danach die Verbreitung einer neuen Idee: die Innovation selbst, Kommunikationskanäle, Zeit und ein soziales System. Entscheidend ist: Wir müssen Technologie und ihre Nutzung immer zusammendenken, denn Technologie ist kein Zweck, sondern ein Mittel, unternehmerische und gesellschaftliche Ziele zu realisieren.

Neue Werte, anderer Konsum

Hier kommt die Pandemie ins Spiel. Covid-19 hat weltweit Lebensweisen verändert – Nachfrage und Konsummuster beeinflusst und damit auch Anbieterstrukturen und Lieferketten. Auch wenn noch nicht klar ist, wie viel davon bleiben wird, so ist schon heute zu erkennen, dass es kein Zurück zum früheren Leben geben wird. Covid-19 hat die Welt nachhaltig verändert. Das Virus hat nicht nur zu einem anderen Bewusstsein und zu einer Werteverschiebung weg vom Konsum hin zu Gesundheit und mehr Lebensqualität geführt. Es hat den digitalen Technologien enormen Anschub gegeben.

Das hat nicht nur die Nachfrage verändert, sondern auch Anbieterstrukturen und Lieferketten. So verbringen Menschen auch jenseits von Lockdowns mehr Zeit zu Hause, in privatem Rahmen. Laut Umfragen sind das bis zu 30 Prozent. Die Angst vor einer Ansteckung führte zur Verschiebung von der Gastronomie zum Einzelhandel. Große Supermärkte wie Rewe und Discounter wie Lidl und Aldi verzeichneten bis zum Herbst 2021 Rekordabsätze.[54] Im Nonfood-Bereich profitierte der E-Commerce (Zalando, zooplus, Otto). Weltweit soll sich Business im Wert von zwei Billionen US-Dollar nach Schätzungen umschichten.[55]

Viele dieser strukturellen Veränderungen werden auch nach dem Ende der Pandemie erhalten bleiben, das zeigt zum Beispiel die Entwicklung des Home Working. Die Nachfrage nach Büroflächen sinkt, damit verbunden der Bedarf an Real-Estate-Agenten, Gebäudemanagement, Büroassistenten, Restaurants und Kantinen. Dafür steigt das Interesse an digitaler Unterhaltung, virtuellen Shopping-Events, Onlinetechnologien, aber auch physischen Artikeln wie Wohndesign und Do-it-yourself. Baumärkte wie Hornbach hatten plötzlich Hochkonjunktur. Insgesamt aber wurde weniger ausgegeben und mehr gespart – Konsum machte einfach keinen Spaß mehr, ohne Freunde und mit einer Maske im Gesicht.

Die Auswirkungen der Coronapandemie auf verschiedene Branchen

Infolge der Verhaltensänderungen werden die Liquidität und die Ertragsströme der Unternehmen in einer Reihe von Branchen leiden. Dieses Schaubild zeigt die Schattenseiten, aber auch die Chancen, die sich aus diesen Veränderungen ergeben.

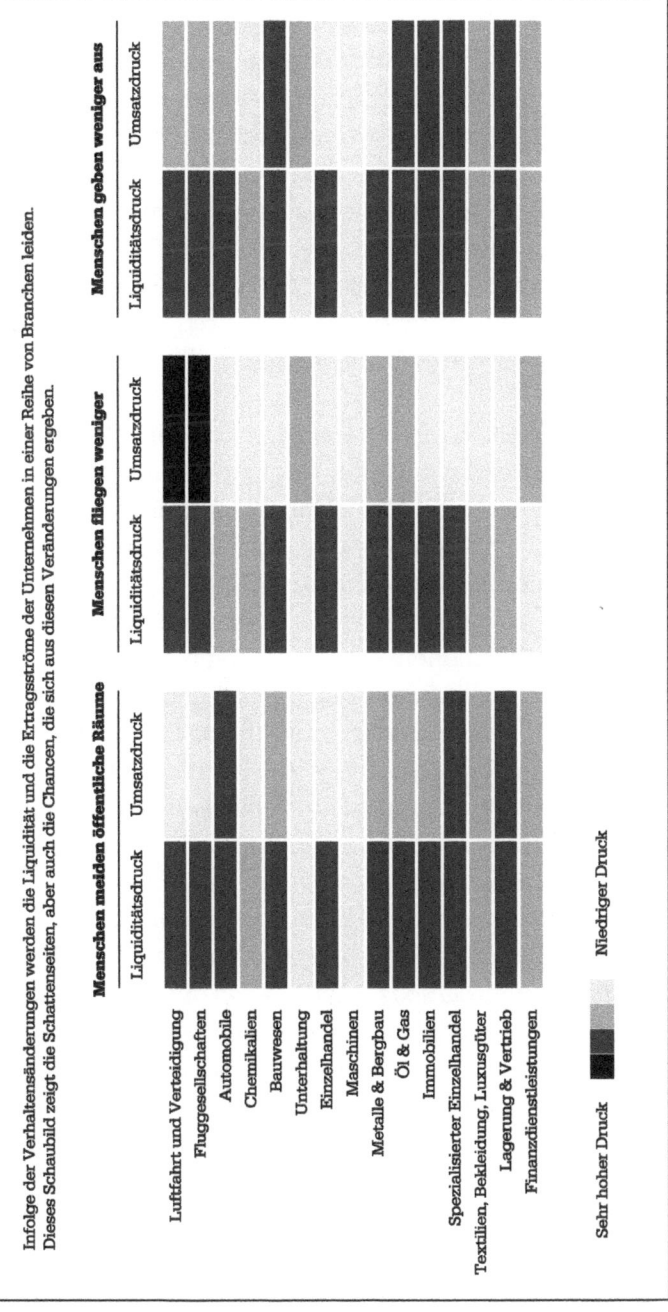

Quelle: Accenture Strategy Analysis; CapIQ; S&P Global (38 000 Unternehmen im Juni 2020)

Statt an fremde Gestade zu reisen, kümmerte man sich nun lieber um den eigenen Garten. Der Flugverkehr hat drastisch abgenommen – und auch wenn zum Beispiel die Lufthansa im dritten Quartal 2021 wieder 50 Prozent des Vorkrisenniveaus erreichte, was das Passagiergeschäft angeht, und 75 Prozent im Jahr 2022 erreichen will,[56, 57] so hatte die Pandemie Auswirkungen auf Flughafenbetreiber und Flugzeugbauer bis hin zu Ölförderung und Erzabbau. Allein dort sind weltweit 125 000 Stellen bedroht, wenn die Nachfrage der Flugzeugindustrie nachlässt, über 300 000 Arbeitsplätze sind es auf den globalen Flughäfen.[58]

Was wird bleiben, wenn die Pandemie vorbei ist? Vielleicht wird der Konsum in einigen Jahren weniger von Angst bestimmt, als er es heute ist. Doch der Wertewandel hin zum *»small is beautiful«* wird wohl bleiben: hin zu Regionalität, mehr Qualität, nachhaltig und umweltfreundlich produzierten Waren, Verantwortlichkeit der Unternehmen und *»brands with a purpose«*. Nicht mehr der Konsum, sondern Gesundheit, Nachhaltigkeit und Fairness stehen bei den Bürgern oben auf der Agenda und geben schon heute den Takt in der Geschäftsmodellinnovation vor. Das Future Council on Advanced Manufacturing des World Economic Forum stellt fest: *»The most successful companies will be those able to leverage their investments in advanced manufacturing not only to optimize operating models, but also to unlock new business models that create and deliver new value to all stakeholders, including the companies themselves, workers, society and the environment. Three essential stages, from point solutions to end-to-end digital infrastructure and integration to new business models, are necessary for the transformation.«*[59] Unternehmenslenker müssen ihre Wertschöpfungsketten in dieser Richtung neu überdenken und Investitionen in Richtung umweltfreundliche Technologien richten. Das aber ist weniger einfach, als es klingt.

Investitionen: Raus aus der Sackgasse!

Ein großer Teil der Innovation ist immer noch inkrementell. Wie kann man ein Unternehmen dazu bewegen, eingefahrene Pfade zu verlassen und sich neuen Herausforderungen zu widmen? Ein internationales Forscherteam hat in der Automobilindustrie untersucht, ob Unternehmen Innovationen zunehmend in die Entwicklung von »sauberen« Technologien (Patente für Elektro-, Hybrid- und Wasserstofffahrzeuge) stecken oder in »schmutzigen« belassen (Patente für Verbrennungsmotoren). Dabei stellte sich heraus, dass die Innovationsbereitschaft eines Unternehmens von seiner Vorgeschichte bestimmt wird: Firmen, die in der Vergangenheit vor allem mit schmutzigen Technologien innovativ waren, werden es auch weiterhin sein. Allerdings haben auch lokale Faktoren erheblichen Einfluss. Investieren am Standort einige Unternehmen in saubere Technologien, dann ziehen andere nach.

Insgesamt weist Innovation immer noch eine starke Pfadabhängigkeit auf.[60] Ökosysteme und die datenbasierte Vernetzung von Unternehmen bieten die Chance, hier schneller zu Sprunginnovationen zu kommen. Und sie erfüllen auch eine Notwendigkeit: Zulieferer, die die gesetzlich erforderliche Reduktion des CO_2-Ausstoßes nicht erfüllen, laufen Gefahr, von ihren Kunden, den OEMs, aussortiert zu werden.

Nicht alle Kulturen und Wirtschaftssysteme der Welt verbinden mit dem Begriff »Innovation« den Gründermythos individueller Größe und Begabung, die Männer wie Henry Ford oder Werner von Siemens auszeichneten. Die Chinesen haben einen eigenen stolzen Begriff für »selbstbestimmte Innovation«, *zizhu-chuangxin*. Ganz bewusst verstehen sie darunter neben originär chinesischen Erfindungen auch die »Aufnahme und Verbesserung importierter Technologien« als Leistung. Wir würden dazu mit gemischten Gefühlen wohl eher *»steal with pride«* sagen. Doch mit dem Kopieren hörte es nicht auf. Über Skalierung und unschlagbar niedrige Produktionskosten wurden Produkte über die Zeit verbessert, sodass aus den ehemaligen Schnelldreher-Kopien bereits Marktführerschaft entstanden ist. In den 28 Untersegmenten des Maschinen- und Anlagenbaus hat China nach Angaben des Branchenverbandes VDMA seit 2020 bereits in 16 Sparten die Nase vorn. Dazu gehören unter anderem Armaturen, Fördertechnik, Heiz-, Kühl-, Klimatechnik sowie Berg-, Hoch- und Tiefbaumaschinen.[61]

Daten als Disruptor der Geschäftsmodelle

Der rasante technologische Wandel zwingt Unternehmen zu häufigen Anpassungen ihrer Strategien. Da sich die Geschäftsmodelle schnell ändern, verschiebt sich auch die relative Schlagkraft verschiedener Branchen und Regionen. Im Jahr 2003, als *Forbes* erstmals sein Global-2000-Ranking der weltweit größten Aktiengesellschaften veröffentlichte, kamen sechs der zehn führenden Unternehmen aus den USA, drei aus Europa und eines aus Japan. Zusammen repräsentierten sie die Finanzdienstleistungs-, Automobil- sowie die Öl- und Gasindustrie.

Die Top 10 im Vergleich 2003 und 2021: Der Siegeszug der Digitalen

	2003	2021
1	Wal-Mart Stores, Inc.	Walmart
2	General Motors Corporation	Amazon
3	Exxon Mobil Corporation	Apple
4	Royal Dutch/Shell Group	CVS Health
5	BP p.l.c.	UnitedHealth Group
6	Ford Motor Company	Berkshire Hathaway
7	DaimlerChrysler AG	McKesson
8	Toyota Motor Corporation	AmerisourceBergen
9	General Electric Company	Alphabet
10	Mitsubishi Corporation	Exxon Mobil

Quelle: Forbes

Im Jahr 2021 waren zwar fünf der zehn größten börsennotierten Unternehmen immer noch in den USA beheimatet, vier aber stammten nun aus China und eines aus Saudi-Arabien. Neben Finanzen, Öl und Gas waren nun auch der Einzelhandel und die Elektroindustrie vertreten. Heute steht nur noch jedes zweite Unternehmen (48 Prozent), das es im Jahr 2000 auf die Fortune-500-Liste der größten US-Unternehmen geschafft hatte, auf der Liste.

Unsere Forschung legt nahe, dass dieser Umbruch der Unternehmenslandschaft in drei überschneidende Epochen von digitalen Geschäftsmodellinnovationen unterteilt werden kann:

Die drei Dekaden der Digitalisierung und ihre Schwerpunkte

	Internet-Zeitalter Kanäle Kommunikation Inhalt	**Plattform-Zeitalter** Cloud Demokratisierung von KI Skalierung	**Zeitalter der** **Maschinenintelligenz** Ökosystem Intelligenz Metaverse
	Disintermediation	**Zentralisierung**	**As a service**
Geschäftsmodelle	• Vertikale und horizontale Marktplätze • Direkter Handel • Inhalte/Kataloge • Aggregatoren • Portale	• Plattform • Pay-per-use • Freemium • Capacity Sharing (Uber, Airbnb)	• Over the Air • Produkt-, Fabrik-, Lieferkette als Dienstleistung • Offener Wettbewerb
Konsumenten-versprechen	• Transparenz • Praktikabilität • Personalisierung	• »Unendliche« Kapazität/ Schnelle Bereitstellung • Data as oil • Digital Twin	• Blockchain/Decentralized Ledger/Vertrauen • Reibungslose Transaktionen • Work-from-anywhere
Betroffene Industrien	• Gedruckte Publikationen • Werbung • Marketing • Reisen • Telefonie	• Banking • Logistik • Netz- und Kabelfernsehen • Gastgewerbe • Versicherung	• Elektrische/autonome Fahrzeuge • Globale Zahlungssysteme • Automatisierung im Gesundheitswesen • Alternative Energie • Cyber-Kriegsführung

Quelle: Riemensperger/Falk

Die erste – nennen wir sie die »Internet-Ära« – erreichte ihren Höhepunkt um das Jahr 2000, als plötzlich neue Kanäle zur Verfügung standen, um eine große Anzahl von Kunden in Echtzeit zu erreichen. Die »Zwischenhändler« in so unterschiedlichen Branchen wie Versicherungen, Einzelhandel und Medien konnten ausgeschaltet werden. So erlebte das britische Reisebüro Thomas Cook nach fast 200 Jahren im Geschäft Niedergang und schließlich sein Aus im Jahr 2019.

Als Nächstes, in der »Plattform-Ära«, die um 2010 begann, wurde das Streben nach Skalierung, Zentralisierung und Daten zu zentralen Anliegen; das wiederum wurde durch die Notwendigkeit angetrieben, neue Technologien wie Cloud Computing und künstliche Intelligenz schnell zu implementieren. Ein Beispiel ist der Untergang von Blockbustern angesichts des Videostreamings. Große Cloud-Anbieter – wie Amazon, Microsoft, Google und Alibaba – dominierten diese Ära, indem sie:

— anhaltende Ineffizienzen innerhalb der Wertschöpfungsketten identifizierten, die es ihnen ermöglichten, neue Märkte zu erschließen,
— umfangreiche Konsumgütergeschäfte betrieben, was die Nachfrage schnell wachsen ließ,
— Plattformen und ihre jeweiligen Ökosysteme nutzten, wodurch sie von Netzwerkeffekten wie auch den Innovationen ihrer Partner profitieren konnten.

Die *mission statements* der großen Plattformunternehmen Amazon und Apple unterstreichen dies: »*Amazon is guided by four principles: customer obsession rather than competitor focus, passion for invention, commitment to operational excellence, and long-term thinking.*«[62] Oder auch: »*To bringing the best user experience to its customers through its innovative hardware, software, and services.*«[63]

Jetzt erleben wir als Drittes das »Zeitalter der maschinellen Intelligenz« mit seiner zunehmenden Integration der physischen und digitalen Ebenen. Das bedeutet, dass insbesondere Daten anders behandelt werden: Sie sind nicht mehr lediglich ein zusätzlicher Bestandteil bestehender Produkte oder Dienstleistungen, sondern sie werden zunehmend für den Betrieb der physischen Welt verwendet. So hat Tesla das Auto in eine softwaredefinierte Plattform verwandelt, die sich für die unterschiedlichsten Zwecke auch jenseits der Mobilität einsetzen lässt.

Im Jahr 2020 zum Beispiel machten maschinengenerierte Daten bereits über 40 Prozent der im Internet erzeugten Daten aus – ein nie zuvor erreichter Anteil. Von den zehn weltweit führenden Unternehmen nach Marktkapitalisierung könnten acht als »datendominante« digitale Technologieunternehmen bezeichnet werden:[64]

Die acht größten Unternehmen der Welt sind digital (April 2022)

Rang	Firma
1	Apple
2	Microsoft
3	Alphabet (Google)
4	Amazon
5	Tesla
6	Meta (Facebook)
7	NVIDIA
8	Tencent

Quelle: Focus Online, Finanzen100

Der zunehmende Datenhunger der Unternehmen erklärt, warum die globale Datenerstellung und -replikation zwischen 2021 und 2025 ein durchschnittliches jährliches Wachstum von 23 Prozent verzeichnen wird, laut Prognosen von IDC, eines IT-Forschungsunternehmens. Bis 2025 sollen jährlich etwa 181 Zettabyte generiert werden (ein Zettabyte entspricht einer Billion Gigabyte; ein durchschnittlicher PC hat etwa 300 Gigabyte Speicherkapazität).[65]

Das schnelle Datenwachstum ist aber nicht das einzige Kennzeichen des Zeitalters der maschinellen Intelligenz. Noch wichtiger ist der ständige Wandel der technologischen Grundlagen, wo und wie Daten erstellt und verarbeitet werden. Denn schon zeichnet sich die nächste Ära der Digitalisierung ab. Bis 2025 werden laut Gartner, einem weiteren IT-Analysten, 50 Prozent der von Unternehmen generierten Daten außerhalb eines traditionellen, zentralisierten Rechenzentrums oder einer Cloud erstellt und verarbeitet.[66]

»Wir stehen jetzt auf dem Höhepunkt der Zentralisierung«, schreibt Microsoft-CEO Satya Nadella im März 2021 in einem Post.[67] »Doch je mehr (…) physische und digitale Welt verschmelzen, werden wir mehr Unabhängigkeit und dezentralisierte Kontrolle benötigen (…) Umfang, Vielfalt und Geschwindigkeit der Datentransfers werden in der Cloud explosivartig zunehmen, ganz besonders aber in der Edge.«

Die *Edge* bezeichnet den Rand des Netzwerks, dort, wo die Daten gesammelt werden und dank Hochleistungschips, intelligenten Sensoren und Miniaturisierung auch gleich weiterverarbeitet werden können, ohne den notwendigen Transfer in eine Cloud. Das spart Zeit und reduziert Energie und Übertragungskapazitäten. Im Internet of Things werden Edge-Technologien, die Echtzeit-Austausch ermöglichen, immer wichtiger. Gleichzeitig dezentralisieren sie Kontrolle und Zugriff auf die Daten und eröffnen auch darüber neue Marktchancen.

In der zunehmend dezentralisierten Ära der maschinellen Intelligenz werden Geräte wie Smartphones, intelligente Türklingeln, autonome Fahrzeuge und Überwachungskameras zu wertvollen Datengeneratoren. Wie Edge Computing und Blockchain – die bereits wichtig sind – werden auch sie in der Geschäftslandschaft bald eine zentrale Rolle spielen. Neue digitale Technologien bestimmen über die Zukunft. Sie treiben die Disruption an. Innovation wird auf diese Weise immer stärker wissenschaftsbasiert.

Nur diejenigen Unternehmen, die sich an der Spitze dieser Entwicklung bewegen, sind fit für die Herausforderungen der neuen Märkte. So haben 85 Prozent der internationalen Wirtschaftsführer verstanden, dass sie wissenschaftlich aufrüsten müssen, um von der nächsten Welle der Innovation zu profitieren.[68] Denn die Digitalisierung eröffnet auch in der Forschung ganz neue Horizonte. Hier spielen nicht nur Staaten, sondern sogar einzelne Unternehmen mit: So rivalisiert der Tech-Gigant Google mit China um die Poleposition in der Entwicklung eines leistungsstarken Quantencomputers, der die Rechenzeiten dramatisch reduzieren soll.[69]

Aufmarsch im Cyberspace

Fortschritte in den *Frontier Technologies* sind immer auch zentrale strategische Ziele im geopolitischen Schachspiel. Ähnlich wie beim ideologischen Wettrennen um das All, das sich die beiden Supermächte USA und UdSSR im Kalten Krieg lieferten, spielt auch heute die Militärforschung eine wichtige Rolle. Die Strategie des *Dual Use* setzt auf zivilen und militärischen Einsatz neuer Technologien. In den USA hat die US National Science Foundation im Jahr 2020 fünf neue KI-Institute an verschiedenen Universitäten gegründet, die Schwerpunkte im Bereich der Klimawissenschaften, des Maschinenlernens, des Lernens und Lehrens, neuer Materialien und Grundlagenphysik setzen sollen. Acht weitere werden folgen.[70]

Das reicht nicht, kritisiert der frühere Chief Software Officer des Pentagon, Nicolas Chaillan. Was den Cyberspace angeht, bewegten sich die USA auf »Kindergarten«-Niveau und würden von China in spätestens zehn Jahren überholt, erklärte er gegenüber der *Financial Times*.[71] Der Ukraine-Krieg hat nun definitiv eine neue Ära eingeleitet: Die NATO hat im Mai 2022 angekündigt, »cutting edge technologies« auf die Agenda 2030 zu setzen.[72]

Künstliche Intelligenz als Leitstern

Die künftige Kriegsführung wird vor allem durch die künstliche Intelligenz als Teil von Waffensystemen fundamental verändert, betont ein Bericht der Fraunhofer Group for Defense and Security[73]. China hat 2017 einen Artificial-Intelligence-Development-Plan verabschiedet, der die wichtige Rolle des Militärs hervorhebt. Bis 2030 will die Volksrepublik die globale Führung im Bereich künstlicher Intelligenz erobert haben. Unternehmen wie Baidu, Alibaba, Tencent und iFlytek sollen in unterschiedlichen Bereichen Fortschritte erzielen. Im Masterplan erwähnt sind unter anderem Entscheidungshilfen als Grundlage von Befehlen und intelligente Apparaturen zur Verteidigung. Explizit wird gefordert, ein »effizientes neues Muster von zivil-militärischer Integration« zu schaffen.[74]

Künstliche Intelligenz steckt bereits in vielen Alltagsfunktionalitäten wie Spracherkennung, Übersetzungsdiensten, unbemannter Mobilität und natürlich Robotik in der Produktion. Aber sie revolutioniert auch Wissenschaften wie Astronomie und Genetik, Klimaforschung und medizinische Bildgebung. Künstliche Intelligenz ermöglicht die Nutzung von Geräten in Echtzeit zu analysieren und zu optimieren.

In den vergangenen 20 Jahren haben die USA die meisten Arbeiten zur KI veröffentlicht, doch China ist auf der Überholspur, schreibt das Wissenschaftsjournal *nature*.[75] In einer Aufzählung der Dimensions-Datenbank sind sieben von zehn der führenden Urheber von KI-Publikationen der Jahre 2015 bis 2019 chinesische Forschungseinrichtungen. Das legendäre Massachusetts Institute of Technology landet lediglich auf Platz 10.[76] Publikationszahlen sind natürlich nicht alles, doch auch qualitativ macht China von sich reden: Zwischen 2016 und 2019 wurden seine Arbeiten dreieinhalbmal öfter als im Jahr zuvor in renommierten wissenschaftlichen Journals zitiert.

Deutschland hat 2018 seine Strategie Künstliche Intelligenz vorgelegt[77] und 2020 fortgeschrieben. Ziel ist ein Markenzeichen »*AI made in Europe*« – durch den Ausbau von KI-Ökosystemen sowie gemeinwohl-orientierte Entwicklung und Anwendung.[78] Angesichts der wachsenden geopolitischen Spannungen hat auch die NATO sich im Herbst 2021 darauf verständigt, über einen Innovationsfonds mindestens eine Milliarde Euro in neue Technologien wie selbstfliegende Flugzeuge und Robotersysteme zu investieren. Das solle den Gefahren begegnen, die durch den Einsatz der künstlichen Intelligenz durch Gegner entstehen könnten, so Generalsekretär Jens Stoltenberg. Die NATO-Strategie für die künstliche Intelligenz werde Standards für den verantwortungsvollen Einsatz »im Einklang mit dem Völkerrecht« beinhalten.[79] Der Ukraine-Krieg wird zu einem Feldversuch, was diese Ambitionen anbetrifft. Die Ukraine soll bereits Gesichtserkennungssysteme einsetzen, um Kriegsverbrechen mit Hilfe einer Datenbank russischer Männer aufzuspüren.[80]

Die Krise der deutschen Leitindustrien

Handicap Autoindustrie

Die beschleunigte Entwicklung zeigt: Das alte Erfolgsmodell *»Made in Germany«* wird von allen Seiten angegriffen. Die klassischen Leitindustrien verlieren an Wachstumsdynamik. Im Jahr 2020 verzeichneten die deutschen Top 500 als Folge der Coronapandemie einen deutlichen Umsatzrückgang um 3,9 Prozent. Damit lag die Entwicklung in etwa auf der Höhe des Rückgangs des Bruttoinlandprodukts im Jahr 2020 (minus 4,3 Prozent), jedoch schlechter als die Entwicklung des globalen BIP (minus 3,5 Prozent). Auf Branchenebene belastete vornehmlich die erwartet schwache Umsatzentwicklung der Automobilindustrie die Entwicklung der Top 500. Der Umsatz ging um 10,3 Prozent YoY *(Year over Year)* signifikant zurück. Angesichts der unverändert hohen Gewichtung der Autoindustrie an der gesamten Top-500-Liste (2020: 29,4 Prozent; 2019: 31,6 Prozent) war dies einer der Hauptfaktoren für den Rückgang. Erwartungsgemäß deutlich fielen die Umsatzrückgänge im Bereich »Transport und Logistik« (minus 14,4 Prozent), Dienstleistungen (minus 37,2 Prozent) und »Maschinen- und Anlagenbau« (minus 5,5 Prozent) aus. Positiv entwickelten sich der Kommunikationssektor (plus 21,1 Prozent), getrieben durch die Deutsche Telekom und deren Übernahme des US-Rivalen Sprint, der Einzelhandel (plus 9,5 Prozent, vor allem Baumärkte und Onlinehändler) sowie Pharma, Kliniken und Medizintechnik (plus 2,8 Prozent). Der große Gewinner waren die Onlinehändler. Unternehmen wie Zalando (plus 23 Prozent) und zooplus (plus 18,1 Prozent) ragten heraus.

Keine andere Branche verändert sich so schnell wie die Autoindustrie. Sie spielt nicht nur in Deutschland, sondern in Europa insgesamt eine wichtige Rolle, verliert aber zunehmend an Bedeutung. Am Beginn des 20. Jahrhunderts war Europa der größte Autohersteller der Welt. Während die jährliche weltweite Autoproduktion um mehr als 50 Prozent anstieg auf 90 Millionen Fahrzeuge, stagnierte die Produktion in Europa bei etwa 20 Millionen Fahrzeugen pro Jahr. Der europäische Anteil an der weltweiten Autoproduktion sank von 36 Prozent im Jahr 1999 auf rund 21 Prozent im Jahr 2020.[81] Die Märkte in den USA und Europa sind gesättigt. Es herrscht ein harter Verdrängungswettbewerb. Der Großteil der Marktanteilsgewinne entfällt auf Volkswirtschaften in Asien und in geringerem Maße auf Lateinamerika.[82]

In knapp 15 Jahren hat ihr der branchenfremde Elon Musk mit seinen digital betriebenen Elektrofahrzeugen völlig neue Impulse verliehen (siehe Seite 22). Heute könnte man für den Wert des Tesla-Unternehmens Toyota, Volkswagen, Daimler, General Motors und Ford kaufen, und zwar gleich zweimal. Dabei stammt der Tesla-Gewinn von 1,9 Milliarden Dollar im ersten Halbjahr 2021 zu rund 84 Prozent nicht aus dem Autoverkauf, sondern aus dem Handel mit CO_2-Zertifikaten.[83, 84] Das Tesla-Unternehmen ist Mitte März 2022 822 Milliarden US-Dollar wert.

Trotz des Wachstumseinbruchs im Jahr 2020 haben die deutschen Unternehmen weiterhin auf Digitalisierungsinitiativen gesetzt. Durchschnittlich stiegen die Investitionen dort im Jahr 2020 um 2,8 Prozent. 2021 wollten die deutschen Unternehmen diese Budgets um weitere 6,1 Prozent anheben. 94 Prozent der Befragten gaben an, in diesem Jahr mehr in Digitalisierungsinitiativen zu investieren. Die Automatisierung interner Prozesse, höhere Investitionen in Technologien sowie die Cloud-Migration standen dabei im Vordergrund. Unverändert wird die Digitalisierung immer noch vorwiegend zur Kostenoptimierung eingesetzt und weniger für Wachstum. So gaben lediglich 24 Prozent der befragten deutschen Unternehmen an, künstliche Intelligenz zu nutzen, um bessere Einsichten in Monetarisierungsmöglichkeiten ihrer Geschäftsmodelle zu erhalten.[85]

Deutschland, Österreich und die Schweiz arbeiten deshalb auch stärker an Verfahrens- und Prozessinnovationen (72 Prozent) als an Geschäftsmodellinnovationen (54 Prozent). Die Wachstumsfelder von morgen haben nur dritte Priorität.[86] Und das, obwohl sich zeigt, dass diejenigen Unternehmen, die Digitalisierung für neue Wertschöpfungsideen genutzt haben, ganz klar davon profitiert haben.

Das exportstarke Deutschland leidet besonders unter dem neuen Protektionismus der Märkte, unter Handelsbarrieren und Monopolisierung von Rohstoffen. Die USA und China sind (gemeinsam mit Frankreich) seine wichtigsten Handelspartner.

Das Fazit ist klar: Ohne den Mut zur radikalen Innovation und die Entwicklung zukunftsgerichteter neuer Geschäftsmodelle droht Deutschland vom Leitanbieter zum Zulieferer zu werden.

Zukunftsfeld Biopharma: Sartorius

Wie man alles richtig machen kann, zeigt der Life-Science-Konzern Sartorius mit Hauptsitz in Göttingen – ein Beispiel für Wachstum durch mutige und strategisch kluge Weichenstellungen. Bereits 1870 gegründet, war Sartorius lange Zeit ein mittelständischer Hersteller von Laborgeräten und -materialien, bekannt vor allem für seine Präzisionswaagen. Doch zu Beginn dieses Jahrtausends sprang das Unternehmen auf den Zug der neu entstehenden Biotechnologie und -pharmazie auf: Heute liegt der Fokus darauf, Forschern, Entwicklern und Ingenieuren Technologien und Lösungen an die Hand zu geben, damit Therapeutika und Vakzine möglichst schnell und zu möglichst geringen Kosten entwickelt und hergestellt werden können.

Sartorius unterstützt den gesamten Entwicklungs- und Herstellungsprozess biopharmazeutischer Medikamente, von der Molekülentwicklung über die Zelllinien- und Prozessentwicklung bis zum Produktionsprozess mit Anzucht (Upstream) und Filtration (Downstream). Im Segment der flexiblen Bioreaktoren ist Sartorius Weltmarktführer.

Durch gezielte Zukäufe erweitert das Unternehmen sein Leistungsspektrum entlang der Wertschöpfungskette der Biopharma-Kunden – mit dem Ziel, das bestehende Angebot mit neuen Technologien komplementär zu ergänzen und damit noch relevanter zu werden. Der Fokus liegt dabei auf besonders innovativen und stark wachsenden Bereichen wie Technologien für die Entwicklung und Herstellung von Gen- und Zelltherapeutika oder dem Gebiet der Bioanalytik. Heute zählt Sartorius (der Börsenwert lag Mitte März 2022 bei rund 25 Milliarden Euro) in Europa zu den Top 500 und hat rund 14 000 Mitarbeiter an 60 Standorten in 30 Ländern. Seit Herbst 2021 ist Sartorius im DAX gelistet.

Das Wachstum ist enorm. Im Geschäftsjahr 2021 erhöhte sich der Auftragseingang wechselkursbereinigt um 52 Prozent, der Umsatz stieg um 49 Prozent auf 3,45 Milliarden Euro. Der größte Teil des Umsatzwachstums kam mit fast 30 Prozentpunkten organisch aus dem Basisgeschäft. Akquisitionen steuerten rund fünf Prozentpunkte bei, der Beitrag aus Produkten und Komponenten für die Entwicklung und Herstellung von Coronavirus-Impfstoffen sowie Coronatests lag bei rund 16 Prozentpunkten. Die operative EBITDA-Marge sprang um 4,5 Prozentpunkte auf 34,1 Prozent. Vor dem Hintergrund dieser außerordentlichen Entwicklung wurde Sartorius zu Recht durch die Jury der Top 500 in Deutschland als Wachstums-Champion 2021 ausgezeichnet.

Sartorius setzt seine Unternehmensstrategie konsequent um und schafft durch die Erweiterung seines Portfolios den Raum für weitere Innovationen. Darüber hinaus forscht das Unternehmen an digitalen Lösungen, um Forschung und Produktion in der Biotech- und Biopharma-Industrie voranzutreiben.[87] Dazu gehören zum Beispiel eine einheitliche Datenverarbeitung, die Plug-and-

Play-Konnektivität von Programmen und Geräten oder ein papierloser Arbeitsablauf. Gemeinsam mit Partnern aus Industrie und Wissenschaft entstehen zudem Konzepte für Mensch-Maschine-Interaktion oder Deep-Learning-Anwendungen. Digitale Services ergänzen zunehmend die Technologien von Sartorius und erlauben den Kunden damit, eine höhere Produktivität zu erreichen. Bessere Vorhersagen, etwa zum besten Zeitpunkt einer Zellernte, genauere Qualitätskontrolle und autonome Herstellungsprozesse sind nur einige Beispiele für die Anwendung solcher Services.

Der Vorteil für die Kunden liegt auf der Hand: Wer bei der Wirkstoffentwicklung schneller und kostengünstiger vom Labor in die Herstellung kommt, erreicht eine enorme Wertschöpfung. Deshalb fokussiert sich Sartorius darauf, genau solche Innovationen voranzubringen und so dazu beizutragen, dass neue wissenschaftliche Erkenntnisse schneller und kostengünstiger in eine effektive Patientenversorgung umgesetzt werden. Für Sartorius wird dadurch die Kundenbindung noch enger und die eigene Positionierung strategisch noch nachhaltiger. Das Potenzial ist enorm. Denn noch hinkt die Life-Sciences-Industrie bei der Digitalisierung und der Prozessoptimierung insgesamt in vielen Bereichen anderen Branchen hinterher.

Das Digitalisierungsparadox

Diejenigen Unternehmen, die in digitale Technologien investiert haben, profitieren ohne Zweifel, und doch haben sich viele Erwartungen auf Umsatzwachstum, neue Märkte und Kundensegmente bisher nur unzureichend erfüllt:

– Die Investitionen in die digitale Transformation belaufen sich zwischen 2020 und 2023 weltweit auf insgesamt 6,8 Billionen US-Dollar.[88] ABER: Der Return on Investment ist nicht immer zufriedenstellend.

- Zwar nutzten über 30 Prozent der Industrieunternehmen in Deutschland im Jahr 2018 Plattformen. ABER: Deren Beitrag zur Bruttowertschöpfung betrug nur 1,5 Prozent.
- Im Jahr 2025 wird es Prognosen zufolge 30,9 Milliarden vernetzte Geräte im Internet der Dinge (IoT) geben – 13,8 Milliarden sind es heute. ABER: Es fehlen Geschäftsmodelle und Ideen zur Monetarisierung.
- Um die Souveränität der europäischen Datenräume zu sichern, werden Frameworks wie Gaia-X entwickelt. ABER: Nur 6,5 Prozent der deutschen Unternehmen haben überhaupt davon gehört.

Der Großteil der digitalen Geschäftsmodelle fokussiert auf digitale Veredlung, flexibilisiert Kosten und erhöht die Produktivität. Doch Innovation, was neue Geschäfte angeht, ist selten. Meist werden Produkte und Dienstleistungen nicht radikal digital gedacht.

Digitale Geschäftsmodelle (Nachfrage)

Flexibilisierung von Kosten	**Erhöhung von Produktivität**	**Erhöhung von Umsatz**
Ausstattung als Dienstleistung	Optimierung von Asset- und Maschinenlaufzeiten, Ressourcenverbrauch	• Produkt/ Services-Bündel
• Leasing plus	• Vorausschauende Wartung	• Marktplätze
• Flexible Vertragsgestaltung	• Ersatzteil on Demand	• Analytik-Dienstleistungen
• Leistungsorientierte Auftragsvergabe	• Autonomie/Fernwartung	
• On Demand Renting/Sharing	• Zustandsüberwachung	
• Lizenzvergabe	• Lastmanagement bei Energieverbrauch	

Quellen: Accenture Research; Isabella Stojkovski, Ann-Kristin Achleitner, Thomas Lange (2021): Equipment as a Service; Heike Gebauer et al. (2020): How to convert digital offerings into revenue enhancement; Bitkom: Geschäftsmodelle in der Indsutrie 4.0, Accenture 2021

Zum digitalen Paradox trägt auch die Tatsache bei, dass sich Leistungsunterschiede kaum mehr auf bestimmte Geräte, Datenbanken, Clouds oder Software wie Netzwerkkomponenten zurückführen lassen. Je wichtiger digitale Technologien werden, desto unwichtiger werden einzelne technische Lösungen. Das Entscheidende ist also die Strategie hinter der Technologie – die digitale Verknüpfung sämtlicher Prozesse, aus deren Daten schließlich neue Geschäftsmodelle entstehen. Die Küchenmaschine im Thermomix® TM6 zum Beispiel hat das digitale Rezeptportal Cookidoo® mit mehr als 42000 internationalen Rezepten in das Gerät als Abonnement-Service integriert.[89]

Deutschland digital: Biederes Mittelfeld

Der Digitalisierungsgrad der Gesellschaft ist eine wichtige Basis für die technologische und wirtschaftliche Transformation. Doch gerade die führenden Industrienationen Europas zählen nicht zu den *Frontrunnern* der digitalen Ära, wie der europäische Digital Economy and Society Index (DESI) 2020 zeigt.[90] Deutschland ist da keine Ausnahme. Hier gibt es zwar viel Innovationspotenzial, aber es fehlt an Transfer und Skalierung. Deutsche Unternehmen beklagten außerdem laut einer Studie des Instituts der deutschen Wirtschaft[91] noch 2018, dass ihre Geschäftstätigkeit durch ein unzureichendes digitales Kommunikationsnetz erschwert werde.

Der Digitalisierungsindex des Jahres 2021, der die wichtigsten Aspekte der Digitalisierung integriert, stellt Deutschland auf den bescheidenen elften Rang innerhalb der 27 Mitgliedsstaaten. Führend sind hier die skandinavischen Länder und die Staaten des Baltikums, Holland und Irland.

Digitale Reife im europäischen Vergleich (Index für die digitale Wirtschaft und
Gesellschaft, DESI, 2021)

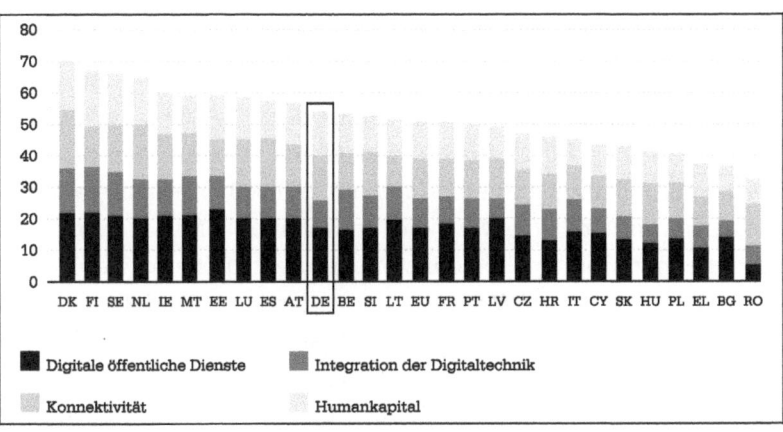

Quelle: DESI 2021

Die Covid-19-Pandemie hat zumindest in diesem Punkt den Transformationsdruck erhöht: Die technischen Kapazitäten, deren Ausbau in Deutschland häufig über die Planung nicht hinauskam, konnten unter dem Druck der Pandemie punktuell enorm gesteigert werden, zum Beispiel wenn es um die Auslastung der Netze ging. Gleichzeitig wurden in Deutschland aber auch mit aller Deutlichkeit die Lücken im digitalen Fortschritt sichtbar, die nun behoben werden sollen. Besonders deutlich wurde die Überforderung von Schulen, Gesundheitsämtern und öffentlicher Verwaltung in der Coronakrise.

Goodbye, 5G ...

Wesentlicher Wettbewerbsfaktor ist eine moderne digitale Infrastruktur: Dazu zählen Cloud-Infrastruktur, Datenmarktplätze und eine sichere Identitätsinfrastruktur. Was die Anbindung an die Kommunikationsnetze angeht, die Konnektivität, so ist Deutschland immerhin am weitesten in Europa, was den Einsatz von 5G angeht – desjenigen Mobilfunkstandards, der solche Datenmengen verarbeiten kann, dass er das Internet der Dinge möglich macht und zum Beispiel das autonome Fahren unterstützt. Auch Italien, Ungarn und Dänemark sind Pioniere des mobilen Breitbands, zu dem 5G zählt (zu 6G siehe Seite 64).

Doch Europas durchschnittliche Investition von 94,8 Euro pro Kopf in neue Netze bleibt weit hinter den USA (mit 147,9 Euro) und Japan (233 Euro) zurück.[92] In China haben die nationalen Telekommunikationsbetreiber bereits 961 000 5G-Basisstationen installiert und bis Juli 2021 die Zahl von 365 Millionen mit 5G verbundener Geräte überschritten, was ein größeres Gebiet abdeckt, als der Rest der Welt dies momentan kann. Und das, obwohl China ein halbes Jahr später startete als Südkorea, die USA und die Schweiz, die Vorreiterländer. Im krassen Gegensatz dazu liegt Europa zurück, mit nur rund 400 000 Mobilfunkstationen aller Generationen von 2G bis 5G.[93]

Was kann 5G? Diese Mobiltechnologie ermöglicht nicht nur User-Komfort mit auflösungsstarkem Videostreaming und schnellem Gaming. Sie erlaubt auch kabellose stationäre Breitbandanschlüsse mit hohem Durchsatz. Vor allem aber ist sie eine wichtige Säule für die Industrie 4.0 und voll automatisierte Produktionsprozesse. Denn diese Technologie ist schnell: Die Latenz bei der Übertragung von Daten beträgt bei 4G noch 20 bis 30 Millisekunden. Bei 5G sind es zehnmal weniger.[94] Da Produkte mit immer mehr Software, zum Beispiel Assistenzsystemen, ausgestattet werden, ist das leistungsstarke Mobilnetz ein zentrales Medium für die Übertragung der riesigen Datenmengen, sowohl in der Produktion als auch bei der Sammlung und Weiterverarbeitung der anfallenden Informationen. Die 5G-Technologie reduziert Latenzzeiten und Engpässe in der Kommunikation mit einer Cloud und ermöglicht gleichzeitig, dass Rechenprozesse nicht zentral dort erfolgen müssen, sondern zum Teil am Rand des Netzes stattfinden können – das sogenannte *Edge-Computing* (siehe Seite 141 f.).[95]

Bei einer Umfrage unter rund 2600 Unternehmens- und Technologieentscheidern in Europa, Nordamerika und dem asiatisch-pazifischen Raum gaben 2020 vier von fünf Befragten (79 Prozent) an, dass 5G einen signifikanten Einfluss auf ihre Organisation haben wird. 57 Prozent erwarten »revolutionäre« Auswirkungen. Bei 4G waren das nur 24 Prozent.[96]

Deutschland möchte bis zum Jahr 2025 zum internationalen Leitmarkt für 5G-Anwendungen werden.[97] Doch laut einer Studie von Ericsson waren Ende 2020 in Nordostasien samt China und Südkorea bereits neun Prozent aller Mobilfunkverträge auf 5G umgestellt worden. In Westeuropa war das nur ein Prozent.[98] Bis 2025 soll China mit 828 Millionen Nutzern eine 5G-Anbindung von 48 Prozent haben. Bei Europa werden es laut Prognosen nur 236 Millionen und 36 Prozent sein.[99] Eine Führungsrolle bei 5G scheint also nicht mehr wahrscheinlich. Ein möglicher Schritt wäre hier deshalb, schnellstmöglich auf 6G zu setzen, um wenigstens hier die Nase vorn zu haben.

… Welcome, 6G!

Deutschland und die EU sehen zwar die Notwendigkeit, modernste Technologien zu entwickeln und einzusetzen, aber die gemeinsame Umsetzung ihrer strategischen Ziele ist, auch aufgrund der politischen und wirtschaftlichen Vielfalt des europäischen Kontinents, schwerfällig. Doch Europa könnte mit einem Leapfrogging-Sprung Terrain wettmachen, wenn es sich gleich intensiv auf die 6G-Technologie konzentrieren würde. Über Sensoren, haptische Kommunikation und Virtual Reality eröffnet 6G ganz neue Erfahrungsfelder und Märkte, vermutlich schon ab dem Jahr 2030.

Im Sommer 2021 wurde ein erstes Whitepaper zu 6G veröffentlicht, das auf der Basis von Public Private Partnership als europäische Strategie empfiehlt, Schlüsseltechnologien zu entwickeln, die zum Beispiel zu globalen Standards führen – gerade in denjenigen Feldern, wo die EU keine eigenen Versorgungsnetze aufbauen kann.[100] Auf diese Weise könnte sich Europa im Systemwettbewerb einen Platz sichern, der eine gewisse neutrale Souveränität gewährt und konstruktive Zusammenarbeit mit den großen Technologienationen sicherstellt.

Breitband: Die Region als Lückenbüßer

Beim stationären Breitbandausbau in Deutschland hält sich hartnäckig ein deutliches Stadt-Land-Gefälle: Die schnellen Gigabit-Anschlüsse kommen nur in den städtischen Regionen voran. Die ländlichen Regionen hinken noch immer hinterher. In Bremen oder Hamburg hatten 2020 über 95 Prozent der Haushalte einen Zugang zum Gigabit-Netz, während es in Brandenburg und Thüringen nur rund 25 Prozent waren, in Sachsen-Anhalt, dem Schlusslicht, kaum mehr als 19 Prozent.[101] Im Schnitt hat sich die Abdeckung im ländlichen Raum immerhin seit 2019 von 75 auf 81 Prozent verbessert und liegt damit deutlich über dem EU-Durchschnitt (60 Prozent).[102]

In den ländlichen Regionen bietet der Bund Förderungen an in dem ansonsten privatwirtschaftlich organisierten Breitbandgeschäft. In den urbanen Räumen wird die Breitbandversorgung vor allem durch Haushalte mit Kabelnetzen und der Nachfrage nach TV-Streaming angetrieben. Die Pandemie scheint hier als Katalysator zu wirken: Die Abdeckung von Festnetzen mit sehr hoher Kapazität hat sich 2021 von 33 auf 55,9 Prozent deutlich verbessert. Aber sie liegt immer noch unter dem EU-Durchschnitt von 59,3 Prozent.[103]

Das führt zu einem seltsamen Ungleichgewicht: »Offenbar sind die Haushalte in Deutschland besser mit einem Gigabit-Netz versorgt als Gewerbegebiete, Schulen und Krankenhäuser«, kritisiert die *Welt online*.[104] Denn der Breitbandatlas des Bundesministeriums für Verkehr und digitale Infrastruktur zeigte Ende 2020: Nicht einmal die Hälfte der Firmen in Gewerbegebieten (46,6 Prozent) hat einen schnellen Zugang, bei Krankenhäusern sind es noch weniger: 42 Prozent. Schulen bilden mit gut 37 Prozent das Schlusslicht.[105]

Der deutsche Digitalisierungsindex zeigte 2020 auch klare regionale Unterschiede: Der Süden Deutschlands ist technologisch am weitesten, ebenso sind es Ballungsgebiete wie Berlin, Dresden, Hannover, Hamburg, München und Köln.[106] Besonders fortgeschritten sind die Informations- und Kommunikationsbranche (IKT), der Fahrzeugbau sowie Elektrotechnik und Maschinenbau. Deutliche Unterschiede zeigen sich aber auch bei der Unternehmensgröße: Ab 250 Mitarbeitern weisen die Betriebe einen deutlich höheren Digitalisierungsgrad auf als zum Beispiel die vielen mittelständischen Betriebe ab 50 Beschäftigten.

Der Mittelstand im Zugzwang

Die Pandemie allerdings hat gerade mittelständische Unternehmen, belegt eine aktuelle Untersuchung,[107] zum Fortschritt gezwungen: Der Digitalisierungsindex Mittelstand zeigt, dass fast die Hälfte (46 Prozent) der Betriebe Geschäftsmodelle, Produkte und Services kurzfristig anpasste – etwa Lieferservices umstellte oder Präsenzen durch Onlinetermine oder Streaming ersetzte.

Das zahlte sich aus: Je weiter die Unternehmen in ihrem Digitalisierungsprozess waren, desto mehr konnten sie in der Krise davon profitieren. 86 Prozent erklärten, dank technologischer Unterstützung hätten sie auch im Lockdown weiterhin effizient und produktiv zusammenarbeiten können. Auch Flexibilität (81 Prozent) und Zeitersparnis (82 Prozent) wurden als Pluspunkte hervorgehoben. Kundenkontakte wurden intensiviert, Geschäftsmodelle neu entwickelt oder erweitert.

Die Digitalisierung des Mittelstands in Deutschland (2020/ 2021)

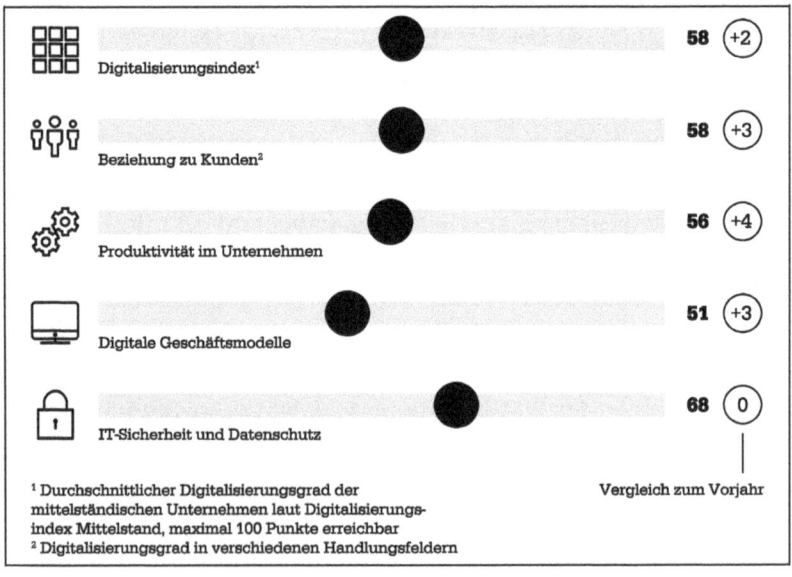

Digitalisierungsindex[1] — 58 (+2)

Beziehung zu Kunden[2] — 58 (+3)

Produktivität im Unternehmen — 56 (+4)

Digitale Geschäftsmodelle — 51 (+3)

IT-Sicherheit und Datenschutz — 68 (0)

[1] Durchschnittlicher Digitalisierungsgrad der mittelständischen Unternehmen laut Digitalisierungsindex Mittelstand, maximal 100 Punkte erreichbar
[2] Digitalisierungsgrad in verschiedenen Handlungsfeldern

Vergleich zum Vorjahr

Quelle: Digitalisierungsindex Mittelstand; Telekom Deutschland; techconsult

Wichtiger Treiber war das durch den Lockdown und Abstandsregeln erzwungene Teleworking: Über die Hälfte der mittelständischen Unternehmen führte neue Homeoffice-Plätze ein. Im

Fokus standen auch mobile Endgeräte sowie Video- und Web-
konferenzen, steigendes Interesse gab es für Data Analytics.
Künstliche Intelligenz, Blockchain und Virtual Reality bleiben im
Mittelstand lediglich Zukunftsthemen.

Wolkiger Datenhimmel

Cloud Computing verlagert Rechnerleistungen aus stationären
Zentren ins Internet. Das spart Platz, reduziert Kosten, beschleunigt
und ermöglicht mehr Flexibilität für Unternehmen. Auch die
Sicherheit der Datentransfers profitiert häufig durch eine häufig
optimierte Cloud-Technologie und aktualisierte Back-up-Systeme.
Mithilfe der Cloud lassen sich Applications entwickeln, software-
on-demand nutzen und durch eingebettete Analytikinstrumente
Daten leichter analysieren. Immer mehr Unternehmen verwenden
eine hybride Kombination von stationärem Computing und einer
Public Cloud.

Schätzungen zufolge werden etwa 20 bis 30 Prozent der europäischen Workloads in der Cloud abgewickelt, mit rasant wach-
sender Tendenz. Europaweit arbeiten mehr als ein Drittel der
Unternehmen, vor allem die größeren, damit. Dabei gibt es große
Unterschiede zwischen den Ländern. Digital-Pionier ist Finnland,
wo bereits jede zweite Business-Aktivität auf diese Weise abgewickelt wird. Deutschland erledigt zwischen 20 und 40 Prozent
seiner Workloads in einer Cloud.

Starthilfen: *Digital by Design*

Ein Hemmnis auf dem Weg zur digitalen Transformation ist ein
eklatanter Mangel an Expertise. Weil immer mehr Arbeitsplätze
digitalisiert werden – für Deutschland wird erwartet, dass sich ver-
lorene Arbeitsplätze und neu gewonnene Stellen spätestens bis

zum Jahr 2035 ausgleichen werden –,[108] müssen die Arbeitnehmer in einen ständigen Lernprozess eintreten, der sich mit Hard- und Software, Fernsteuerung und Automatisierung, Big Data und künstlicher Intelligenz beschäftigt. Außerdem sind in allen Sparten IT-Experten gefragt – doch europaweit gibt es Mangel an diesen Berufen.[109] Zwar sind in Deutschland im europäischen Vergleich die meisten IT-Experten beschäftigt: 1,6 Millionen.[110] Aber sie fehlen vor allem bei den kleinen und mittelständischen Unternehmen (KMUs): Vier Fünftel, so eine Untersuchung der Kreditanstalt für Wiederaufbau, benötigen digitales Know-how, aber nur ein Drittel kann diesen Bedarf decken.[111]

Im Jahr 2020 gab es rund 5,4 Millionen mittelständische Unternehmen in Deutschland: 85 Prozent haben einen Umsatz unter einer Million Euro pro Jahr, 81 Prozent haben haben unter fünf Angestellte.[112] Weder Personaldecke noch budgetäre Ausrüstung erlauben vielen Unternehmen den Einstieg in die Digitalisierung. Sie brauchen vorgefertigte Lösungen *Digital by Design*, wie sie zum Beispiel vom Branchenverband Bitcom gefördert werden.[113] Dabei geht es zum Beispiel um konfektionierte IP-Lösungen, Onboarding-Plattformen oder auch den digitalen Umbau der staatlichen Verwaltung als Leitanbieter.

Verwaltung als Zettelwirtschaft

»Falsche Coronazahlen: Softwarepanne« oder »Spezialsoftware macht Probleme« – zwei Schlagzeilen aus einer Vielzahl von Stolpersteinen während der Covid-19-Pandemie. So war einer der Gründe, warum die Impfkampagne in Deutschland »nicht rundlief«, wie das ZDF kritisierte, dass es kein einheitliches IT-System gab, mit dem die Lieferkette von den verschiedenen Herstellern über ein zentrales Bundeslager bis zu den Impfzentren vor Ort überwacht und kontrolliert werden konnte. Hier spielte der Föderalismus hinein: Bund und Länder hatten sich über die Zuständigkeiten nicht einigen können.[114] Verspätungen in der Meldung von Inzidenzen, weil kein Faxpapier mehr da war, erzeugte bundesweit Kopfschütteln.[115]

In der Krise zeigte sich mit drastischer Deutlichkeit, was schon lange Gegenstand von Kritik ist: Das E-Government steckt in Deutschland immer noch in den Kinderschuhen. Ohne Digitalisierung ist aber Krisenmanagement in einer modernen Gesellschaft nicht möglich. Regierungen und Verwaltungsapparate müssen funktionieren und flexibel auf Anforderungen reagieren, auch wenn kein persönlicher Kontakt möglich ist. Sie sollen den Kommunikationsfluss sichern, Transparenz schaffen und Desinformation entgegentreten sowie die Zusammenarbeit zwischen dem privaten Sektor und dem Staat managen.

Die öffentliche Verwaltung ist auch jenseits der Krise nicht auf die Anforderungen eines modernen Industriestandortes eingerichtet, kritiziert der Bundesverband der Deutschen Industrie (BDI). Die Geschwindigkeit der Umsetzung bleibe weit hinter den Erwartungen der Wirtschaft zurück. Während sich in Estland mit einer e-residency eine Firma in nur 18 Minuten online gründen ließe – ein Service, den auch deutsche Gründer nutzen –, sind die bürokratischen Hürden hierzulande hoch und derselbe Prozess dauert acht Tage.[116] Diese »Zettelwirtschaft« in einer Hightech-Nation, so der BDI, sei eine Zumutung.[117]

Der Staat ist wichtiger Leitanbieter für digitale Infrastruktur – er kann bei der Skalierung von innovativen Technologien wie auch beim Aufbau digitaler Infrastruktur auch als Leitnutzer eine zentrale Rolle einnehmen. Mit fünf Millionen Beschäftigten im Öffentlichen Dienst wird er zum Schrittmacher für Wirtschaft und Gesellschaft. Das Beschaffungsvolumen der öffentlichen Ämter in Deutschland liegt bei etwa 350 Milliarden Euro.[118] So lässt sich zum Beispiel bei der Bundeswehr, der Polizei, im Bildungssektor oder bei der Bahn zeigen, wie mit hoher Innovationskraft schnelle Transferleistungen und massive Skalierung funktionieren.

Doch die Verwaltung hinkt weit hinterher. Nur Ungarn, Kroatien, Griechenland und Rumänien sind noch schlechter aufgestellt als Deutschland, wenn es um E-Government geht.

Keine Impulse durch E-Government: Deutschland abgehängt – Digitaler Fortschritt der öffentlichen Verwaltung (nach Indexpunkten)

Spanien	67,0	Luxemburg	55,4
Estland	66,1	Zypern	54,7
Finnland	65,7	Belgien	54,6
Lettland	65,3	Slowenien	54,6
Niederlande	65,3	Italien	52,9
Irland	64,8	Polen	50,0
Litauen	64,7	Tschechien	49,9
Schweden	63,5	Bulgarien	49,0
Österreich	62,9	Slowakei	48,5
Dänemark	61,9	Deutschland	48,4
Portugal	61,4	Ungarn	42,8
Malta	57,8	Kroatien	41,7
Frankreich	57,6	Griechenland	41,3
Vereinigtes Königreich	55,7	Rumänien	38,6
Europäische Union	55,5		
0 10 20 30 40 50 60 70		0 10 20 30 40 50 60 70	

Quelle: Europäische Kommission (DESI)

Seit 2017 existiert in Deutschland ein Onlinezugangsgesetz (OZG), mit dem, so das Ziel, bis 2022 alle Verwaltungsleistungen digitalisiert werden sollten. Das ist auch für die Wirtschaft von Belang, denn Unternehmen kommen im Schnitt auf 130 Behördenkontakte im Jahr, so der BDI.[119] Neben den bereits erwähnten IPCEI- und Gaia-X-Initiativen hat Deutschland auch eine »Bundes-Cloud« eingerichtet, die der Bereitstellung automatisierter Dienste der Bundesbehörden dienen soll. Eine Verwaltungs-Cloud-Strategie soll eine sichere und übergreifende Nutzung von Open-Source-Anwendungen möglich machen.[120] Aufgrund der COVID-19-Pandemie wird die Digitalisierung von gesundheits- und krisenbezogenen

Diensten seit April 2020 priorisiert und in diesem Rahmen die Bearbeitung von Anträgen auf Ertragsausfall durch Lockdown oder Überbrückungshilfen beschleunigt.[121] Doch insgesamt verortet der Index für digitale Wirtschaft und Gesellschaft DESI 2021, was öffentliche Digitaldienstleistungen generell angeht, Deutschland weiterhin auf den hinteren Rängen: auf Platz 16 von 27.[122, 123]

E-Government-Services für Unternehmen rangieren etwas besser: Dort lag die Bundesrepublik 2020 im Mittelfeld: auf Platz 15.[124] Ähnlich ist das bei Themen wie Open Data oder Nutzerfreundlichkeit der Kommunikation mit der Verwaltung. Eher abgeschlagen (Platz 19) lag Deutschland noch 2020, wenn es um die notwendigen Assets für den Behördenkontakt ging: den elektronischen Personalausweis, Regelungen für die Gültigkeit von E-Dokumenten, Register, welche die rasche Abklärung von Daten ermöglichen (authentic sources) und digitale Postwege. Malta sowie die Ostsee-Anlieger Dänemark, Estland, Lettland und Litauen sind am weitesten in diesem Bereich.[125]

Digitale Bildungslücken

In Deutschland nutzen inzwischen 90 Prozent über zehn Jahren das Internet, 63 Prozent wickeln ihre Bankgeschäfte online ab und 55 Prozent bewegen sich in sozialen Netzwerken – so die Angaben des Statistischen Bundesamtes für das erste Quartal 2020.[126] Doch auch wenn die Covidpandemie hier zu Fortschritten geführt hat: Im europäischen Vergleich finden sich die Deutschen immer noch auf den hintersten Rängen, wenn es um die Integration digitaler Technologien in den Alltag geht. So sind digitale Fähigkeiten in der breiten Bevölkerung immer noch erstaunlich spärlich gesät: Zwei Drittel der Deutschen fühlen sich unsicher im Umgang mit digitalen Technologien, ermittelte eine Studie des Stifterverbands mit dem infas Institut aus dem Jahr 2019. Viele möchten dazulernen, doch mit Programmieren oder Datenanalyse wollen sich nur ein

Drittel (32 Prozent) befassen. Und die Mehrheit schätzt auch die Qualität der vermittelten Digitalkompetenz an Kindergärten und Grundschulen als unzureichend ein.[127]

Eine Studie zum Digital Skills Gap der Initiative D21 zeigt, dass ein Großteil der Bürgerinnen und Bürger zwar sehr kompetent in der Anwendung digitaler Technologien und Geräte ist. Doch nur wenige verstehen die dahinterliegenden Mechanismen und Zusammenhänge. Je nach Bildung und Alter werden starke Unterschiede deutlich.[128]

Eines der zentralen Ziele der deutschen Digitalen Strategie 2025 ist deshalb, die Lücken im Bildungsbereich zu schließen: Bis 2025 sollen zum Beispiel jeder Schüler und jede Schülerin essenzielle Kenntnisse im Bereich der Informationstechnologien, der Algorithmen und des Programmierens vermittelt bekommen. Dieser Lernprozess soll sich über alle Gesellschaftsbereiche erstrecken und ein Leben lang anhalten.[129]

Es geht auch anders: Eine virtuelle Reise in das Königreich Dänemark

«Dänemark ist eine Gesellschaft des Vertrauens«, sagt Marius Sylvestersen, Chief Innovation Officer an der Universität von Kopenhagen.[130] Schon seit 1968 gibt es dort zum Beispiel eine persönliche Identifikationsnummer (CPR), die jeden Bürger identifizierbar macht und – in der inzwischen digitalisierten Gesellschaft – natürlich auch Datenspuren hinterlässt, die Persönlichkeitsprofile ermöglichen. Während das in Deutschland für viele Bürger ein Schreckensbild ist, setzen die Dänen auf größtmögliche Transparenz und Offenheit: Hier sollen alle von den Informationen profitieren, die in der digitalen Gesellschaft gesammelt werden: Bürger, Behörden, aber auch Industrie und sogar ausländische Investoren.

So wirbt eine Website des Außenministeriums um ausländische Investoren, die künstliche Intelligenz (KI) »auf verantwortliche und ethische Weise« in Wirtschaft und Gesellschaft einbringen wollen – mit Unterstützung der dänischen Regierung wie auch wissenschaftlicher Institutionen. Demokratische Werte und gesellschaftliche Kontrolle sollen den Rahmen dafür bieten. Ziel ist es, so die Website, dänische KI-Produkte auf den Markt zu bringen, die hohen ethischen Standards entsprechen und dadurch weniger verantwortungsvollen Konkurrenten gegenüber einen Wettbewerbsvorteil bieten. Teil der dänischen KI-Strategie sind deshalb Initiativen, die sich mit Corporate Responsibility befassen, Datenethik in das jährliche Reporting der Unternehmen einführen und an einer Zertifizierung dafür arbeiten. Forscher der Technischen Universität haben eine Reihe von Kriterien für »Safe AI« erarbeitet, die bereits technisch implementierbar sind. »Vertrauen ist notwendig«, sagt Lars Kai Hansen, Physiker an der TU. »Ohne Vertrauen teilen die User ihre Daten nicht. Und ohne Daten keine KI. Und ohne KI kein Geschäft.«[131]

Ganz wichtiger Treiber der Digitalisierung ist in Dänemark das Engagement des Staates. So steht das Land auf Platz 1 innerhalb der OECD-Länder,[132] wenn es um die Digitalisierung der Öffentlichen Verwaltung geht: Rentenanträge, Schuleinschreibungen und Sozialleistungen werden zu annähernd hundert Prozent elektronisch bearbeitet. 88 Prozent der Bevölkerung kommunizieren mindestens einmal im Jahr über das Internet mit den Behörden oder anderen öffentlichen Institutionen wie Ministerien, Krankenhäusern oder Universitäten. Wichtige Tools sind dabei die digitale Signatur, die bereits seit 1999 erprobt wird und inzwischen für den Umgang mit Behörden verbindlich ist. Seit 2003 hat jeder Däne ein Konto (»Easy Account«), auf das sämtliche Zahlungen von Behörden eingehen.

Verpflichtend ist auch eine digitale Identität, die aus der Personalnummer, kombiniert mit einem Passwort und wechselnden Codes, besteht. Ein nationales Bürgerportal stellt über 2000 öffentliche Dienstleistungen als Do-it-yourself-Antrag zur Verfügung. Seit 2014 ist ein Onlinezugang für den Umgang mit öffentlichen Verwaltungen Pflicht für alle Bürger über 16 Jahren. Rund 90 Prozent der Bürger nutzen das. Wer das aus irgendeinem Grund heraus nicht kann, etwa wegen einer Behinderung, dem helfen Digitalassistenten. Durch diese konsequente Digitalpolitik spart die Öffentliche Hand nach dänischen Angaben 296 Millionen Euro im Jahr.[133] 2018 kündigte die dänische Regierung außerdem eine App an, über die ihre Bürger eine Plattform ansteuern können, auf der sämtliche öffentlichen Daten ihrer Mitbürger stehen.[134] Außerdem wirbt das Land für sich als Standort für eines der großen Datencenter, die in Europa geplant sind.[135]

Doch »Daten allein sind noch nicht innovativ«, betont CIO Sylvestersen. »Wenn Sie zum Beispiel Bürger zu Fragen des Zusammenlebens oder der Verkehrsplanung befragen, dann müssen Sie die Ergebnisse auch transparent umsetzen. Sonst ist das Pseudopartizipation und das Vertrauen geht verloren.« In Kopenhagen wurden die User zum Beispiel aufgefordert, auf einem Stadtplan online mit roten Punkten zu markieren, wo die Straßen noch nicht fahrradgerecht oder sogar gefährlich für Biker sind, denn bis 2025 will die Stadt den Berufsverkehr so umstrukturieren, dass jeder zweite Verkehrsteilnehmer in die Arbeit oder Schule radelt. In nur zehn Tagen wurden rund 10000 Orte gekennzeichnet.[136]

In Dänemark haben viele Kommunen eine »Open Data«-Plattform. Das heißt, Daten, die von der Verwaltung erfasst werden und der Informationsfreiheit unterliegen, zum Beispiel Statistiken zu Wirtschaft, Geografie, Sozialem, Verkehr oder Wetter, werden maschinenlesbar zur freien Verwertung bereitgestellt, ob das nun pure Information betrifft oder kommerzielle Nutzung. Viele digitale Projekte laufen in Public Private Partnership: Eine starke Industrie stärkt die Kommunen, so die Philosophie.

Die Hauptstadt Kopenhagen realisierte mit dem Unternehmen Hitachi gemeinsam eine Datenbank, um die Möglichkeiten des Austauschs privater wie öffentlicher Daten auszuloten. Das Pilotprojekt »Data City Exchange«, der weltweit erste kommunale Datenmarktplatz, lief von 2015 bis 2018. Die gesammelten Erfahrungen sollen der Kern weiterer Datenaustauschprojekte werden. Besonders begehrt waren Bewegungsmuster in der Bevölkerung, zum Beispiel für die öffentliche Verkehrsplanung, aber auch für Marketinginitiativen. Um detailliertere Aussagen über Teile der Menge, zum Beispiel bestimmte Altersgruppen oder auch das Geschlecht, zu machen, reichten die vorhandenen Datenmengen jedoch nicht aus. Die beteiligten Unternehmen monierten auch, dass es noch zu wenig *Case Studies* gebe, um den Nutzen der Datenanalyse für sie, aber auch die Bürger selbst darzustellen. Denn es gab dort durchaus Vorbehalte, die Daten einer privaten Firma zur Verfügung zu stellen.[137]

Als zum Beispiel bekannt wurde, dass der chinesische Mobilfunkbetreiber Huawei per künstlicher Intelligenz Minderheiten wie die Uiguren in einer Menschenmasse aufspüren kann, trat ein prominenter dänischer Fernsehmoderator von seinem Werbejob für Huawei zurück.[138] Für das 5G-Netzwerk wählte Dänemark trotz diplomatischer Querelen mit China den skandinavischen Konzern Eriksson.

Eine potente Mobilfunkkommunikation ist unter anderem notwendig, um Städte »smart« zu machen, etwa Luftverschmutzung oder Energieverbrauch zu reduzieren. In Kopenhagen zum Beispiel melden smarte Müllcontainer ihren Füllstand und analysieren ihren Inhalt. Das optimiert die Arbeit der Müllabfuhr und verbessert das Recycling. Man müsse schon sehr genau im Blick haben, wer welche Daten nutzen darf, so Marius Sylvestersen: »Wir dürfen den Schlüssel zum Rathaus nicht einem der großen Hyperscaler übergeben.«

Noch viel zu tun

Zusammengefasst lässt sich sagen, dass Deutschland, was die Digitalisierung angeht, trotz seiner wirtschaftlichen und politischen Bedeutung innerhalb Europas nicht auf einem Spitzenplatz liegt, sondern gerade mal nur wenig über dem EU-Durchschnitt. Im Jahr 2021 war das Platz 11 auf dem Index für digitale Wirtschaft und Gesellschaft (DESI).[139] Auch der »Digital Riser Report« 2021,[140] erstellt vom European Center for Digital Competitiveness in Berlin, sieht die Bundesrepublik eher auf der langsamen Seite des digitalen Fortschritts. Während Länder wie Frankreich, Dänemark oder Belgien sich in Richtung besserer digitaler Wettbewerbsfähigkeit nach oben gearbeitet haben, ist Deutschland im Vergleich zum Vorjahr abgestürzt: gleich um 176 Plätze. Dieser Wert ist natürlich relativ und spiegelt nicht die generelle digitale Infrastruktur wider, sondern nur die Intensität, mit der die Transformation verfolgt wird. Doch selbst das von Regierungskrisen gebeutelte Italien ist »an Deutschland vorbeigezogen«, schreibt das Handelsblatt: Die »Repubblica digitale« investiert in Lernplattformen, Workshops für die Bevölkerung und macht die digitale Identität zur Voraussetzung für Coronahilfen. Die nächste Stufe ist dort die Modernisierung der öffentlichen Verwaltung – natürlich digital.[141]

Die Spitzenperformer, was die Digitalisierung von Wirtschaft angeht, sind laut DESI Irland, Finnland, Belgien und die Niederlande.[142] Deutschland hat, wie der Kommissionsvertreter Jörg Wojahn diplomatisch zu dem Digitalisierungsindex 2020 anmerkte, »gutes Potenzial«[143] – im Klartext: Hier ist noch viel zu tun.

Im Fokus steht hierbei die Governance des digitalen Fortschritts. Diese liegt in Deutschland in vielen Händen. Laut einer gemeinsamen Studie von Accenture und der NRW School of Governance braucht es dafür nicht unbedingt ein Digitalministerium. Die Analyse der Vorreiter Finnland, Irland und der Niederlande zeigt aber, dass es auf jeden Fall eine »Schaltzentrale« braucht, damit

Fortschritt Realität wird: für starke Mandate, klare Zusammenarbeitsmodelle, die richtigen Kompetenzen, eindeutige Budgetverantwortung und die Sicherstellung gemeinsamen Lernens.[144]

Fortschritte in der Digitalisierung im europäischen Vergleich (nach Indexpunkten)

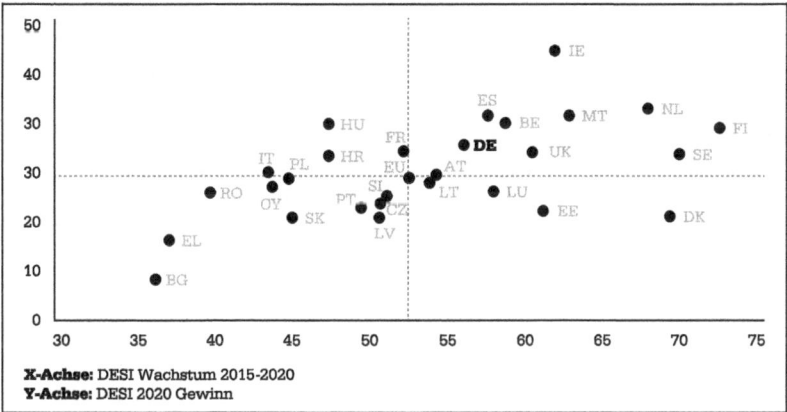

X-Achse: DESI Wachstum 2015-2020
Y-Achse: DESI 2020 Gewinn

Quelle: Accenture Analyse, auf Basis von DESI 2020

Weckruf: *Scale-Up Europe*

In der Europäischen Union wächst die Überzeugung, dass das Potenzial von Wissen und Exzellenz digital neu organisiert, vernetzt und erweitert werden muss. Nicht zuletzt deshalb, um die Abhängigkeit von US-amerikanischen und chinesischen Anbietern digitaler Infrastruktur zu verringern. Völlige Souveränität kann Europa auf absehbare Zeit nicht mehr erreichen, dafür ist der Vorsprung der Technologiegiganten zu groß. Es geht also darum, Lösungen zu entwickeln, bei denen sich weitestgehende Unabhängigkeit, zum Beispiel in der Datensicherheit, trotz Nutzung der Technologie internationaler Anbieter sichern lässt.

»Scale-Up Europe« ist eine Initiative von Emmanuel Macron, in der sich im März 2021 Unternehmen, Start-ups, Investmentfonds, Wissenschaftsorganisationen und Regierungen zusammengetan haben, um die Position Europas gegenüber den USA und China zu festigen (siehe Seite 36 ff.). Eines der Ziele: Bis 2030 soll die EU zehn Technologieunternehmen vorweisen können, die jeweils mehr als 100 Milliarden Euro wert sind.[145]

Der Fokus von »Scale-Up Europe« liegt auf Start-up-Unternehmen, die, wie die rund 170 beteiligten Vertreter der Tech-Branche, Forscher, Investoren und Regierungsvertreter betonen, bereits ein rasch wachsendes Ökosystem bilden. Dafür wurden im Jahr 2020 mehr als 40 Milliarden Euro investiert. Dennoch sei das immer noch viermal weniger als in den USA. Hürden gäbe es außerdem in der Organisation von Diversität, von nationenüberschreitender Zusammenarbeit in Europa und in der Verbindung von Wissenschaft und Geschäftswelt. Auch die unterschiedlichen Kulturen von Start-ups und Traditionsunternehmen müssten noch stärker in Austausch miteinander gehen.

Die »Scale-Up-Europe«-Gruppe gibt eine Reihe von Empfehlungen, was sich dringend ändern sollte. Die Liste enthält vieles, was in

China bereits Teil des Erfolges ist: öffentliche Hilfen bei Finanzierung und dem Aufbau eines Ökosystems mit Unternehmen, die an den europäischen Börsen gelistet sind. Incentives für private Geldgeber, vor allem im Bereich des Venture-Kapitals, oder auch Rahmenregelungen, die den schnellen Transfer von Patenten in die wirtschaftliche Umsetzung ermöglichen, Steuererleichterungen für Tech-Firmen und niedrigschwellige Zulassung von Gründer-Unternehmen. Vorgeschlagen wird auch ein Tech-Visum für Nicht-EU-Bürger, um mehr Talente ins Land zu holen. Und nicht zuletzt ein Reporting- und Best-Practice-System zur Stärkung der europäischen Zusammenarbeit.

Um den Abstand zu den Technologieführern USA und China zu verringern, hat im Frühjahr 2021 auch die Europäische Kommission einen Fahrplan vorgelegt, wie sich Europa bis zum Jahr 2030 digital transformiert haben soll – entlang der Schwerpunkte Talente, Infrastruktur, Wirtschaft und Regierungen. Ein gemeinsamer Markt für Daten soll sowohl die Wettbewerbsfähigkeit Europas sichern als auch für Datensouveränität sorgen. Ein geplantes Regelwerk für data Governance hat das Ziel, unter anderem die Schaffung von Datenräumen in systemrelevanten Sektoren wie Gesundheit, Umwelt, Energie, Landwirtschaft, Mobilität, Finanzen und öffentliche Verwaltung zu schaffen (siehe Seite 79 ff.). Richtlinien sollen dafür sorgen, dass mehr Daten zum Nutzen der Allgemeinheit offengelegt werden, auch zentrale Daten der EU, die kostenlos zur Verwendung freigegeben werden sollen. Zwei Milliarden Euro werden zur Verfügung gestellt, um energiesparende und sichere Cloud-Technologien zu entwickeln und zu implementieren.

Gleichzeitig hat die EU im Herbst 2021 eine enge Kooperation mit den USA beschlossen, was die Entwicklung gemeinsamer Standards zum Beispiel für künstliche Intelligenz und die Sicherung von Lieferketten angeht.[146] Im Sommer 2021 waren auf Betreiben der Kommission auch zwei wichtige europäische Industrie-Allianzen gegründet worden: eine für Prozessor- und Halbleitertechnologien und die zweite für Industriedaten, Edge und Cloud.[147] Ihre Aufgabe ist es, rund um diese Themen alle Stakeholder zusammenzubringen, um schneller in die Anwendung zu kommen, und mit dem Ziel der Stärkung der digitalen Souveränität.

Allein können diese Datenräume allerdings nicht die ersehnte Grundlage für eine digitale Wirtschaft darstellen, denn ohne attraktive *Use Cases* werden Unternehmen sich nur unzureichend einbringen. Es braucht einen Dreiklang:

- überzeugende *Use Cases,* also Fragestellungen, deren Lösung alle Stakeholder interessiert,
- Technologie auf dem neuesten Stand,
- innovative Betreiber.

Beispiel ist das Unternehmen Amadeus, dessen Vorläufer sich bereits in den 1970er-Jahren in Deutschland mit Automatisierung von Reisen befasste und das heute einer der international zehn wichtigsten Reisetechnologie-Anbieter ist. Amadeus ist ein Datenraum, in den unterschiedliche Fluglinien ihre jeweiligen Inventories einbringen, die dann für alle Teilnehmer transparent werden. Das erleichtert die anbieterübergreifenden Buchungen und verbessert so die Customer Experience. Das ist auch der Grund, warum diese Zusammenarbeit überhaupt entstanden ist: Der Druck der Kunden hat dazu geführt.

Es gibt viele weitere Beispiele, die seit Jahren gut funktionieren, darunter Air-Traffic-Control-Systeme oder auch das Barcode-System GS1.

DIE GROSSE TRANSFORMATION:

DER WEG ZU NEUER WERTSCHÖPFUNG

Europa muss das Ziel haben, in Sachen Technologie weltweit ein relevanter Player zu werden. Doch nicht nur das. Es geht um den grundsätzlichen Wandel hin zu einer großen Transformation von Wirtschaft und Gesellschaft. Keine einzige der Herausforderungen des Globus – Gesundheit, Armut, Ernährung, Diversität, Urbanisierung, Mobilität, Kommunikation, Ressourcen – lässt sich ohne Digitalisierung beantworten. Keine einzige Lösung wird ohne Zusammenarbeit der unterschiedlichsten Player gefunden werden. Das verändert die Wirtschaft und beeinflusst den Umgang der Menschen miteinander. Werte wie Nachhaltigkeit und Klimaneutralität rücken in das Zentrum von Geschäftsmodellen. Unternehmen werden zu einem wichtigen Teil der Lösung, wo Regierungen oder auch die Wissenschaft Mühe haben, überzeugende Antworten zu finden. Denn die wichtigste Ressource der Transformation sind Daten, von intelligenten Geräten und Produkten übermittelt. Sie erlauben Einsichten und Prognosen, Analysen und Extrapolationen, die bis dahin nicht möglich waren. Das weckt ganz neue Bedürfnisse und führt zu bisher unbekannten Dienstleistungen und anderen Kundenerlebnissen, für die sich Märkte im digitalen Raum bilden. Konsummuster verändern sich, die Lebensqualität beziehungsweise die Sicherung des Wohlergehens wird wichtiger.

Wie lösen wir die Probleme der Welt? Der Aufbau von digitalen Ökosystemen ist dafür Voraussetzung. Sie sind notwendig, um die Fülle der Informationen zu orchestrieren. Denn diese Schätze zu bergen, erfordert komplexe Fähigkeiten und den Mut, »*out of the box*« zu denken – quer zu einzelnen Unternehmen und sogar Branchen. Das geht nur im Team. Nur wer technologisch fit ist und über ein schnelles Reaktionsvermögen verfügt, kann auf den Märkten der Zukunft bestehen. Die Ingenieurskunst, welche die Marke »*Made in Germany*« so berühmt gemacht hat, reicht schon lange nicht mehr. Die Produkte treten hinter die Daten zurück, die sie produzieren, sie werden nun »*Made in and operated by Germany*«. Dieses Kapitel beschreibt, was für diesen grundlegenden Wandel notwendig ist.

»*Kill your Darlings!*«: Bewährtes loslassen

Mit Kompromissen lässt sich selten Geschichte schreiben, und häufig sind es gerade die früheren Erfolgsrezepte, die geopfert werden müssen, um Neuland zu erobern. »*Kill your Darlings*« lautet deshalb auch eine drastische Forderung aus der Schreibwerkstatt der Weltliteratur.[148] Was für einen guten Plot gilt, eine unvorhersehbare Wende, führt auch in der digitalen Wirtschaft zum Erfolg – denn die entscheidende Dimension ist auch hier das Neue: Innovation. Die Konnektivität von Maschinen, ihren Daten und Kunden lässt völlig neue Bedürfnisse entstehen und damit auch Geschäftsideen, die häufig mit dem ursprünglichen Produkt wenig zu tun haben, es vielleicht sogar in den Hintergrund schieben.

Das nagt zunächst einmal am unternehmerischen Selbstverständnis. Schließlich stellt es viele Regeln auf den Kopf, die vor der Erfindung des Internets noch gegolten haben. Doch die digitale Ära hält sich nicht mit Sentimentalitäten auf. Die USA und China haben einen großen Vorsprung, sie haben bereits die Hälfte aller Investitionen in das Internet der Dinge getätigt, und sie halten mehr als drei Viertel des Cloud-Computing-Marktes in ihrer Hand.[149] China, betont das Mercator Institute for China Studies (MERICS), übernimmt dabei eine immer stärkere Rolle in der Entwicklung von Applications für das Internet der Dinge (IoT) und prägt letztlich auch den damit verbundenen Umbau des Internets. Immer mehr Entwicklungen finden außerhalb der Jurisdiktion westlicher Regierungen statt, es sind die Unternehmen, die durch ihre Taten neue Standards setzen.

Das alles verlangt von der Wirtschaft ein Umdenken, und zwar schnell. Für schrittweisen Wandel bleibt keine Zeit. Selbst Bewährtes muss einer kritischen Prüfung unterzogen werden und vielleicht auch sang- und klanglos verschwinden.

Neues finden: Die drei »*Firsts*«

Ein Weckruf für viele Unternehmenslenker ist Covid-19, eines der tiefgreifendsten Ereignisse der letzten 50 Jahre. Die Pandemie wird, so viel ist heute schon sicher, als *Tipping Point* in die Geschichte eingehen. In der Hochphase der Inzidenzen warf sie international viele Schlaglichter auf die eingeschränkte Handlungsfähigkeit von Politik und Gesellschaft, auf mangelnde Kommunikation und Kooperation. Aber auch auf vieles, was viel schneller und besser funktionierte als jemals angenommen. Nun gilt es, aus beidem die Lehren zu ziehen.

Auch in den Unternehmen trennt die Pandemie das Gestern von dem Morgen. Die Sorge um Gesundheit der Mitarbeiter und das Geschäft wird zunehmend überlagert durch die Erkenntnis, dass ein weitreichender und substanzieller Umbau notwendig wird – und das nicht nur, was die zeitweilig blockierten globalen Lieferketten angeht. Die Pandemie zeigte zum Beispiel deutschen Führungskräften, dass ihre Unternehmen in vieler Hinsicht nicht schnell genug reagierten: Hielten vor Covid-19 noch 37 Prozent ihre Organisation noch für agil, sind es aktuell nur noch sieben Prozent.[150] Diese Werte liegen zudem signifikant unter dem globalen Durchschnitt, denn weltweit hielten sich 40 Prozent der Unternehmen vor der Pandemie für agil, heute sind es noch 18 Prozent.[151]

Schwerfällig bis unbeweglich wurden die Unternehmen zum Beispiel durch übergroße Bürokratie und unproduktive Verwaltung: Gary Hamel, Professor an der London Business School, kam schon 2017 zu dem Ergebnis, dass die amerikanische Wirtschaft dadurch drei Billionen Dollar verliert.[152] Ein radikaler Wandel ist nötig, aber er bedeutet, dass gleichzeitig an verschiedenen Fronten Herausforderungen adressiert werden müssen, und zwar mit wachsendem Tempo: Das sehen deutsche wie internationale Unternehmen gleichermaßen.

Der digitale Wandel erfordert vor allem eins: Tempo. Die Industrie hat bereits Meilensteine mit dem Aufbau digitaler Fabriken gesetzt. Siemens zum Beispiel produziert am Standort Amberg Steuerungs-, Bedien- und Beobachtungssysteme. Dieses Unternehmen wurde zu einem Vorbild für die digitale Fabrik der Zukunft und ist eines der globalen Leuchtturm-Projekte des World Economic Forum.[153]

Volkswagen zum Beispiel holt Tesla ein, wenn es um den Verkauf von E-Autos geht, und konkurriert mit ihm um die Marktführung.[154] Nun gilt es aber noch, die Unternehmen in Ökosystemen digital zu vernetzen und so über Unternehmensgrenzen hinweg Wert zu schaffen.

Die zentralen Vektoren dabei nennen wir die »drei neuen *Firsts*«:

1. *Smart Products*: Die physischen Produkte müssen als Softwaresysteme neu gedacht werden.
2. *Smart Services und Ecosystems*: Digitale Dienstleistungen werden im Rahmen von Ökosystemen entwickelt.
3. *New Value*: Ausgehend von neuartigen Kundenerlebnissen entsteht neue Wertschöpfung.

Die drei »Firsts«

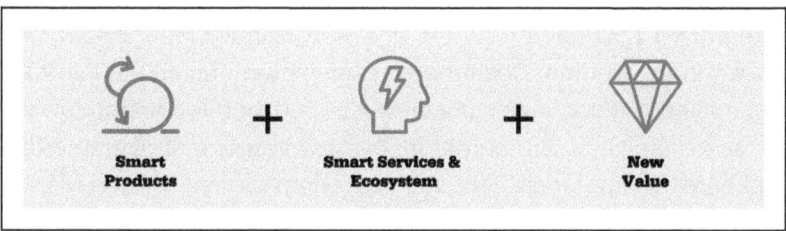

Quelle: Riemensperger/Falk

Thomas Prefi, Gründer von umlaut, eines Engineering-Services-Dienstleisters mit weltweit 4600 Ingenieuren (und seit 2021 Teil von Accenture), sieht in der Kombination der drei *Firsts* die Zukunft für die deutsche Industrie. Bereits heute werde das System

»Auto« durch Plattformunternehmen angegriffen. Der Engpass in Deutschland sei nicht das Engineering. Es brauche aber deutlich mehr »Köpfe« und Exzellenz, die Software und ökosystembasierte Services im Engineering der Produkte mitdenken könnten. Dort bestehe heute ein großer Engpass, so Prefi.

Schluss mit Silodenken

Behindert werden Innovationen unter anderem von einem ausgeprägten Silodenken in den Unternehmen. Marketing, die Finanzabteilung, Human Resources, die IT- oder die Verkaufsabteilung – alle haben unterschiedliche Kulturen und verfolgen eigene Zielvorgaben. Einer von drei Führungskräften weltweit macht diese internen Hürden dafür verantwortlich, dass Initiativen zum transformativen Wandel immer wieder abgebremst werden. Während das in den USA 34 und in Europa 33 Prozent der CEOs beklagen, sind es aber in der staatlich beeinflussten chinesischen Wirtschaft mit 17 Prozent nur rund halb so viele.

Die größten Potenziale für neue Arten der Wertschöpfung liegen jedoch nicht in den Silos, sondern gerade an den Schnittstellen der Abteilungen, Funktionen oder auch Märkte. Genau hier entstehen integrative Lösungen, wie sie von den Kunden gewünscht und nachgefragt werden. Doch die meisten Unternehmen sind vertikal organisiert und tun sich schwer damit, horizontale Verknüpfungen herzustellen. Nicht nur beruht Innovation immer mehr auf interdisziplinärer Zusammenarbeit, auch erfordern die weltweiten Märkte ein Management, das mit Diversität umgehen kann. »Wir können uns am besten entwickeln«, zitiert die *Harvard Business Review* einen Manager, »wenn wir integrative Lösungen finden. Aber statt zu versuchen, hinauszufahren und einen richtig großen Fisch zu fangen, bleiben viele lieber am eigenen Teich und begnügen sich damit, ein paar kleine Fische zu erwischen.«[155] Das spiegelt sich auch in einer fragmentierten technischen Architektur: Unterschiedliche Cloud-Lösungen werden in Geschäftsbereichen implementiert, distinkte data lakes und Datenplattformen auf Abteilungsebene eingerichtet.

Benötigt werden also Führungskräfte und leitende Mitarbeiter, die *tough* genug sind für die mitunter abenteuerliche Herausforderung, »quer« zur Unternehmenslandschaft zu operieren. Der Spirit muss dafür weniger auf Kontinuität als auf Wachstum ausgerichtet sein und Lust am Lernen, Risikobereitschaft und Denken *»outside the box«* fördern. Teamarbeit ist dafür ein Entwicklungsfeld. Die richtigen Fragen zu stellen, kann unter Umständen mehr bringen, als bereits eine Antwort parat zu haben.

Teilen schafft neue Werte

Die tradierte Wahrnehmung von Wirtschaft erschwert das Umdenken, denn Wertschöpfung wird heute immer noch so wie vor
80 Jahren gemessen. Damals, 1940, entwickelte der britische Öko-
nom John Maynard Keynes die ersten Techniken zur systemati-
schen Messung der Aktivität der Märkte, die er in seinem Buch
How to pay for the war publizierte.[156]

Im neuen Jahrtausend wird das zunehmend zum Gegenstand von
Kritik, denn wichtige Dimensionen von Wirtschaft werden in dieser traditionellen Darstellung nicht erfasst – zum Beispiel der Wert
einer Leistung für die Gesellschaft oder die Nachhaltigkeit von Produkten. Der damalige französische Präsident Nicolas Sarkozy beauf-
tragte deshalb schon 2008 eine hochrangig besetzte Kommission,
die Grenzen der Aussagefähigkeit des Bruttosozialprodukts und
seiner Messung zu erkunden. Der Ergebnisreport *»Mismeasuring
Our Lives: Why GDP Doesn't Add Up«* erschien 2009.[157] Unter anderem wurde dort festgestellt, dass zwischen der offiziellen Bewertung
und der gesellschaftlichen Wahrnehmung der wirtschaftlichen
Lage häufig eine große Lücke klaffte. Ein strukturelles Problem
der ökonomischen Analytik ist außerdem, dass ausgerechnet die
so wichtige Wertschöpfung aus Daten nicht erfasst wird, denn aus
makroökonomischer Perspektive werden zum Beispiel die Dienste
der großen Konsumentenplattformen kostenlos bereitgestellt.[158] Die
digitale Wirtschaft braucht ein neues *Mindset*, das Teilen als entscheidenden Faktor neuer Wertschöpfung versteht und anerkennt.

Von der klassischen Wertschöpfungskette zum Netzwerk

Strukturelle Basis der digitalen Ökonomie ist die Plattformwirt-
schaft. Sie nutzt Netzwerkeffekte: Je mehr Stakeholder beteiligt
sind, desto schneller wachsen das Ökosystem und damit die

Attraktivität für Nutzer. Das macht Skalierung einfacher, denn die Transaktions- und Informationskosten sinken mit zunehmender Reichweite und Marktdurchdringung. Gleichzeitig sind die Daten sozusagen »lebende« Materie – ihre Analyse ermöglicht die permanente Verbesserung der Geschäftsmodelle und deren Anpassung an die Kundenwünsche.

Optimiert wird die Plattform jedoch erst durch ein Ökosystem – was alle ihre Dimensionen wie Infrastruktur, Anwendung, Business und Interaktion betrifft. Digitale Ökosysteme öffnen Türen zu weltweiten Partnernetzen, erreichen neue Kundengruppen und lassen alle Beteiligten gemeinsam kreativ an neuen Produkten, Services und Geschäftsmodellen arbeiten. Wichtige Voraussetzung dafür ist, dass die Plattformen im Zentrum mehrseitig strukturiert sind, also Raum für die Beteiligung von Entwicklern, Partnern und Nutzern bieten. Dann können sich klassische Wertschöpfungsketten zu dynamischen digitalen Netzwerken wandeln.

Über Dekaden hatten Manager daran gearbeitet und es perfektioniert, Lock-in-Effekte für ihre Produkte und Dienstleistungen zu erzeugen. Waren die Wechselkosten für den Kunden zu hoch, dann blieb er den Unternehmen erhalten, und die Konkurrenz ging leer aus. Digitale Ökosysteme hingegen gehen mit einer veränderten Wertschöpfungslogik einher: Sie ermöglichen digitale Services, unternehmensinterne und -übergreifende Prozesstransparenz und Optimierung. Sie bilden auch die Voraussetzung für transparente Lieferketten und messbar nachhaltige Produktionsverfahren. Unternehmen können in diesen Entwicklungsgemeinschaften Standardisierung und Technologieentwicklung vorantreiben, zum Nutzen aller.

Die grundlegende Idee der Wirtschaft der Zukunft ist also die kollaborative Wertschöpfung über Unternehmensgrenzen hinweg: Werte werden gemeinsam geschaffen und geteilt. Dieses Value Sharing ist für jeden der Beteiligten attraktiv. Gemeinsam wird der

Kuchen größer. Das bestätigte auch der Internationale Währungsfonds (IWF) in einer Studie über die Partizipation in globalen Wertschöpfungsketten, die auch Deutschland untersuchte. Das Produktivitätswachstum verbesserte sich.[159]

Tradition des Teilens: Allmende, Hanse, Genossenschaften

Das Prinzip der Kooperation begleitet Wirtschaft und Gesellschaft schon seit ihren Anfängen. Die Erfahrungen, die dabei gesammelt wurden, sind noch lange nicht *out of date*. So analysierte die amerikanische Politikwissenschaftlerin Elinor Ostrom das Prinzip der mittelalterlichen Allmende. Die Politologin, die für ihr Lebenswerk (als erste Frau) den Nobelpreis für Wirtschaft erhielt, betonte in ihrer Dankesrede, dass weder der Staat noch der Markt geeignet seien, gemeinsam genutzte Güter wie Wasser, Weideland oder Energie angemessen zu verwalten.[160] Doch sie könnten durchaus gerecht bewirtschaftet werden, zeigte sie in ihrer Forschung an Tausenden Fallbeispielen. Entscheidend dafür seien Beziehungen, die auf gegenseitigem Vertrauen beruhten, sowie eine glaubwürdige Selbstverpflichtung zu Nutzung, Entscheidungsprozessen und Kontrolle.

Dass ein Bündnis auch ohne Hierarchien funktionieren kann, bewies auch die Hanse. Dieser Zusammenschluss von selbstständigen Kaufleuten, meist Großhändlern, funktionierte rund zwei Jahrhunderte, bis 1356 der Hansetag ein partizipatives Prinzip der Abstimmung der Hansestädte einführte. Ihre Mitglieder genossen besonderen Nutzen und wirtschaftliche Vorteile gegenüber der Konkurrenz: mithilfe von Privilegien, Monopolen, der Befreiung von Abgaben, Rechtssicherheit im fremden Land sowie festen Markt- und Umschlagplätzen für hochwertige Waren. Kollektive Interessen stärkten die Wettbewerbsposition jedes einzelnen Mitglieds.

Schließlich sind da noch die Genossenschaften, die mit mehr als 22 Millionen Deutschen heute die mitgliederstärkste unternehmerische Organisationsform sind – ihre Zahl übersteigt die der Aktionäre um das Sechsfache. Statistisch gesehen ist jeder vierte Bundesbürger beteiligt. Gegründet hatte die erste Genossenschaft Friedrich Wilhelm Raiffeisen (1818–1888), auch eine Reaktion auf die damalige »Disruption« durch die Industrialisierung, mit der viele Klein- und Mittelbetriebe nicht Schritt halten konnten. Seit 2016 zählt die Genossenschaftsidee zum immateriellen Kulturerbe der Menschheit. Das größte Zentralunternehmen ist die BayWA AG München, die sich zu einem internationalen Mischkonzern mit den Segmenten Agrar, Bau und Energie entwickelt hat.[161]* Ihr Beispiel zeigt: Je größer die Zahl der Teilnehmer und je breiter das Spektrum ihrer Tätigkeiten, umso mehr Synergien ergeben sich, die wiederum weitere Interessenten und potenzielle Genossenschafter anziehen.

Partner or perish!

Auch deutsche und europäische Unternehmen müssen beginnen, in Netzwerken zu operieren, denn in der digitalen Welt sind einzelne Unternehmen kaum mehr konkurrenzfähig. Die traditionelle Wertschöpfung in vertikal integrierten Ketten funktioniert immer weniger als Grundlage von Wachstum. Das zeigen die Zahlen: Wir haben auf der Basis der Finanzdaten von Capital IQ über einen Zeitraum von zwei Jahrzehnten die Profitentwicklung von 2000 weltweit großen börsennotierten Unternehmen analysiert. Das ernüchternde Ergebnis: Etwa ein Drittel der Branchen verzeichnete einen starken Rückgang der Gesamtrentabilität. Die

---

* BayWa, entstanden aus der im 19. Jahrhundert gegründeten Zentralen Darlehenskasse, die dann, in den Inflationszeiten 1923, vom Warengeschäft getrennt wurde (BayWa), nach dem Krieg vor allem Maschinennachfrage und Kraftfutter-Geschäft, später Saatgut, Baustoffe, Benzin und Schmieröle, Energie, globaler Markt.

Gewinntrends im zweiten Drittel bleiben unverändert. Nur das dritte Drittel zeigt einen positiven Trend.

Dieser Trend begann ungefähr 2003, mit Beschleunigungen in den Jahren 2005 und 2015. Während der Covid-19-Krise vergrößerte sich der Abstand zwischen den Spitzenreitern und den Schlusslichtern weiter. Branchen, die schon vor der Krise im obersten Quintil lagen (wie Software und Plattformen oder Life Sciences), ließen die weniger rentablen Branchen weit hinter sich. Im ersten Halbjahr 2020 verzeichnete das oberste Quintil der Unternehmen einen durchschnittlichen Gesamtgewinn von 3,4 Milliarden US-Dollar, während das unterste Quintil etwa 1,7 Milliarden US-Dollar verlor. Das ist eine Leistungslücke von fast 5 Milliarden US-Dollar.

Digitale Branchen hängen andere Industriezweige ab

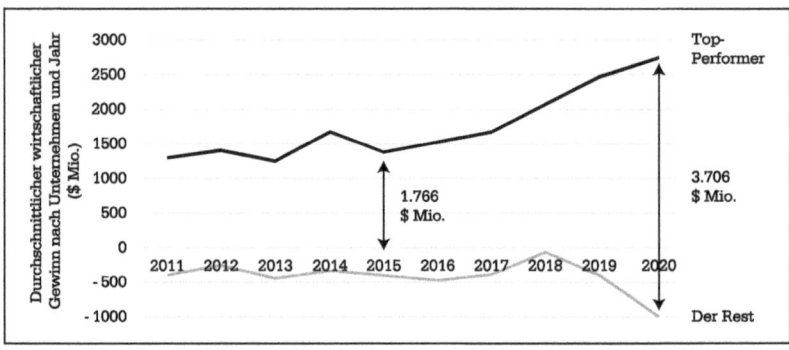

Quelle: Accenture Research

Wertschöpfung durch Teamwork

Wir müssen also die traditionellen, inkrementellen Wachstumsstrategien hinter uns lassen, das Produkt oder bestimmte Dienstleistungen stehen nicht mehr allein im Zentrum. Moderne Wertschöpfung entsteht durch Teamwork in digitalen Ökosystemen. In einer Umfrage unter über 4000 internationalen Führungskräften stellten wir fest, dass die überwiegende Mehrheit, 92 Prozent, auch bereits in unterschiedlichen Formen von Ökosystemen aktiv ist, um neues Wachstum zu realisieren. Doch noch wirft das wenig Ertrag ab. Nur neun Prozent der Einnahmen ihrer Unternehmen führten die Befragten 2020 auf Aktivitäten in den Ökosystemen zurück. Auch für 2023 erwarteten sie nicht mehr als 13 Prozent. Auch wenn die Zahl der Partnerschaften zwischen 2015 und 2020 um 15 Prozent stieg, fehlt immer noch der Schwung.

Die Evolution der Ökosysteme (Anzahl der Partnerschaften der G2000-Unternehmen)

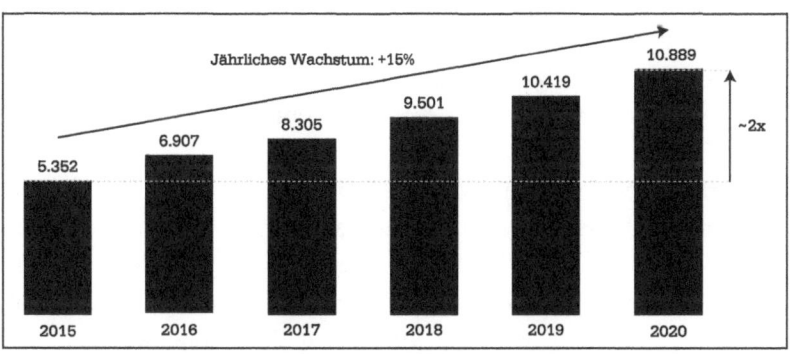

Quelle: Accenture Research Analysis on FActSet Supply Chain Database

Dabei zeigt unsere Analyse ganz eindeutig, dass Partnerschaften das Wachstum fördern, und zwar zunehmend auch außerhalb von Branchengrenzen. Moderne Kunden wie auch Business-Partner verlangen ganzheitliche und integrierte Lösungen, die ein einzelnes Unternehmen nicht anbieten kann. Zum Beispiel erwartet jeder zweite Kunde von Finanzdienstleistungen – verwöhnt von den Super-Apps der Mobilkommunikation – Paketlösungen, welche die unterschiedlichsten Ansprüche abdecken.[162]

Die B2B-Revolution findet (so) nicht statt

Der Aufstieg der Plattformunternehmen war ein Sputnikmoment für die Industrie. Viele Unternehmen stiegen in das Abenteuer Plattformen als Betreiber, Co-Investor oder Konsortialpartner ein. In der Konsumentenwelt hatten Vorreiter wie Apple oder Amazon exponentielles Wachstum realisiert. Doch in der Produktion sind weder eine vergleichbare Marktkonzentration beziehungsweise Monopole noch Skalierungseffekte entstanden. Ein Team von Wissenschaftlern aus Harvard, MIT Sloan und Surrey hat international 250 Plattformgeschäftsmodelle untersucht und ernüchtert festgestellt, dass 209 darunter als gescheitert gelten können.[163] Die B2B-Revolution findet also (so), allein auf der Basis einer technologischen Infrastruktur, nicht statt – sie braucht Ökosysteme.

Unicorns – Start-ups, die vor dem Börsengang oder dem Exit eine Milliarde US-Dollar wert sind – gelten als Pioniere für das Wachstum der Zukunft und stehen für die Erfolgsgeschichte von Ökosystemen. Schließlich entstehen solche fabulösen Karrieren auf der Basis von vernetzten Spielern. Erst die intensiven Wechselwirkungen zwischen den Teilnehmern »füttern« das Wachsen des Einhorns.

Doch auch in den weltweit über tausend dieser Einhörner sind B2B-Industrien kaum vorhanden. FinTech, dieses Amalgam aus Finanzdienstleistungen und Technologie, macht rund ein Fünftel der Unicorns aus (20,8 Prozent), Internetsoftware und -services 18,9 Prozent, E-Commerce und Direct-to-Customer (10,4 Prozent), KI schließlich 7,8 Prozent. Mobilität und Automobilindustrie (2,9 Prozent) spielen kaum eine Rolle.

Was den wachstumsträchtigen Bereich KI angeht, so ist ByteDance, das in China gegründete multinationale Unternehmen, zu dem auch die Konsumentenplattformen TikTok und Toutaio gehören, am wertvollsten – mit 140 Milliarden US-Dollar. Die Firma gehörte aber auch zu den ersten in China, die Anfang 2022 ihre Investmentaktivitäten zurückfuhren, die Restriktionen und Regulationen vorwegnehmend, mit denen der chinesische Staat die digitale Expansion unter seine Kontrolle bringen will. So hat der chinesische Staat dem ungebremsten Wachstum der B2C-Plattformen und damit auch dem schnellen Entstehen neuer B2C-Unicorns erstmals einen Riegel vorgeschoben. Die chinesischen Einhörner sind im internationalen Vergleich am ältesten; fast doppelt so alt wie der internationale Durchschnitt. Die Dynamik schneller Börsengänge oder Exits ist nun deutlich geringer – ein weiteres Indiz dafür, dass das Wachstum von B2C-Plattformen im Land der Mitte künftig nur im Einklang mit den Vorstellungen des Staats, wie die Bevölkerung die Plattformen nutzen sollen, möglich sein wird.

Unicorns nach Ländern (März 2022)

Land	Anzahl Unicorns	Anteil global	Wert Mrd. US-Dollar	Anteil global	Unicorn-Status in Tagen (1.4.2022)
Vereinigte Staaten	554	52,0 %	1.887	53,7 %	577
China & Hongkong	180	16,9 %	611	17,4 %	1.208
Indien	64	6,0 %	189	5,4 %	503
Vereinigtes Königreich	43	4,0 %	182	5,2 %	744
Deutschland	26	2,4 %	72	2,0 %	541
Frankreich	24	2,3 %	55	1,6 %	781
Israel	20	1,9 %	38	1,1 %	429
Kanada	19	1,8 %	49	1,4 %	276
Brasilien	16	1,5 %	37	1,1 %	592
Singapur	12	1,1 %	18	0,5 %	346
Andere Länder	108	10,1 %	378	10,7 %	
Insgesamt	1066	100,0 %	3.516	100,0 %	686

Quelle: CB Insights

Auch mit seinem Anteil an den globalen Einhörnern ist China mit 16,3 Prozent leicht zurückgefallen, während die USA im Frühjahr 2022 mit 52 Prozent mehr als die Hälfte hielten. An dritter und vierter Stelle folgen Indien mit sechs und Großbritannien mit vier Prozent. Den fünften Rang hält Deutschland mit 26 Einhörnern und 2,4 Prozent. Celonis, das Münchner Softwareunternehmen, ist darunter das einzige deutsche Start-up, das mit elf Milliarden Dollar die magische Zehner-Grenze überschritten hat.

Unicorns in Deutschland

Unternehmen	Bewertung in Mrd. $	Unicorn seit	Standort	Industrie
Celonis	$ 11,00	26.06.2018	München	Datenverwaltung und Analytik
N26	$ 9,23	10.01.2019	Berlin	FinTech
Personio	$ 6,30	19.01.2021	München	Internet Software & Services
Trade Republic	$ 5,30	20.05.2021	Berlin	FinTech
Otto Bock HealthCare	$ 3,52	24.06.2017	Duderstadt	Gesundheit
FlixMobility	$ 3,00	18.07.2019	München	Auto & Transport
Contentful	$ 3,00	28.07.2021	Berlin	Internet Software & Services
Gorillas	$ 3,10	25.03.2021	Berlin	E-Commerce & Direct-to-Consumer
wefox	$ 3,00	05.03.2019	Berlin	FinTech
Flink	$ 2,85	01.12.2021	Berlin	E-Commerce & Direct-to-Consumer
NuCom Group	$ 2,20	22.02.2018	Unterföhring	Andere
Forto	$ 2,10	21.06.2021	Berlin	Lieferkette, Logistik und Zustellung
Tier	$ 2,00	25.10.2021	Berlin	Reisen
Volocopter	$ 1,87	04.03.2022	Bruchsal	Auto & Transport
solarisBank	$ 1,65	13.07.2021	Berlin	FinTech
Scalable Capital	$ 1,40	08.06.2021	München	FinTech
GetYourGuide	$ 1,10	16.05.2019	Berlin	Reisen
Sennder	$ 1,10	14.01.2021	Berlin	Lieferkette, Logistik und Zustellung
Enpal	$ 1,10	18.10.2021	Berlin	Internet Software & Services
Staffbase	$ 1,10	15.03.2022	Chemnitz	Internet Software & Services
Omio	$ 1,00	23.10.2018	Berlin	Reisen
Berlin Brands Group	$ 1,00	01.09.2021	Berlin	E-Commerce & Direct-to-Consumer
Agile Robots	$ 1,00	09.09.2021	München	Hardware
Razor	$ 1,00	08.11.2021	Berlin	Consumer & Retail
SellerX	$ 1,00	09.12.2021	Berlin	E-Commerce & Direct-to-Consumer
InFarm	$ 1,00	16.12.2021	Berlin	Andere
Summe Deutschland	$ 71,92	04.10.2020		

Quelle: CB Insights

Auch unter den deutschen Einhörnern sind die B2B-Industrien kaum vertreten. Es gibt aber zunehmend Beispiele auch von deutschen Unternehmen, die durch den konsequenten Aufbau von digitalen Partnerschaften neue Märkte erobern.

OTTO: Von Kund:innenbindung zu *Customer Experience*

Das frühere Postversandhaus aus Hamburg, 1949 gegründet, ist heute einer der größten Onlinehändler und Plattformanbieter Deutschlands mit rund 6200 Mitarbeitenden und einer beispiellosen Erfolgsgeschichte für digitale Transformation. Obwohl OTTO über Jahre hinweg Zuwächse verzeichnet, setzte das Unternehmen immer stärker auf Umbau und die Förderung der *Customer Experience*. Es stellte sich die Frage, wie OTTO sein lineares Handelsmodell so weiterentwickeln konnte und kann, dass Marktanteile gehalten und Relevanz und Attraktivität für alle Marktteilnehmer ausgebaut werden. Hierzu war es notwendig, das Wertschöpfungsmodell eines traditionellen Distanzhändlers neu zu bewerten und die Spielregeln der Digitalwirtschaft als neuen Erfolgsmaßstab anzuwenden. Relevanz und Attraktivität des digital gestützten Leistungsangebots sollten deutlich ausgebaut werden. Die Rolle der Technologie diente nicht nur der Effizienzsteigerung, sondern ebenso der Schaffung von neuen, zusätzlichen Erlösmodellen. Im Zentrum eines werteorientierten, wirtschaftlichen Handelns sollte der Mensch stehen.

Ziel ist eine ständige Verbesserung der *User Experience* von Konsumenten, Partnern und Lieferanten sowie Mitarbeitenden. Ein einseitig linear ausgerichtetes Handelsmodell wird zu einem zweiseitigen Ökosystem, in dem Reichweite, Relevanz und nachhaltiges Handeln als Zieldimensionen eine herausragende Rolle spielen. Für diese Transformationsreise wurden drei Faktoren als erfolgskritisch bewertet:

- eine nachhaltige Veränderung des *Mindsets* und der Unternehmenskultur von einem Handelsunternehmen in ein digital vernetztes Ökosystem, welches sogar Wettbewerber und Marktbegleiter zum Mitwirken an dem Leistungsangebot der Digitalplattform einlädt und diese dort mitwirken lässt,
- der komplette Umbau der *batch*-orientierten (linearen) Prozess- und Technologielandschaft des traditionellen Distanzhändlers zu einem datenbasierten Realtime-Unternehmen,
- der substanzielle Ausbau der Digitalkompetenz in der Unternehmensorganisation zur maximalen, werteorientierten Ausnutzung technologischer Möglichkeiten zur Schaffung von neuen, skalierbaren Erlösmodellen.

Regelmäßige *Fitness-Checks*

Die Applikationslandschaft unterliegt einem jährlichen *Review*. Dieser kontinuierliche Architektur-*Fitness-Check*, ergänzt um ein eventbasiertes Tech-Life-Cycle-Management, trägt dazu bei, mögliche technische Schulden vergangenen unternehmerischen Handelns zukünftig zu minimieren. Historisch richtige Entscheidungen passen oft nicht mehr in das Heute und die Zukunft. Applikationsarchitekturen haben inzwischen deutlich kürzere Lebensspannen als die früheren zehn oder mehr Jahre.

Applikations- und Architektur-Fitness-Analyse

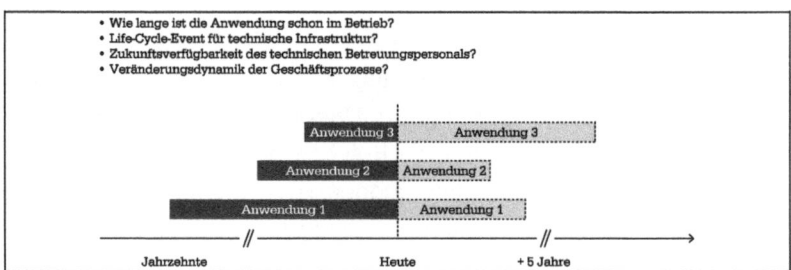

Quelle: OTTO Group

Die domänenspezifischen Modernisierungs- und Transformations-*Roadmaps* sind immer häufiger *Life-Cycle*-orientiert ausgelegt. Die Architektur-Fitness-Analyse bezieht ...

- den Zustand der Tech-Architektur inklusive der Infrastruktur-Architektur,
- die Zukunftsfähigkeit des technischen Betreuungspersonals und
- die Veränderungsdynamik der Geschäftsprozesse mit ein.

Mit Greenfield über Brownfield zu einer modernen Gesamtarchitektur

Die gesamte Anwendungsarchitektur ist neu geplant worden. Das erste bedeutende Neu- und Umbauvorhaben war die Errichtung eines digitalen Marktplatzes, auf dem Wettbewerb am Artikel und zusätzliche Serviceprodukte eingeführt wurden. Dieser Launch verband alte und neue Systemwelten und öffnete die digitale Reichweite, die ja schon für einen sehr umfängliches Leistungsangebot im Markt bekannt war, ebenso für Handelspartner und -unternehmen. Diese Marktplatzteilnehmer können auf der digitalen Plattform ihre eigenen Produkte auf eigene Rechnung verkaufen und stehen damit teilweise direkt im Wettbewerb zum Angebot des Händlers und Partners OTTO. Gestartet im Frühjahr 2020 mit tatsächlich zwei Handvoll von Partnern und wenigen Tausend Produkten, ist das Warenangebot binnen kurzer Zeit deutlich gewachsen.

In weniger als 18 Monaten hat sich ein relevantes Zusatzgeschäft etabliert, bei dem sich das Produkt- und Leistungsangebot verzehnfacht hat. Gleichzeitig war es der Beweis, dass alte Softwarearchitekturen und neue Systemlandschaften mit einer nativen Greenfield-Cloud-Applikationsarchitektur zusammengebracht werden konnten und ein inkrementeller Architekturumbau in der laufenden Transformation und bei laufendem, operativem Geschäft möglich ist. Die bisherige technische Architektur mit monolithischen

Großsystemen wurde nun mit modernen produkt- und service-orientierten Architekturansätzen und gleichzeitig hoher Geschäftslast miteinander verbunden.

Es gibt wohl in Deutschland und Europa nur sehr wenige etablierte Organisationen, denen es in so kurzer Zeit gelungen ist, ein relevantes Zusatzgeschäft als innovatives, zusätzliches Geschäftsmodell im Umfang von mehr als einer Milliarde Euro Zusatznachfrage zu etablieren. Dieser substanzielle Anstieg des Transaktionsvolumens wurde gleichermaßen von den Bestands- als auch neuen Systemen gemeistert; sozusagen ein systemisches Start-Up, geschaffen von einem Traditionsunternehmen.

Unternehmensweit geltender Ziele- und Portfolio-Prozess

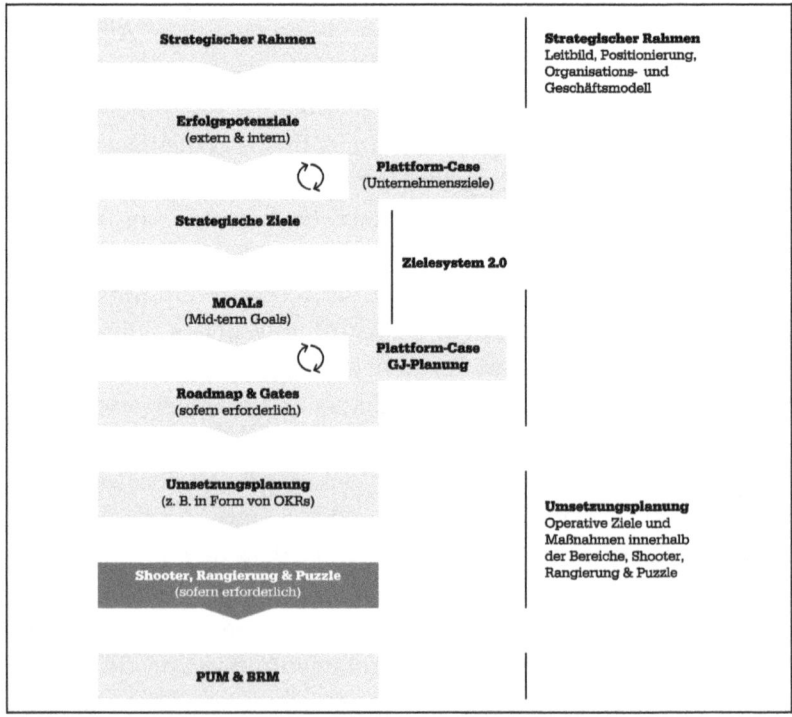

Quelle: OTTO Group

Neben der Verzehnfachung des Leistungsangebots konnte erfreulicherweise in den letzten Jahren die aktive Kundenanzahl substanziell um den Faktor zwei erhöht werden. Diese Vervielfachung in einem Milliarden-Euro-Bestandsgeschäft bringen viele zusätzliche nichtfunktionale Anforderungen für die Architektur hervor. Zumal die Altarchitekturen teilweise schon Jahrzehnte alt und nie für diese Größenordnungen und Entwicklungen konzipiert waren. Gleiches gilt de facto für die Neu-System-Landschaft, die bereits in einer frühen Phase mit unerwartet hohen Lastspitzen zurechtkommen musste.

Auf der Ebene der Unternehmensleitung, hier des Vorstands, werden alle drei Monate zusammen mit dem Portfolio-Management-Board die zu erreichenden Ziele und Endergebnisse aller Produktteams für die nächsten drei Monate festgelegt. Eine Rahmenbedingung für alle Teams ist: *start finishing, stop starting*! Dieses Programm, bestehend aus den Initiativen aller *Backlogs* der Produktteams und Roadmaps, ist verbindlich und gleichermaßen transparent für die gesamte Organisation. Mittels dieser Priorisierung und Ressourcenallokation können alle Teams in Ruhe arbeiten und sich ihre Arbeit selbst organisieren: *autonomously, but aligned*. Mit diesem Prozess, der transparent für die gesamte Organisation ist, wissen die Mitarbeitenden, wohin die Unternehmensleitung will und wie weit die Vorhaben fortgeschritten sind. Es war der erste große Schritt heraus aus dem Silodenken und einem wirklichen Wir bei OTTO. Er basiert auf einer Vertrauenskultur und der Selbstverantwortung in den Teams und der Einzelnen.

Die Idee der Produktorientierung hat dazu beigetragen, eine höhere Liefergeschwindigkeit zu erzeugen und sich noch stärker an den echten Kundenbedürfnissen, sowohl B2C als auch B2B, zu orientieren. Dieses Modell ist nicht überall passend, aber für eine Transformation sehr hilfreich. »Wir haben uns erfolgreich von einem Retailer zum relevanten Plattformanbieter mit modernen technischen Services nach europäischen Regeln gewandelt«, so Dr. Michael Müller-Wünsch, Bereichsvorstand Technologie bei OTTO.

Zeiss und ASML: Gemeinsam forschen, getrennt schlagen

Die Halbleitersparte des Oberkochener Herstellers Carl Zeiss liefert Komponenten für die Produkte größerer Halbleiterhersteller, unter anderem an ASML, den weltweit größten Herstellern von Wafersteppern und -scannern. Zu Beginn des Jahrtausends hatte sich die Technologie auf diesem Sektor so stark weiterentwickelt, dass abzusehen war, dass die optischen Linsen von Zeiss die gewohnte Präzision in einem Größenbereich weniger Atome nicht würden halten können. ASML, das mit den Zeiss-Linsen arbeitete, hatte dasselbe Problem, also taten sich die Forschungsabteilungen der beiden Unternehmen zusammen und entwickelten eine Lichtquelle, die nun über ein Vakuum präzise als Lithograf zum Beschreiben der Wafer genutzt wurde und feiner und kleiner arbeiten konnte. Dazu musste aber erst ein Spiegelsystem entworfen werden, was alleine zehn Jahre lang dauerte. »Wir sind keine normalen Partner«, sagte der niederländische CEO. »Wir sind zwei Unternehmen mit ein- und demselben Geschäft.«[164]

Von Papier zu Pixeln: Die Börsenvereinsgruppe

Wie transformiert man eine bald 200-jährige Geschichte? Das fragte man sich im Börsenverein des Deutschen Buchhandels, der bereits 1825 von Buchhändlern in Leipzig gegründet wurde – ein wichtiges Organ der Interessenvertretung des gesamten Berufsstands, von Verlagen, Großhändlern und Buchhandel. Schließlich geht es nicht nur um die Umwandlung von Büchern in E-Books und von Papier in Elektronik. Es geht auch um Nachhaltigkeit, anderes Arbeiten und Innovationsmanagement.

4500 Medienunternehmen zählen heute zum Börsenverein, der sich unter anderem um Urheberrecht, den Erhalt der Buchpreisbindung und die reduzierte Umsatzsteuer kümmert. Außerdem ist er eine wichtige Kulturinstitution der deutschen Sprache und engagiert sich innen- wie außenpolitisch für Literatur- und Leseförderung sowie Meinungsfreiheit (Friedenspreis des Deutschen Buchhandels). Zur Börsenvereinsgruppe zählen auch die MVB GmbH (der Marketing- und Verlagsservice des Buchhandels), die ISBN-Nummern zuteilt und als zentrales Rechercheinstrument für den Buchhandel das Verzeichnis Lieferbarer Bücher (VLB) mit tagesaktuellen Metadaten erstellt. Das digitale Titelinformationssystem (VLB-TIX) startete im Dezember 2021. Auch die Frankfurter Buchmesse gehört zur Gruppe. Als größte Buchmesse der Welt fand sie im Jahr 2020 pandemiebedingt zum ersten Mal rein digital statt – eine symbolträchtige Wende.

77 000 Titel erscheinen jährlich neu, 3300 Buchhandlungen[165] gibt es in Deutschland – sie alle benötigen einen modernen, digital organisierten Marktplatz. Doch die Verlagsbranche ist stark zersplittert, neben global agierenden Giganten stehen viele kleinere Häuser, die in Nischenmärkten ihre Unabhängigkeit bisher verteidigen konnten. Die großen Buchhandelsketten sind gegenüber dem Versandhandel auf dem Rückzug, doch kleine Individualisten im Buchhandel haben trotz Lockdown in der Pandemie dank der Treue ihrer Kunden überlebt.

Standardisierung und Datenmanagement funktionieren in der Branche recht gut, doch »Prozesse wie Remissionen, der Handel mit Übersetzungsrechten oder der Novitäteneinkauf funktionieren in Teilen noch wie im letzten Jahrhundert«, so Ronald Schild, der Leiter einer »Taskforce Transformation«, gegenüber dem Börsenblatt.[166]

In einem Punkt hat die Group die Nase jedoch ganz klar vorn: Über die Frankfurter Buchmesse betreibt sie den international führenden Onlinemarktplatz für den Handel mit Rechten und Lizenzen von Buch- und Zeitschriftenpublikationen: Frankfurt Rights.[167] Seit 2012 ermöglicht diese Plattform Rechteinhabern die digitale Abwicklung von Lizenzgeschäften im In- und Ausland und kommt bei der Frankfurter Buchmesse als zentrales Tool zum Einsatz. Rund um die Uhr und über das gesamte Jahr hinweg können Anfragen und Verhandlungen so schnell bearbeitet und abgeschlossen werden, das spart Zeit und Kosten. Diese Funktion wird von Rechte-Einkäufern aktuell in mehr als 100 Ländern genutzt. Dabei geht es aber nicht nur um die formale Abwicklung, sondern auch um das Setzen von Impulsen, sodass relevante Inhalte sichtbar werden und idealerweise in einen Geschäftsabschluss münden.

Die Digitalisierung hat die Buchbranche deutlich verändert: Die englische Autorin J. K. Rowling hat ihren ersten »Potter« im Selbstverlag herausgebracht, und drei Viertel der Autoren auf der Amazon-Bestenliste kommen inzwischen als Selbstverleger auf den Markt. Gelesen wird mobil, das gilt für E-Reader genauso wie für die gute alte Papierausgabe, die in Deutschland immerhin noch 95 Prozent der verkauften Exemplare ausmacht. In zwei bis drei Generationen, so die Prognosen, werden papierene Bücher die Ausnahme sein.

Die Nürnberger Versicherung: Mehr Sicherheit durch Bosch

Statt nur Unfallversicherungen zu verkaufen, bietet die Nürnberger Versicherung ein Rundum-Paket »Sicherheit« an – in Kooperation mit Bosch. Die erweiterte Sicherheitslösung für Outdoor-Sportler besteht aus einem in den Fahrradhelm integrierten System namens Tocsen, eine Kombination aus Sturzsensor und kostenloser Smartphone-App. Bei einem Unfall ruft es automatisch um Hilfe. Sobald ein Unfall erkannt wird, fragt die App nach dem Zustand der Person. Bleibt die Reaktion länger als 30 Sekunden aus, setzt Tocsen einen automatischen Notruf inklusive GPS-Ortung ab – an persönliche Notfallkontakte und die Tocsen-Rettungsgemeinschaft in der Umgebung.[168] In China sind solche Rundum-Pakete häufig: Der Versicherer *Ping An* bietet dort seinen Kunden auch ein elektronisches Zahlungssystem, medizinische Versorgung oder Transport-Rufdienste an.

Wellenreiten im Ökosystem

Solche Ökosysteme beschleunigen die Dynamik der Veränderung, indem sie neue Perspektiven und Anknüpfungspunkte liefern. Diejenigen, die den Wandel scheuen, bleiben zwangsläufig auf der Strecke, was die Wertschöpfung angeht. Wie beim Surfen ist es besser, sich auf den Kamm der Welle zu stellen, als von ihr weggerissen zu werden. Ökosysteme, zeigt eine Umfrage unter mehr als 1200 globalen Führungskräften, sind ein Instrument, die Disruption proaktiv anzugehen und davon zu profitieren.[169] Schon in wenigen Jahren, glauben drei Viertel der Befragten, werden die heutigen Geschäftsmodelle nicht wiederzuerkennen sein, weil sie durch Ökosysteme transformiert wurden.

Doch wie geht man nun vor, um ein Unternehmen in diese Richtung umzubauen? Diese Art der Netzwerk-Zusammenarbeit fordert neue Fähigkeiten, was die Frage angeht, wie man sie initiiert und orchestriert. So bestätigen 84 Prozent der CEOs, dass die Beteiligung ihres Unternehmens an einem Ökosystem strategisch wichtig ist. Doch über ein Drittel (37 Prozent) sehen sich dennoch nicht imstande, ihr aktuelles Geschäft mit der Entwicklung neuer Modelle in Einklang zu bringen.[170] Denn dies erfordert eine umfassende Transformation des Unternehmens.

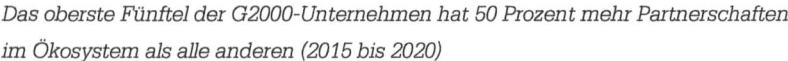

Das oberste Fünftel der G2000-Unternehmen hat 50 Prozent mehr Partnerschaften im Ökosystem als alle anderen (2015 bis 2020)

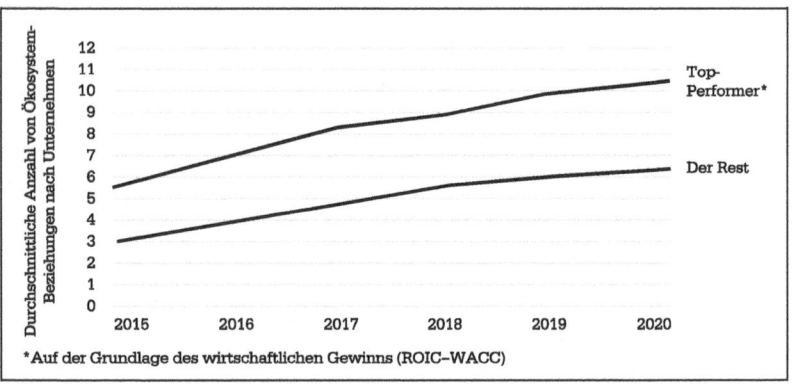

Quelle: Accenture Research Analysis on FActSet Supply Chain Database and Capital IQ

Hamburger Hafen und Logistik AG: Ein weltweites Netzwerk

Die Logistikbranche ist eines der bestorganisiertesten Netzwerke und Ökosysteme der Welt. Angela Titzrath ist die Vorstandsvorsitzende der Hamburger Hafen und Logistik AG (HHLA). Als ein führender europäischer Logistikkonzern mit über 6000 Beschäftigten betreibt die HHLA mehrere Terminalanlagen im Hamburger Hafen sowie in den Häfen von Tallinn, Triest sowie im ukrainischen Odessa. Titzrath sagt, die Logistikbranche funktioniere als weltweites Ökosystem und sei schon immer ein Vorreiter bei der Standardisierung und Digitalisierung von Prozessen gewesen. Die Veränderungsgeschwindigkeit in der Branche sei rasend schnell; die Wertschöpfungskette werde seit Jahren von der traditionellen Bereitstellung von Hafeninfrastruktur (Containerumschlag) zum Full-Service-Anbieter für Logistik ausgebaut. Die HHLA betreibt nicht nur Anlagen zum Containerumschlag in Häfen, sondern sie ist gleichzeitig mit ihrer Bahntochter METRANS ein führender Anbieter von Leistungen zum Containertransport auf der Schiene. In der Verbindung von Containerumschlag und -transport besitzt die HHLA ein Alleinstellungsmerkmal. Auf diese Weise arbeitet das Unternehmen mit anderen Logistikdienstleistern in einem logistischen Netzwerk zusammen und steuert dies zunehmend digital. Dieses Netzwerk enger zu knüpfen und es angesichts der durch den Klimawandel bestehenden Herausforderungen nachhaltig zu gestalten, dafür unternimmt die HHLA große Anstrengungen. So entwickelte das Unternehmen die digitale Plattform »modility« für kombinierte Verkehre. Auch die Entwicklung von Technologien für Drohnen, Anwendungen für den 3-D-Druck oder die Nutzung von Wasserstoff gehören inzwischen zum Portfolio des börsennotierten Konzerns.

Das Denken in Ökosystemen muss intrinsisch im Geschäftsmodell und in den Köpfen der Führungskräfte verankert sein. So sagt Titzrath auch: Eine höhere Geschwindigkeit in der Transformation braucht in der Regel eine motivierte und lösungsorientierte Führungsmannschaft. Bei der HHLA sind zwei Drittel der Führungskräfte in den letzten Jahren neu dazugekommen. Allerdings: Eine Top-down-Veränderung allein reiche nicht aus. Kulturveränderung in der Organisation sei »grass roots«-Arbeit mit allen Mitarbeitern direkt vor Ort.

In der globalen Wertschöpfungskette auf offener See gibt es keine einheitliche Regulierung. Gerade die weltweite Reedereindustrie sei ein Oligopol, welches eigene Standards markiere und seine Marktmacht einsetze. Um ein Gegengewicht zu setzen, müssten die Ökosystem-Partner wie die HHLA gemeinsam auftreten, um die Balance zu wahren. Die gelte zum Beispiel für die Umsetzung von Nachhaltigkeitszielen mit Blick auf CO_2. Die Situation in der Ukraine hat Angela Titzrath sehr betroffen gemacht. Die HHLA hat bei Kriegsausbruch Hunderte Mitarbeiter im Hafen von Odessa und im privaten Eisenbahnfrachtverkehr beschäftigt. Der Hafen wurde am 24. Februar 2022 um 6:30 Uhr geschlossen. Seither versucht ein Team, einen Notbetrieb aufrechtzuerhalten. 40 Prozent der für Afrika bestimmten Weizenlieferungen aus der Ukraine werden über den Hafen von Odessa verschickt. Wenn es keine Lösung für den Konflikt gibt, droht möglicherweise bald eine Hungersnot in Afrika. Sanktionen im weltweiten Ökosystem haben globale Auswirkungen.

Kernkompetenzen als Magnet

Dass Industrien sich gegenseitig befruchten und weiterentwickeln, ist im Prinzip nichts Neues. So hat sich das Bankwesen aus Sparkassen, Handelsbanken und Wechselstuben entwickelt oder Supermärkte haben den Einzelhandel geschluckt und sich zu Entertainmentpalästen gewandelt. Doch das Tempo der Transformation hat zugenommen und erfasst nun nicht mehr nur verwandte Branchen, sondern die unterschiedlichsten Industriezweige. Der Vergleich zwischen 2015 und 2020 zeigt, wie stark sich dabei die wechselseitigen Verbindungen intensiviert haben. Unsere Analyse der Partnerschaften von Unternehmen zeigt deutlich: Die Grenzen der Märkte verschwimmen und die Industriekonvergenz wird Realität (siehe Abbildung auf Seite 109).

Beziehungsnetze im Ökosystem wachsen industrieübergreifend

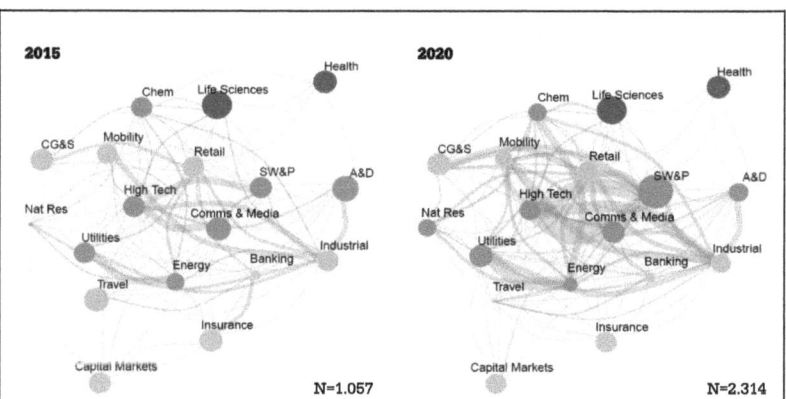

Anmerkung: (1) Die Größe des Kreises stellt den durchschnittlichen wirtschaftlichen Gewinn der Branche für das Jahr dar. (2) Die Dicke der Verbindungslinie gibt die Gesamtzahl der Ökosystembeziehungen an. (3) Die Schattierung des Kreises zeigt die Makroindustrie an: Finanzdienstleistungen Ressourcen, Produkte und Technologiesektor.

Quelle: Accenture Research Analysis on FActSet Supply Chain database

Im Fokus der neuen, auch branchenübergreifenden Wertschöpfungsmodelle, die sich in Ökosystemen realisieren, stehen aber nun nicht mehr Produkte, sondern herausragende funktionale Kompetenzen der Unternehmen, die Partnerschaften anziehen.

Fujifilm ist ein gutes Beispiel dafür: Besucher des Advanced Core Technology Laboratory werden in der japanischen Provinz Kanagawa von einer riesigen Eule mit ausgebreiteten Flügeln begrüßt. Sie prangt an der Fassade gemeinsam mit einer Statue von Minerva, der römischen Göttin der Weisheit. Die Botschaft hinter diesen Symbolen weist auf die Mission des Labors hin: Wenn eine Ära zu Ende geht, muss Minerva ihre Eule aussenden, um Wege in die Zukunft zu finden.

Das 2006 eröffnete Zentrum war die Antwort von Fujifilm auf die drohende Bedeutungslosigkeit seines Kerngeschäfts Fotofilm. Im Gegensatz zu seinem Hauptkonkurrenten Kodak, der sich auf Lö-

sungen (sowohl Film als auch Digital) in der Fotografie konzentrierte, erkannte die Führung von Fujifilm, dass in einer bröckelnden
Branche Produktinnovationen kein Garant mehr für eine Zukunft
mit nachhaltigem Wachstum sein würden.

Bereits 2004 hatte das Unternehmen begonnen, seinen Bestand
an technologischem Know-how zu analysieren. Seine Strategen
wollten verstehen, in welchen neuen Geschäftsfeldern diese Kern-
kompetenzen eingesetzt werden könnten. Das zeigte ihnen potenzielle Fluchtwege aus der zunehmend unrentablen Fotoindustrie auf.
Dazu gehörten unter anderem medizinische Bildgebungstechnologie
und Kosmetik (auf der Basis des Kollagen, das auch bei Filmen die
Oxidation und damit Alterung verhindern soll). Fujifilm konnte hier
nicht nur sein vorhandenes Technologie-Know-how einsetzen, sondern verstärkte es auch schnell durch strategische Akquisitionen.

In den Worten von Fujifilm-Präsident Kenji Sukeno: »Ich schlug
vor, die technischen Fähigkeiten von Fujifilm der Welt darzulegen,
damit sie diese in Augenschein nehmen kann und uns dann sagt:
›Wenn wir die Technologie von Fujifilm und unsere Technologie
kombinieren, dann können wir eine geeignete Lösung finden.‹«[171]

Heute ist das Unternehmen Experte für diverse Lösungen und besitzt ein Portfolio in den Bereichen Dokumente, Gesundheit, Materialien sowie Bildgebungslösungen, einschließlich entsprechenden
Geräten. Dazu zählen Foto- und elektronische Bildgebungsgeräte,
optische Apparaturen, Radiopharmaka, digitale Endoskope, funk-
tionelle Kosmetika, Ausrüstung für grafische Systeme, Compu-
ter-to-Plate-(CTP-)Platten und Speicherdatenprodukte. Außerdem
wagt sich Fujifilm in neue Bereiche wie die Gentherapie vor.

Weitere Beispiele für solche potenziell neuen Geschäftsfelder sind
etwa Lieferketten-Enabling, Plattformorchestrierung oder Kunden-
analytik. Im Ökosystem finden sich die richtigen Partner, die eines
oder mehrere dieser Werteversprechen komplettieren können, in-

dem sie eine passende Technologie oder Expertise anbieten. So hat der bereits zitierte chinesische Versicherer Ping An ebenfalls konsequent auf Ökosysteme gesetzt und bietet seinen über 200 Millionen Kunden Finanzdienstleistungen, Gesundheitsvorsorge, Autoservice, Immobiliengeschäfte und Smart-City-Dienste an.[172]

Auf Brautschau

Partnerschaften in Ökosystemen entstehen nicht zufällig. Wir haben an rund 27 000 internationalen Partnerschaften untersucht, was die Hauptmotive für potenzielle Partner sind. Ganz oben steht der Wunsch, Produkte zu differenzieren und gemeinsam neue Geschäftsmodelle zu entwickeln. Die Partner sehen im Ökosystem einen Wachstumsmotor, um neue Marktsegmente oder Industrien auf- und auszubauen.

Verteilung der Wertschöpfungstreiber im Vergleich Top-Performer und Rest

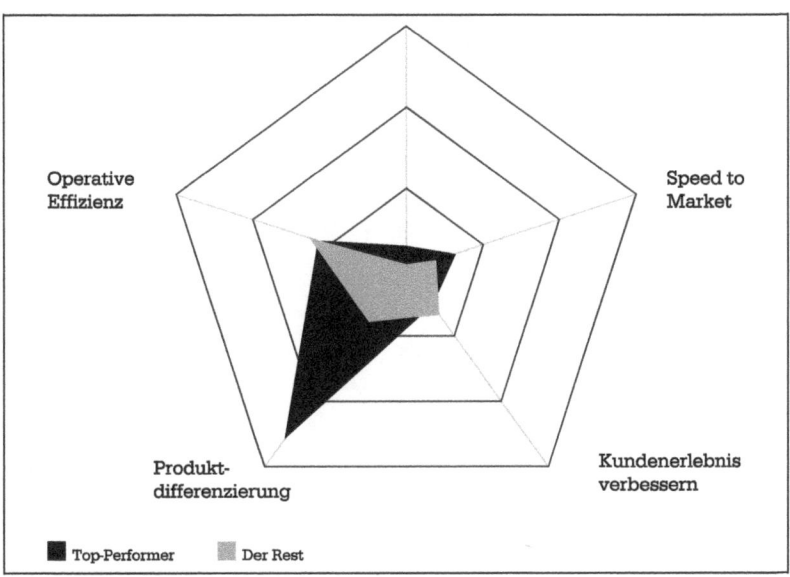

Quelle: Accenture Research Analysis on FActSet Supply Chain Database

Passende Partnerschaften im Ökosystem sind der entscheidende Impuls für Unternehmen, den Sprung zu neuen Geschäftsmodellen und Wertschöpfung zu machen. Rund 60 Prozent der Unternehmen hält sich selbst für einen attraktiven Partner, 32 Prozent sogar für »sehr« attraktiv. Doch der Wunsch allein reicht nicht für eine stabile Beziehung – es zählen auch Strategie und Vision, Unternehmenskultur, Talente, die richtige Architektur, Technologie-Performance und ein innovativer Spirit. Nimmt man diese Vektoren zusammen, zeigt sich, dass Telekommunikation, Banken und die Versorgungswirtschaft am ehesten bereit für Partnerschaften sind und gleichzeitig immer noch weiteres Potenzial haben.

Bereit fürs Ökosystem? Ein Fähigkeitsindex nach Industrien

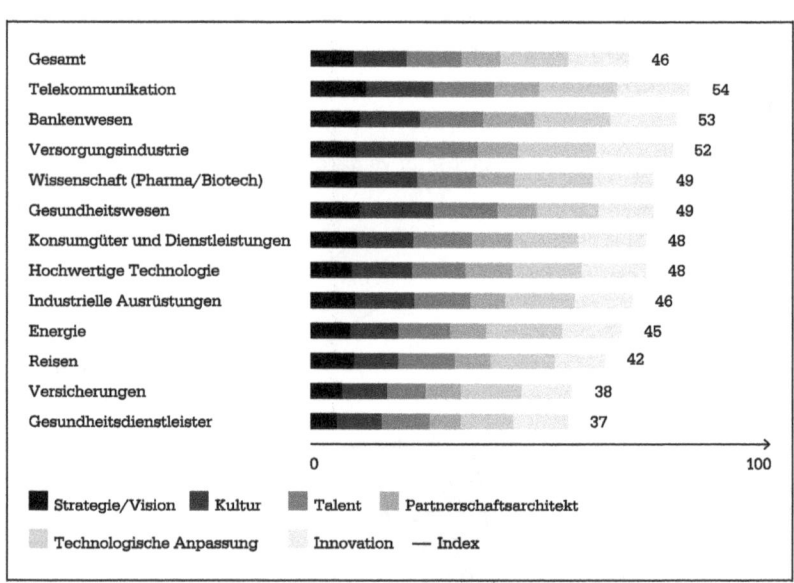

Quelle: Accenture Research Ecosystems Study 2018

Apple und sein Erlebnis-Universum

Apple ist ein gutes Beispiel dafür, wie sich Kundenerfahrungen realisieren und vermarkten lassen. Das Unternehmen verkauft zwar Produkte, doch so standardisiert rund 190 Millionen *iPhones*[173] im Jahr 2020 die Produktion verlassen, so ähnelt bald darauf schon keines der Handys mehr dem anderen. Myriaden von Accessoires, persönlichen Konfigurationen und Applications ermöglichen den Kunden, sich ein eigenes Erlebnis-Universum über ihr Smartphone aufzubauen. Über ein eigenes Betriebssystem und den eigenen App Store behält das Unternehmen gleichzeitig die Kontrolle über Software und Daten und profitiert von den angebotenen Dienstleistungen externer Entwickler: 15 bis 30 Prozent verlangt das Unternehmen von ihnen, so sein CEO Tim Cook.[174]

Entscheidend für die Wertschöpfung ist also nicht, wie viele Kunden oder Geräte Apple hat, sondern die Zahl der Milliarden *experiences* weltweit. Diese basieren auf einem Ökosystem von Anbietern, Mitproduzenten und Kunden – und sie werden täglich mehr. Konkurrenten haben es da schwer. Es reicht bei Weitem nicht, ein neues Produkt wie ein anderes Handy auf den Markt zu bringen. Wettbewerber müssten erst einmal einen ähnlichen Schatz an Kundenerlebnissen zur Verfügung stellen, doch der Vorsprung von Apple ist zumindest auf dem mobilen Wearables-Markt kaum mehr aufzuholen.

Die Einbettung in ein dynamisches Ökosystem sichert bei Apple, das selbst vertikal integriert und hierarchisch gegliedert ist, auch die so wichtige Agilität, die bei vielen digitalen Start-ups unmittelbar in die Organisationsstruktur integriert ist.[175] Tim Cook hat bereits früh die strategische Bedeutung seines Technology Stacks erkannt, heute als »Cook-Doktrin« bekannt: »Wir glauben, dass wir die primären Technologien hinter den von uns hergestellten Produkten besitzen und kontrollieren müssen.[176] Auch deshalb ist das Unternehmen – gemessen an seinem Marktwert – das erfolgreichste unter den führenden Technologieunternehmen der Welt – vor Microsoft, Google, Tencent und Facebook/Meta.[177]

Haier und sein Netz aus Mini-Unternehmern

Eine andere Form des Ökosystems hat das chinesische Elektronikunternehmen Haier realisiert, das als eines der innovativsten Unternehmen der Welt gilt. Sein CEO Zhang Ruimin hat den Pfad der »heroischen Führung« längst verlassen und denkt stattdessen in Kategorien der Selbstverantwortung und größtmöglicher Autonomie. Als Folge lässt er die Strategie eher an den Rändern seines Imperiums wachsen, statt sie zentral festzulegen. Sein Micro-Enterprise-Konzept (ME), das von initiativen Angestellten getragen wird, basiert auf drei Säulen: dem Recht, Entscheidungen zu treffen, dem Recht, Talente anzuheuern und sie auch nach Leistung unterschiedlich zu bezahlen. Jedes der Mini-Unternehmen ist – ob kunden- oder branchenorientiert – eine unabhängige Einheit mit eigener Gewinn-und-Verlust-Rechnung.

Zunächst lösen sie einzelne Module aus der Wertschöpfungskette heraus, zum Beispiel Ideen für Marktinnovationen. Daraus entstehen dann Nachfragen von unabhängigen Teilnehmern des Netzwerkes, immer mehr Kunden kommen hinzu, bis die Geschäftsideen skaliert werden können. Dann ist der Zeitpunkt gekommen, wo sie vertikal in die Kernfunktionen der Haier-Plattform integriert und in Komponenten umgesetzt werden können.

Die gegenseitigen Absprachen der Ecosystem Micro Community werden als »smarte« Verträge – also auf der Basis von Computerprotokollen – abgesichert. Sind die Eintrittsbedingungen erfüllt, veranlasst ein Algorithmus automatisch eine Transaktion, die elektronisch validiert und gespeichert wird. Konventionelles Vertragsgebaren würde die Prozesse unnötig behindern. Auch Governance, Fundraising und Investments nutzen solche DAOs

(Decentralized Autonomous Organizations). Das senkt die Kosten und macht Innovation erschwinglich. Die Technologie kann, wie das Beispiel Haier zeigt, den Aufbau völlig neuer Organisationsstrukturen unterstützen.

Tesla: Revolution über das Internet

Tesla sieht zwar aus wie ein Auto, es ist aber ein trojanisches Pferd – das findet zumindest der US-Autor Hamish McKenzie, der ein Buch über den atemberaubenden Aufstieg des Tesla verfasst hat. Dass das Fahrzeug elektrisch betrieben wird, ist nur vordergründig das Leitmerkmal: Viel revolutionärer ist, dass der Tesla permanent mit dem Internet verbunden ist und – wie ein Smartphone – ständig mit Software-Updates versorgt werden kann. Das macht das Auto zum Mittelpunkt eines mit erneuerbaren Ressourcen gespeisten dezentralen Energienetzwerks, aber auch zum Akteur eines Mobilitätsnetzwerks, in das laufend Daten nicht nur über das Produkt Auto eingehen, sondern auch über Straßennutzung und -zustand, über Wetterbedingungen und Verkehr, über Energieverbrauch, Fahrverhalten und vieles andere mehr. Daraus ergeben sich nicht nur Grundlagen für künftige Fahrzeug- oder Infrastrukturentwicklung sowie Big Data Management, neuronale Netze oder Schnittstellen, sondern auch innovative Geschäftsmodelle, die von externen Anbietern im Netzwerk zwischen Fahrzeughersteller und Kunden entwickelt und skaliert werden können. Und das Produkt wird mit jedem Modell weiter revolutioniert. Konsequent wird Hardware durch Software ersetzt.

Die Tesla-Revolution hat die gesamte internationale Automobilindustrie verändert, die nun im Wettbewerb um das Betriebssystem im Auto steht, statt über Engineering und Design zu punkten. Das erfordert neue Formen der Zusammenarbeit: Unter anderem entstand 2016 ein Open-Source-Projekt bei der Linux-Stiftung, in dem vor allem japanische Hersteller und Zulieferer die Etablierung eines quelloffenen »Betriebssystems« für Fahrzeuge vorantreiben wollen.[178] Volkswagen-Chef Herbert Diess erklärte 2020, dass die Zeit klassischer Automobilhersteller vorbei sei und die Zukunft seines Unternehmens »im digitalen Tech-Konzern« liege.[179] Konsequenterweise hat das Unternehmen in 2020 seine Softwarekompetenzen in dem Tochterunternehmen CARIAD gebündelt.

Eine andere Ertragsmechanik

In der Produktion haben sich komplett unterschiedliche Dynamiken als in der Konsumentenwelt entwickelt. Viele Jahre lang haben produzierende Unternehmen deshalb erfolglos versucht, vergleichbare Skalierung und Wertschöpfung der sogenannten Plattformunternehmen zu übertragen. Anders als in der Konsumentenwelt (Handel, Telekommunikation) ist in der Produktion weder eine vergleichbare Marktkonzentration (oder Monopole) noch sind Skalisierungseffekte entstanden (siehe Seite 16 f.).

Die AG 6 »Digitale Geschäftsmodelle in der Industrie 4.0« hat in Anlehnung an den St Gallener Business-Modell-Canvas (*BMC*) Architektur, Rollen und Dynamik von Wertschöpfungsnetzwerken untersucht. Die Verfügbarkeit und gesunkenen Kosten von Kerntechnologien wie Cloud oder Sensorik in Kombination mit Big Data und digitalen Bausteinen (digitalen Zwillingen, Plattformen) ermöglichen veränderte Nutzenversprechen und eine andere Ertragsmechanik, also die Art und Weise, wie Geld verdient wird.[180]

Die AG identifizierte vier verschiedene Typen von digitalen Geschäftsmodellen in der Industrie:

- Plattformbetreiber im industriellen Internet der Dinge (IIoT)
- Optimierung der Leistung im Betrieb
- Datenmarktplätze
- Datentreuhänder

Allen ist gemeinsam, dass sich eine definierte Gruppe von Unternehmen anhand klar definierter Rollen zusammenschließt. Die Wertschöpfung für den Kunden verbessert sich in der Regel durch Smart Services. Dabei wird der Kuchen aber nicht größer: Zusätzliche Wertschöpfung sowie Monetarisierung finden kaum statt.[181]

Im Ökosystem ist das anders. Dort herrscht eine andere Ertragsmechanik, denn neue Wertversprechen und neue Partner kommen hinzu. Um zu verstehen, wie hier Wertschöpfung zustande kommt, muss das Netzwerk als solches verstanden werden. Technische Infrastruktur ist etwa eine IIoT-Plattform (für das industrielle Internet der Dinge), die folgende Fähigkeiten bereitstellt:

– Informationen über die Nutzung von Dingen (Produkten, Maschinen), die weitflächig räumlich verteilt und installiert sind und dort genutzt beziehungsweise betrieben werden. Diese Daten werden gesammelt und zur Weiterverarbeitung zur Verfügung gestellt.
– Anwender können IIoT-Anwendungen erstellen, zum Beispiel Nutzungsdaten für Wartungszwecke implementieren.
– Gesammelte Informationen können analysiert werden, um darauf aufbauend anderen Firmen datengetriebene Services anbieten zu können.

Die Plattform kann auch von mehreren Akteuren orchestriert werden, aber sie bleibt vor allem ein technisches System, das digitale Services bereitstellt und Transaktionen ermöglicht. Sie ist die Basis für Ökosysteme, in denen alle Akteure zusammenspielen und dabei verschiedene Rollen einnehmen.[182]

Worum es jetzt geht

In der digitalen Ära ist es möglich, für so gut wie jedes physische Ding ein virtuelles Abbild zu schaffen. Materielle und immaterielle Welten verschmelzen. Unsichtbare Phänomene können durch Echtzeit-Daten und realitätsnahe Visualisierung sichtbar gemacht werden. Künstliche Intelligenz unterstützt die Aus- und Bewertung von Daten. Die physische Welt kann als digitaler Zwilling simuliert werden, und viele Anwendungen und Prozesse lassen sich auf diese Weise digital testen, bewerten und verbessern. Zusammenarbeit und Kommunikation verschieben sich in die dritte Dimension. Beispielsweise gibt es bereits einen digitalen Zwilling der Stadt Zürich, der nicht nur eine neue Stufe der Stadtplanung und -entwicklung ermöglicht, sondern auch Verkehr, Gesundheit und Sicherheit auf eine neue Stufe heben könnte.[183]

Ursprünglich haben digitale Plattformen die Konsumentenwelt revolutioniert. Die aktuelle Dekade ist von B2B-Netzwerken anderer Zielrichtung geprägt. Sie könnten über neue Wertschöpfungspartnerschaften mit ihren Geschäftsmodellen gleichzeitig die großen Fragen der Menschheit lösen: Physische Produkte werden dabei als Softwaresysteme neu abgebildet. Das ermöglicht, aus ihrem Gebrauch Intelligenz zu ziehen und – verknüpft mit anderen Daten – smarte Serviceangebote zu generieren: »Digital First«, der konsequente Umbau der Wirtschaft in datenzentrierte Unternehmen, ist die Basis der notwendigen großen Transformation.

Dekadenwechsel: Von Zentralisierung zu neuen Wertschöpfungsmodellen

Dekade 2010–2020 Megatrend globale Plattformen, digitale Zentralisierung und Skalierung

- Konsum(er) zentrierte Narrative
- Cloud & Plattform & Daten & Ecosysteme
- Smartphone/smart product (Micro-Elektronik & mobile Betriebssysteme)
- Mobile Konnektivität
- Digitale Plattformen: Apple, Amazon, Microsoft, Google, Alibaba, Baidu, Tencent
- Search: Google
- E-Commerce: Amazon, Alibaba, Maituan, JD
- Social Media: Facebook, WeChat, Twitter, TikTok
- Entertainment & Gaming: Netflix, Disney, MS, Sony
- Travel & Mobility: Airbnb, Booking, Uber, Didi
- Payment: Paypal, Alipay

In Deutschland

- Otto, Zalando, Delivery Hero, HelloFresh, Auto1

Dekade 2020–2030 Megatrend Nachhaltigkeit B2B, Wertschöpfungsketten und Digital Edge

- Menschen zentrierte Narrative: Nachhaltigkeit, grüne Industrie, Bildung, Gesundheit, Arbeit, »Alt sein«, Sicherheit
- Technologisches Wettrennen um Vorherrschaft
- Konvergenz der Industrien entlang von Wertschöpfungsketten (Beispiel Tesla, Foxconn)
- Konzentration und Skalierung für digitalen Betrieb der physischen Welt
- Smart Product, Smart Service, Ergebnis
- Spezialisierte und vernetzte B2B-Plattformen
- Leistungserbringung durch Ökosysteme mit neuer Produktivität
- Datenmarktplätze und Ökosystem-Baustein
- Regulierung für Transparenz und Fairness: Privacy, Gewinnverteilung, Nachhaltigkeit zu Vollkosten

Quelle: Riemensperger/Falk

ESG: Gesellschaftliche Relevanz der Unternehmen

Die Ausrichtung auf den Umwelt- und Klimaschutz, den gesellschaftlichen Nutzen und eine auch ethische Unternehmensführung ist zu einer strategischen Notwendigkeit geworden. Noch vor wenigen Jahren waren die Themen Wirtschaftlichkeit, Wettbewerbsfähigkeit und Umweltschutz häufig als Gegensätze diskutiert worden. Doch die Beschleunigung der Klimakrise und der globale Protest vor allem der jüngeren Generationen gegen die halbherzigen Beschlüsse der Politik, die geopolitischen Spannungen um die Ausbeutung wichtiger Rohstoffe und die weltweite Migrationskrise weisen den Unternehmen eine neue, gesellschaftliche relevante Rolle zu. Diese zu kontrollieren und nach außen transparent zu machen – auch das ist nur mithilfe digitaler Technologien möglich.

Das Prädikat ESG – Environment, Social, Governance – hat deshalb durch den Fortschritt digitaler Techniken enorm an Wichtigkeit gewonnen. 2005 war das Akronym geprägt worden – in einer Studie mit dem Titel »Who Cares Wins«.[184] 2006 waren an der New Yorker Börse die »Principles for Responsible Investment (PRI)« vorgestellt worden, als Fundament des ESG. Inzwischen ist ESG zu einer weltweiten Bewegung geworden, nicht nur aus ethischen Motiven heraus, sondern auch, weil es sich finanziell auszahlt, wie Studien belegen. Heute wenden, schreibt das Magazin *Forbes*, 80 Prozent der weltweit größten Unternehmen die PRI an.[185]

2019 unterzeichneten rund 200 amerikanische CEOs ein Manifest des Inhalts, das nicht nur die Interessen der Aktionäre, sondern auch die sämtlicher Stakeholder und die Aufmerksamkeit des Managements erforderten.[186] Bald darauf bewies die weltweite Pandemie, wie schnell äußere Einflüsse sich auf die Weltwirtschaft auswirkten und wie wichtig sich Vertrauen, Transparenz und Nachhaltigkeit erwiesen.

Das Modeunternehmen Ralph Lauren zum Beispiel sieht sich als »Global Citizen« und verknüpft in seinem Nachhaltigkeitsreport die Ziele nachwachsender Materialien, eines zeitlosen Stils, des Umweltschutzes (zum Beispiel Gewässerschutz beim Färben von Baumwolle) mit sozialem Fortschritt und rigorosem Reporting.[187] Um das zu erreichen, so der Bericht aus dem Jahr 2021, »ist uns sehr bewusst, dass wir nicht alleine die Herausforderungen der Modeindustrie bewältigen können. Wir suchen deshalb die Zusammenarbeit.«[188] »Eigentlich müsste jedes Produkt seinen ökologischen Fußabdruck nachweisen können«, sagt Geoffrey Parker, Experte für digitale Netzwerke und Forscher im Rahmen der MIT-Initiative für digitale Ökonomie. »Die Daten dafür liegen aber selten vor. Ralph Lauren hat das für jedes seiner Produkte gemacht, um seine Nachhaltigkeit zu stärken.«[189]

Auch in Deutschland soll ein digitaler Produktpass Realität werden. Ein »Single Point of Truth«, eine zentrale Datenbank also, soll alle Informationen zum Produkt enthalten und für Konsumenten und andere Nutzer zur Verfügung stellen. Doch die verpflichtenden Standarddatensätze oder zentrale Datenbanken, die dafür notwendig sind, fehlen noch. Auch gibt es auf politischer Ebene noch keine konkreten und umfassenden Konzepte zur Ausgestaltung und Implementierung eines solchen »digitalen Waschzettels«.[190]

Auch an diesem Beispiel lassen sich die drei *Firsts* durchdeklinieren: Digitale Infrastrukturen erhöhen nicht nur die Effizienz, sondern auch die Transparenz in den Wertschöpfungsketten, sie machen diese intelligent. Nachhaltigkeit und eine schonende und effiziente Ressourcennutzung können so auf allen Stufen abgebildet werden und für neue Wertschöpfungspotenziale sorgen. Das kann zum Treiber von Produkt- und Prozessinnovationen sowie Smart Services werden, zum Beispiel im Bereich der CO_2-Reduktion. Das Ergebnis ist ein positiver Beitrag zur Nachhaltigkeit.

Green Finance: Für Klima und Umwelt

Ohne digitale Technologien, so die Präsidentin der EU-Kommission Ursula von der Leyen, kein erfolgreicher Kampf gegen den Klimawandel. Die Wende zur Nachhaltigkeit könne nur dann gelingen, wenn der digitale Fortschritt Fahrt aufnehme und die digitale Wirtschaft sich selbst ambitionierte Ziele setze. Aber die Transformation muss auch finanziert werden: Mit ihrem Projekt eines European Green Deal hat die Kommissionspräsidentin Ursula von der Leyen selbst Ziele und einen Rahmen für die CO_2-Reduktion der Mitgliedsländer vorgegeben. Im September 2020 wurde das Reduktionsziel auf 55 Prozent des Ausstoßes von 1990 verschärft. Auf der Cop26 in Glasgow wurden weitere Ziele für 2022 angekündigt. Eine Taxonomieverordnung vom 18. Juni 2020 ([EU] 2020/852) enthält die weltweit erste »grüne Liste« für nachhaltige Wirtschaftstätigkeiten. Auch das Green Recovery-Programm für die Ära nach der Pandemie soll nachhaltiges Wirtschaften fördern. Das Konjunkturprogramm Next Generation EU verstärkt mit 750 Milliarden Euro unter anderem auch den Green Deal.

Die angestrebte 55 Prozent Reduktion der CO_2-Emissionen bis 2030 könnten zur Hälfte durch Digitalisierung erreicht werden, so eine Untersuchung des Digitalverbands Bitkom in Zusammenarbeit mit Accenture – in zehn Jahren könnten bis zu 120 Megatonnen des Klimagases eingespart werden. Betrachtet wurden dabei die industrielle Fertigung, die Mobilität, die Arbeit und der Gebäudesektor.[191] In der industriellen Fertigung hat der Einsatz digitaler Technologien laut Bitkom das größte Potenzial: durch Automatisierung in der Produktion und digitale Zwillinge, mit denen Verfahren digital statt real getestet werden. Das spart Material und Energie. Auf dem Mobilitätssektor ist eine intelligente Verkehrssteuerung mit Sensoren und GPS der wichtigste Hebel, außerdem eine smarte Logistik, die Frachtrouten optimiert und Ampelschaltungen regelt. Auch Sharing- und Pooling-Angebote sparen Energie und Emissionen. Smarte Logistik kann auch im Gebäudesektor viel bewirken. Homeoffice und Videokonferenzen führen zu erheblichen Einsparungen im Arbeitsbereich.[192] In diese Betrachtung noch nicht eingegangen ist das Potenzial, das neue Geschäftsmodelle bei der Reduktion der Klimagase beinhalten können. Digitale Technologien spielen beim klimagerechten Umbau von Energieversorgung, Industrie, Verkehr und Wohnen eine große Rolle, so sieht das auch eine Studie des Ökoinstituts mit dem Institut für Zukunftsstudien und Technologiebewertung (IZT).[193]

Transformation will aber auch finanziert werden – nachhaltig und über die aktuellen Förderprogramme hinaus. Zum Beispiel muss laut der Internationalen Energieagentur (IEA) fast die Hälfte der globalen Emissionsminderung aus Technologien kommen, die noch nicht kommerzialisiert wurden. Technologische Durchbrüche seien unverzichtbar, dafür brauche man Start-up- und Wachstumsfinanzierung, und zwar schnell. Die Deutsche Börse hat mit weiteren Akteuren im Jahr 2018 ein Green and Sustainable Finance Cluster Germany ins Leben gerufen, mit dem Ziel, auch die Finanzbranche nachhaltig zu entwickeln. Dieses unterstützt einen europäischen Aktionsplan zur Finanzierung nachhaltigen Wachstums.[194] Die KfW (siehe Seite 172f.) arbeitet an neuen Finanzierungsmodellen, um staatliche Förderung zum Erreichen der umweltpolitischen Ziele einzusetzen.

Die Divestment-Bewegung bekommt dabei immer mehr Zulauf: Bis zum Herbst 2021 hatten rund 1500 internationale Organisationen erklärt, Anlagen im Wert von rund 40 Billionen US-Dollar aus fossilen Industrien abzuziehen.[195]

Der deutsche Cluster arbeitet unter anderem daran, die klassischen Finanzkennzahlen der Unternehmen zu erweitern, um die ESG-Standards abbilden zu können. Über ihre Digitalisierung sollen Geschäftsmodelle transparenter werden, ihre Chancen und Risiken sich besser bewerten lassen und die Prognose bezüglich des Unternehmenswertes präziser werden. Notwendig dafür sind Standards und Übereinkommen im Rahmen der digitalen Datenbeschaffung und Integration.

Acht von zehn befragten Unternehmen, so eine aktuelle Studie der Landesbank Baden-Württemberg, sehen in Green Finance eine Möglichkeit, ihre Reputation bei den Anlegern und Partnern zu steigern.[196] Mehr Transparenz erhöht die Attraktivität grüner Kapitalanlagen – die EU möchte bis zum Jahr 2030 jährlich 180 Milliarden Euro in nachhaltige Geldanlagen umlenken.

Die Stiftung Mercator ist mit dem Status quo noch nicht zufrieden. Die Finanzbranche habe eine wichtige Rolle für die Nachhaltigkeitstransition von Wirtschaft und Gesellschaft. Es mangele jedoch an Dringlichkeit und Dynamik. Laufende Gesetzesinitiativen im Bereich Digitalisierung und zum Umgang mit Daten auf nationaler und EU-Ebene sollten stärker in der Sustainable-Finance-Agenda berücksichtigt werden.[197]

Zum Erreichen der Klimaneutralität jedenfalls benötigt Deutschland bis 2030 über 200 Milliarden Euro Risikokapital, so ein Report der Tech for Net Zero Allianz der Deutschen Energieagentur und der Initiative Breakthrough Energy von Bill Gates. Immerhin sei Deutschland, so wird betont, seit 150 Jahren Weltmarktführer im Maschinenbau und habe deshalb einen unvergleichbaren Wettbewerbsvorteil.[198, 199] Auch wenn Ukrainehilfe und Aufrüstung viel Geld verschlingen, könnte die erzwungene rasche Umstellung auf Energiealternativen der Innovation einen dringlichen Schub geben.

Resilienz der Lieferketten

Anfang 2023 tritt das Lieferkettengesetz in Kraft. Es nennt unternehmerische Sorgfaltspflichten, um einer Verletzung der Menschenrechte und der Zerstörung der Umwelt entlang der gesamten Lieferkette entgegenzuwirken, und trägt damit auch zur Resilienz bei. Die Herausforderungen liegen auf der dritten oder vierten Ebene, wie die Entwicklung der *Environmental Scores* in der Automobilindustrie zeigen. Die OEMs haben sich im Vergleich zu den Zulieferern signifikant verbessert.

Seit den Engpässen durch die Covid-19-Pandemie ist die Notwendigkeit eines besseren Managements der Supply Chains auf den To-do-Listen weit nach oben gerückt. Die Digitalisierung kann nicht nur Beschaffung, Logistik und Rechnungsstellung automatisieren und optimieren, sondern auch Innovation, Risikomanagement und Nachhaltigkeit abbilden. Künstliche Intelligenz übernimmt dabei viele Aufgaben.

Organisationen und Lieferanten hinterlegen in digitalen Netzwerken zum Beispiel Daten zu Produkten, Angeboten und Preisen, Bestellungen und Versand, Lieferstatus und -zeiten. Zusätzlich liefern sie relevante Informationen zum Unternehmen – zu den Arbeitsbedingungen, den Nachhaltigkeitsrichtlinien und wie es diese einhält, was vor Ort von Dritten überprüft wurde und so weiter. Abteilungs- und unternehmensübergreifendes Arbeiten wird ermöglicht.

Technisch gibt es dafür Platform-as-a-Service-Lösungen (PaaS) auf der Basis globaler Netzwerke, die mit einer flexiblen Architektur, Blockchain-Technologie und künstlicher Intelligenz (KI) arbeiten und Schnittpunkte mit Anwendungen der Unternehmen, zum Beispiel Buchhaltungssystemen, haben. Je nach Aufgabenbereich können Apps hinzugefügt werden, zum Beispiel zur Analyse des CO_2-Fußabdrucks über die gesamte Lieferkette anhand von Rechnungsdaten. Ähnlich funktioniert das für soziale Risiken. Unternehmenseigene Apps können eingebunden werden – zum Beispiel zur Auszeichnung und Honorierung von Partnern innerhalb der Lieferkette, die Nachhaltigkeitsziele umsetzen und dokumentieren. Mit künstlicher Intelligenz lassen sich Daten aus öffentlichen und anderen Quellen analysieren, um Nachhaltigkeitsziele zu prüfen und anzupassen. Wenn Lieferanten die Vereinbarungen nicht einhalten, warnen die Programme automatisch. Blockchain schützt vor Betrug. QR-Codes auf Produkten bilden lückenlos die gesamte Lieferkette ab. Das schafft Transparenz beim Verbraucher genauso wie beim Lieferanten.

Wie grün ist die IT?

Die Digitalisierung braucht auch selbst mehr Nachhaltigkeit. Gefordert wird – zum Beispiel von der Bundesregierung – eine »Green IT«. Denn der jährliche Strombedarf für die Nutzung digitaler Technologien in Deutschland liegt laut Kreditanstalt für Wiederaufbau (KfW) bei circa 45 bis 50 TWh, was acht bis neun Prozent des

Stromverbrauchs im Jahr 2019 ausmachte. Der Treibhausgasausstoß durch die Digitalisierung in Deutschland wird gegenwärtig auf mindestens 34 Millionen Tonnen CO_2 pro Jahr geschätzt, das ist in etwa so viel wie der gesamte Treibhausgasausstoß des Bundeslandes Rheinland-Pfalz. Eingerechnet ist die Herstellung digitaler Endgeräte und der Infrastruktur.

Die Chefvolkswirtin der KfW, Fritzi Köhler-Geib, betont: »Das Gelingen der digitalen Transformation in der Wirtschaft ist von enormer Bedeutung für die zukünftige Wettbewerbsfähigkeit Deutschlands. Gleichzeitig verfolgt Deutschland das Ziel, bis 2045 klimaneutral zu werden. Beim Vorantreiben der Digitalisierung müssen daher Klimaschutzaspekte von Anfang an mitbedacht werden.« Dafür gäbe es aber bisher keine ausreichenden Marktanreize.[200] Zwar erlaube die Digitalisierung, Energien effizienter einzusetzen und Dienstleistungen durch Virtualisierung zu ersetzen. Aber sie koste gleichzeitig Energie bei der Herstellung von Geräten und Netzen und treibe das Wachstum an. Beide Seiten müssten sich zumindest die Waage halten.[201]

Das Bundesumweltministerium hat eine Digitale Agenda, die als erste Regierungsstrategie in Europa die digitale Transformation eng mit umweltpolitischen Zielen verbindet.[202] Denn Digitalisierung sei kein reines Technologiespiel, so Stephan Ramesohl, Co-Leiter des Forschungsbereichs Digitale Transformation am Wuppertal Institut für Klima, Umwelt, Energie gGmbH, das beratend tätig war, sondern auch eine soziale Transformation. Der Ressourcenverbrauch digitaler Geräte, in denen häufig seltene Metalle stecken, werde deshalb immer wichtiger bei der ökologischen Bewertung. Datenzentren sollten zum Beispiel ihre Abwärme als Energie nutzen.[203]

Unter anderem wirbt die Digitale Agenda des Bundesumweltministeriums für ein Hub of Hubs-Netzwerk der Innovatoren. Ein »Hub« könnte zum Beispiel an Lösungen für den Klimaschutz arbeiten und Mittelstand und andere Unternehmen dazu vernetzen.

Eine andere Plattform soll sich um sozial-ökologische Innovation kümmern und einen Marktplatz aufbauen, auf dem das Wissen um gute Instrumente und Qualitätsstandards geteilt wird. Digitale Finanzierungsinstrumente erschließen den Markt für innovative Projekte.[204]

Gesundheit in Zeiten von *Planetary Health*

Wenn es dem Planeten nicht gut geht, dann kann auch der Mensch nicht gesund sein. Das ist eine der Prämissen des neuen globalen Paradigmas *Planetary Health*. Es sagt aus, dass es keine isolierte Gesundheit auf der Erde mehr geben kann, weil wir viel zu eng vernetzt sind. Werden außerdem die Belastungsgrenzen der großen Biosysteme wie Meere, Wälder oder Luft überschritten, erleidet die Diversität gravierende Einbußen und es kommt zu weitreichenden Konsequenzen. Zum Beispiel wird der Klimawandel zu einer der nächsten großen Herausforderungen für die Medizin, bei uns vor allem durch die zunehmenden Hitzewellen. Und je mehr Biotope zerstört werden, desto näher rücken sich Lebensräume von Tier und Mensch, was im Fall von Covid-19 vermutlich zu einer Pandemie geführt hat. Tausende von Erregern könnten jederzeit den Sprung vom Tier in den Menschen schaffen.

Auch Gesundheit muss also neu und digital entlang der »*drei Firsts*« gedacht werden. Kooperation und Teamwork, ermöglicht durch digitale Plattformen und Forschungstools, ermöglichten in der Pandemie die Entwicklung von diagnostischen Tests, Impfstoffen und die Prüfung von möglicherweise erfolgreichen Medikamenten in Rekordzeit. Aus zehn Wissenschaftlern, die rund um einen Tisch saßen, wurden in wenigen Wochen Dutzende von Forschungsteams, die über Zoom in der ganzen Welt kooperierten, lobt das Wissenschaftsjournal *Nature* am Beispiel von Covid-19 die mustergültige Zusammenarbeit von internationalen Unternehmen und Universitäten.[205] Allerdings trübt auch hier der US-chinesische

Antagonismus zunehmend das Bild: Immer weniger wissenschaftliche Artikel werden von Autoren beider Nationen getragen.

Gesundheit ist ein enormer Wirtschaftsfaktor in Deutschland: Die Bruttowertschöpfung betrug 2020 fast 365 Milliarden Euro. Mit 7,4 Millionen Erwerbstätigen hält sie 16,5 Prozent am Arbeitsmarkt. Wichtigster Schlüsselsektor gleich nach der Pharmaindustrie ist die Medizintechnik, die durch die Digitalisierung in den vergangenen Jahren einen enormen Aufschwung genommen hat und 2020 mehr als 33 Milliarden Euro umgesetzt hat, zwei Drittel davon durch Exporte.[206] Als Branche ist sie hochinnovativ: Ein Drittel des Umsatzes wird von Produkten generiert, die nicht älter als drei Jahre sind.

Smart Solutions für den Umgang mit Herzkrankheiten nehmen zu

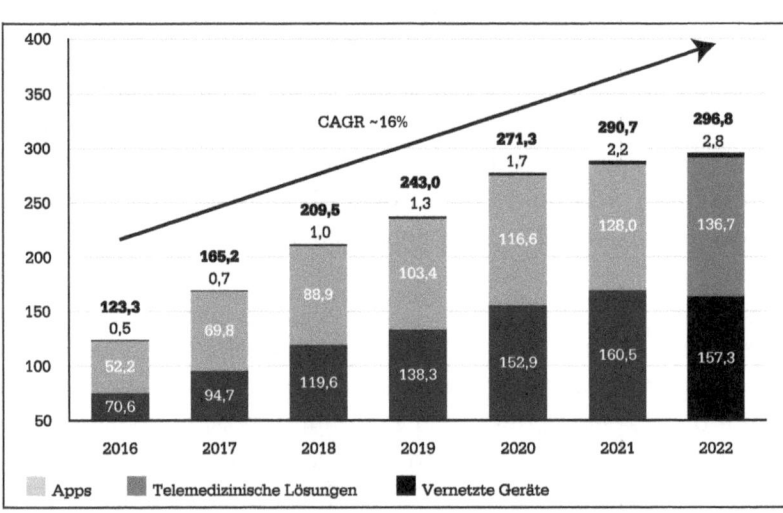

Quelle: Statista Digital Market Outlook

E-Health hat mit 5,7 Prozent an der Bruttowertschöpfung noch den kleinsten Teil an der industriellen Gesundheitswirtschaft. Covid-19 machte deutlich, dass die Digitalisierung längst nicht das leistet, was sie beitragen könnte – so gab es zum Beispiel Probleme mit der Kontaktverfolgung und der Impfstoffverteilung. »Das Potenzial für mobileHealth beziehungsweise E-Health ist in Deutschland enorm«, so eine Studie aus dem Jahr 2020. Es werde jedoch »durch die mangelnde Digitalisierung des Gesundheitsbereichs, starre Reglementierungen sowie die Skepsis vonseiten der Ärzte als auch von Patienten ausgebremst«. So komme die Digitalisierung in Krankenhäusern schleppend voran. Laborwerte, die schon digital vorlägen, würden ausgedruckt, um in Papierform der Patientenakte hinzugefügt zu werden. »Das Gesundheitswesen läuft oft zweispurig.«[207]

Dass Gesundheit in Deutschland Ländersache ist und der Datenschutz hier noch stark vom individuellen Persönlichkeitsrecht geprägt ist, trägt dazu bei, dass die E-Health hierzulande noch immer keine richtige Schubkraft bekommt, obwohl die Industrie viele KI-gestützte Lösungen für Gesundheitsmonitoring anbietet. Die Bertelsmann Stiftung, die im Jahr 2018 #SmartHealthSystems miteinander verglich,[208] verwies Deutschland innerhalb ausgewählter EU- und OECD-Länder auf den vorletzten Platz.

Die vier zentralen Schlüsselsektoren der industriellen Gesundheitswirtschaft

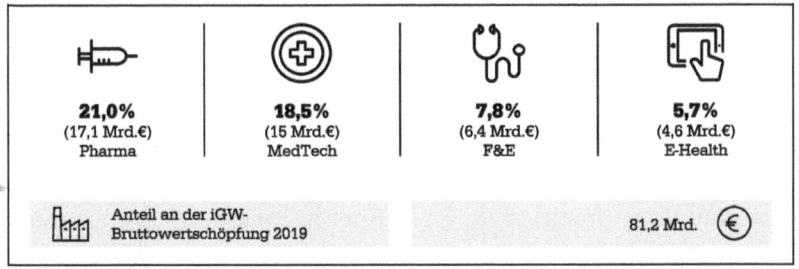

Quelle: Vortrag Dennis Ostwald beim Bundesverband Medizintechnologie, April 2021

Das »Gesetz für eine bessere Versorgung durch Digitalisierung und Innovation (DVG)«, seit 2019 in Kraft, soll das ändern. Es will mehr Leistungserbringer in eine IT-Struktur einbinden, die Telemedizin stärken und es stellt einen Innovationsfonds mit 200 Millionen Euro jährlich zur Verfügung. Gesundheits-Apps, die zwar ein lukrativer Markt sind (weltweit waren 2021 bereits 350 000 mobile Apps auf dem Markt),[209] aber bisher keiner Qualitätskontrolle unterlagen, können sich nun in einem standardisierten Prozess registrieren und überprüfen und dann vom Arzt verschreiben lassen.[210] Videosprechstunden, die früher höchstens 20 Prozent der ärztlichen Leistung ausmachen durften, finden nun unbegrenzt statt. Psychotherapeutische Beratungen werden nicht ganz so liberal gehandhabt.[211] Auch die elektronische Patientenakte (ePA) und digitale Rezepte werden schrittweise eingeführt. Die Telemedizin erlebt gerade durch Covid-19 deutlichen Aufschwung: Internationale Anbieter wie das kanadische Unternehmen Dialogue oder die Schweizer Firma Online Doctors weiten ihre Angebote auf Deutschland aus.

Transformation der Energie

Die eigentliche Revolution der Energieversorgung liegt nicht in einzelnen Technologien wie der Windkraft oder Fotovoltaik, sondern in der dezentralen Struktur ihrer Erzeugung. Angebot und Nachfrage auf dem Energiemarkt folgen einer komplexen Logik von zeitgenauer Produktion von Energie durch unterschiedliche Technologien, der intelligenten Verknüpfung der Bereiche Elektrizität und Wärme, Transport und Speicherung sowie Prognostik und Kontrolle. »Dieses gesamte Feld ist so gut wie unvorstellbar ohne den umfangreichen Einsatz digitaler Technologien und Methoden«, so das Fraunhofer Institute for Solar Energy Systems.[212] Die Digitalisierung ist dabei nicht nur technologisches Medium, sondern auch Treiber innovativer Lösungen auf dem Energiemarkt. Die gesamte Bandbreite smarter Technologien findet dort Anwendung: Intelligente Wechselrichter zum Beispiel überwachen den Status von Batterien, künstliche Intelligenz und Maschinenlernen optimieren Solarzellen und die Energiezellenproduktion kann durch Digital Twins erleichtert werden.

Die Ebenen der Digitalisierung

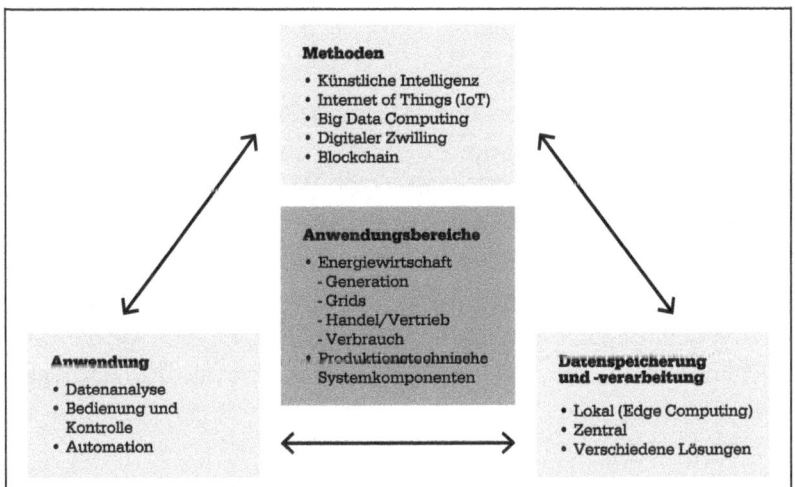

Quelle: Fraunhofer Institut ISE

Gebündeltes Know-how kann den Prozess der Transformation beschleunigen – im Großen wie im Kleinen. Denn die Giganten des Kohlezeitalters müssen umdenken: Ein Beispiel ist die Kooperation des Ölkonzerns Shell, des Energieversorgers Innogy und den Stiesdal Offshore Technologies, die gemeinsam einen schwimmenden Windpark an der norwegischen Küste erproben.[213] Das französische Mineralölunternehmen TOTAL hat sich mit Google Cloud zusammengetan, um einen Solar Mapper zu entwickeln, der Interessenten an Solarenergie eine rasche und zuverlässige Schätzung des Potenzials an Sonnenenergie am eigenen Standort liefern kann.[214] Airbus Defense and Space entwickelt mit Unterstützung des Equity Finanziers Amprius Inc. eine lithiumbasierte Nanotechnologie, die besonders energiedichte Batterien für den Betriebe von Satelliten und anderen Raumfahrzeugen in der Stratosphäre liefern soll.[215] Microsoft hat einen Pakt mit der Fluggesellschaft KLM und Delta geschlossen, für alle Flüge seiner Mitarbeiter zwischen den USA und den Niederlanden ein Äquivalent an Biotreibstoff zu finanzieren und auch darüber hinaus mit

KLM gemeinsam an Fortschritten in nachhaltigem Flugverkehr zu arbeiten. Microsoft betont, dass seine Dienstreisen bereits seit 2012 CO_2-neutral seien.[216]

Politische Motive haben den Ausstieg aus den fossilen Brennstoffen viele Jahre verzögert und die Entwicklung neuer Technologien gebremst. Der Weg zur CO_2-neutralen Welt wird nun im neuen Koalitionsvertrag endlich »als große Chance für den Industriestandort Deutschland« bezeichnet.[217] Der Ausstieg aus der Kohleverstromung soll (»idealerweise«) bis 2030 vorgezogen werden, der Verbrennungsmotor bald der Vergangenheit angehören. Der Krieg in der Ukraine und die Abhängigkeit vieler europäischer Staaten von russischen Rohstoffen werden auch hier die Karten neu mischen.

Geballtes Know-how: Recycling und Kreislaufwirtschaft

Ähnlich wie sich Lieferketten digital überwachen lassen, können Stoffströme digital verfolgt und kontrolliert werden. Das erst macht systematisches Recyceln und damit die Kreislaufwirtschaft möglich. Die Anfänge scheinen banal: In Kopenhagen zum Beispiel wird der CO_2-Ausstoß der Fahrzeugflotte durch smarte Mülltonnen effizienter, digitale Logistik ermöglicht flexible Abholrouten und reduziert die Zahl der Leerfahrten.[218] Doch die lokalen Erfordernisse stehen auch im Mittelpunkt einer Initiative des Weltwirtschaftsforums, das 2021 Innovation Hubs für die Kreislaufwirtschaft in Turin, Brüssel, Mexico City und Bangkok ins Leben rief. Denn in den Städten passiert die Welt: Kommunale »Change Maker« sollen die Art und Weise verändern, wie Menschen mit Konsumgütern und Dienstleistungen umgehen, und eine Pipeline von Innovationen eröffnen. Skalierbare neue Geschäftsmodelle werden kaskadenartig die Wirtschaft verändern, prognostiziert das Weltwirtschaftsforum.

Mehr Kreislaufwirtschaft schützt Umwelt und Klima und kann aus den Rohstoffen, die jetzt bereits im Umlauf sind, 4,5 Billionen US-Dollar Wert ziehen (2018–2030), zitiert das World Economic Forum (WEF) Berechnungen.[219] Wir brauchen Vorreiter und Skalierung, fordert das WEF, und erwartet diese vor allem bei jungen Unternehmen.[220] Denn die bisherige Art zu wirtschaften hat trotz internationaler Programme wie dem EU-Aktionsplan für Kreislaufwirtschaft[221] zu entgegengesetzten Entwicklungen geführt: Die OECD prognostiziert, dass sich ohne Kursänderungen der weltweite Materialverbrauch bis 2060 auf 169 Gigatonnen fast verdoppeln wird (gegenüber 2017).[222] Neue Narrative sollen die Kunden zu Botschaftern für eine nachhaltige Welt machen, zum Beispiel bei den niederländischen Firmen MUD Jeans oder dem Recycling-Handy-Hersteller Fairphone.

Trendsetter könnte der Getränkehersteller Coca-Cola werden, der bis zum Jahr 2030 eine Flasche aus Papier auf den Markt bringen will, die zu 100 Prozent recycelt werden kann. Entwicklungspartner sind das dänische Start-up-Unternehmen Paboco, Carlsberg, L'Oréal und The Absolut Company. 2022 wurde in Budapest das erste Pilotprojekt mit einem neuen Getränk gestartet.[223] Der Chemieriese BASF hat eine Kooperation mit dem norwegischen Recyclingspezialisten Quantafuel begonnen, der aus unsortiertem Plastikmüll Rohstoffe für die chemische Industrie ziehen soll.[224] Der Verpackungshersteller Tetra Pak hat mit seinem Konkurrenten BillerudKorsnäs sowie Kartonherstellern und Universitäten einen Verbund gegründet, dessen Ziel es ist, pflanzenbasierte und vollständig wiederverwertbare Verpackungsmaterialien zu entwickeln.[225] Auch hier zeigt sich wieder, dass das Tempo der Umstellung und die Komplexität der notwendigen Prozesse ein breites Spektrum an *Know-how* benötigen, das von einzelnen Unternehmen nicht geleistet werden kann.

Die Elemente der Kreislaufwirtschaft

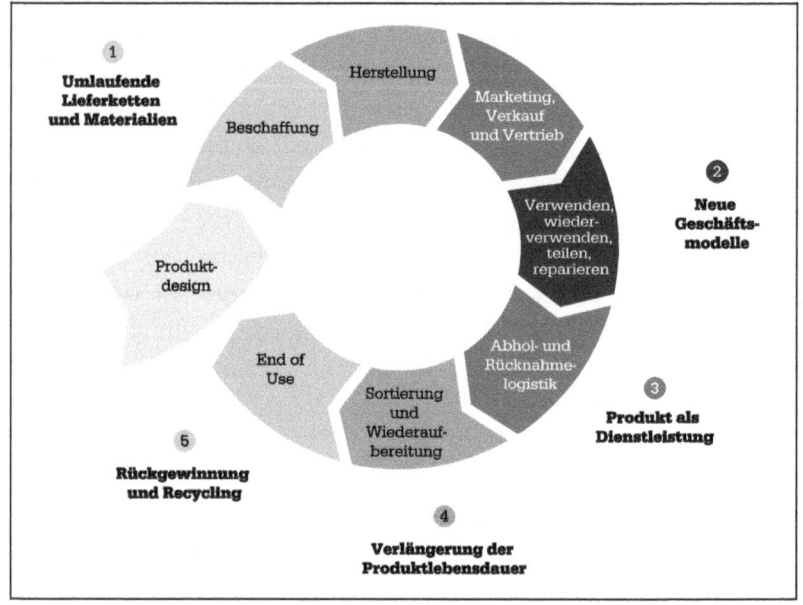

Nach: World Economic Forum/Accenture 2018

Die Niederlande und Frankreich sind besser aufgestellt als Deutschland, wenn es um die Kreislaufwirtschaft geht. Das Problem in Deutschland ist, so das Wuppertal Institut für Klima, Umwelt und Energie, dass Recyclingrohstoffe zwar bis zu 20 Prozent günstiger sind als Primärstoffe, es jedoch an einem effektiven Informations- und Distributionsweg zur industriellen Weiterverwertung fehlt. Es gibt auch kein Informations- und Datenmanagement, das Informationen zum Ursprung, zur Recyclingmethode, den Mengen, den Standorten und der spezifischen Zusammensetzung von beispielsweise Kunststoffen vernetzt. Teilweise liegt das daran, dass die Abfall- und Recyclingwirtschaft durch mittelständische Unternehmen geprägt ist, die aus Kostengründen bei der Digitalisierung hinterherhinken.[226]

Die Automobilbranche kann als Leitindustrie durch Senkung ihres Ressourcenverbrauchs entscheidenden Einfluss nehmen. Der Einsatz nichtzirkulärer Rohstoffe ließe sich um bis zu 80 Prozent pro gefahrene Meile senken, so eine internationale Studie aus dem Jahr 2021.[227] Die Verwendung CO_2-armer Materialien, Ressourcenrückgewinnung und -logistik, die Erhöhung der Fahrzeuglebensdauer und effiziente Fahrzeugnutzung können digital verfolgt und transparent gemacht werden. Die dafür notwendigen Datenstandards, Berichtsrahmen und Transparenzkriterien bei der Fahrzeugentwicklung, dem Lebenszyklusmanagement und der End-of-Life-Verarbeitung könnten in digitalen Ökosystemen entwickelt werden (siehe Catena-X, Seite 164ff.).

Investitionen in die Zukunft

Die neuen Leistungsversprechen wie Nachhaltigkeit, Ressourcenschonung, Klimaschutz, Gesundheit oder auch Gerechtigkeit werden erst über die Digitalisierung der Welt ermöglicht, dadurch, dass Produkte und Anlagen über integrierte Software und Betriebs-Plattformen grundlegend verändert und erweitert werden. Smarte Produkte und ihr digitaler Betrieb ermöglichen smarte Dienstleistungen, die das Ergebnis verbessern. In den Mittelpunkt rückt der digitale Betrieb der physischen Welt, das »Made in and operated by Germany«. In dem Dreiklang physisch-digitaler Konvergenz, ihrem Nutzen und neuen Narrativen liegt das Potenzial, digitale Transformation nicht nur für das Überleben des Planeten und die Verbesserung von Lebensqualität zu nutzen, sondern dabei auch die Wettbewerbsfähigkeit Europas zwischen den Giganten USA und China zu stärken.

Gesteigerte Resilienz und Krisenfestigkeit hat die Europäische Union ausdrücklich an diesen Übergang in eine »grüne und digitale« Wirtschaft geknüpft,[228] nachdem die Kommission im selben Jahr (2020) bereits ihre Vision für die digitale Zukunft Europas formuliert hatte.[229] Ein White Paper zur künstlichen Intelligenz und die europäische Datenstrategie[230] sind dort wesentliche Bausteine.

ÖKOSYSTEME:

AUFBAU, STRUKTUR, ERFOLGE

»Seit zwei Jahren, genauer gesagt, mit Beginn der Pandemie verändert sich das Ökosystem der Industrie mit rasanter Geschwindigkeit. Industrieunternehmen durchlaufen den Wandel zum datengetriebenen Service-Dienstleister. Klassische Märkte weichen globalen Ökosystemen. Technologien verändern ganze Branchen und Domänen. Die Teilnahme an Ökosystemen wird zu dem zentralen Wettbewerbsvorteil im globalen Maßstab!«

– Dr. Dipl.-Ing. Eberhard Veit, persönlich haftender Gesellschafter von Bosch

Wie transformieren wir die Wirtschaft von einer vertikalen Struktur mit inkrementellem Wachstum zu einem dynamischen Netz von Ökosystemen – voller Möglichkeiten, Sprüngen und ungeahnten Potenzialen? Wir haben zu diesem Thema mit über 30 führenden Entscheidern aus den Spitzen globaler Unternehmen in Deutschland wie auch wissenschaftlicher Institutionen gesprochen. In klarer Einigkeit haben alle erklärt, dass nur mit dieser Transformation die künftige Wettbewerbsfähigkeit zu erhalten ist. Und dass es eilt.

Alle Gesprächspartner haben sich dafür bereits auf die Reise in die Ökosystemwelt gemacht, mit höchst unterschiedlichen Erfahrungen. Überall dauert die Umstellung länger als geplant, der »return« ist zunächst geringer als erhofft und die Mitarbeiter sind weniger begeistert als angenommen. Klar ist aber, dass es zu der unternehmensübergreifenden Wertschöpfung keine Alternative gibt.

Einig waren sich alle bei der Frage, dass es für diese historische Situation in der B2B-Industrie keine Blaupause gibt, keine *Role Models*. Die Zukunft leuchtet am Horizont, aber der Weg dahin ist unklar. Länder wie China können wegen ihrer unterschiedlichen Gesellschaftsstruktur nur sehr bedingt als Vorbild dienen. Das Arbeiten in Ökosystemen wird bei uns nicht trainiert – neben der Lösung der technologischen Herausforderungen benötigen wir auch einen massiven Kulturwandel in Unternehmen, um neue Geschäftsmodelle in Ökosystemen zu positionieren. Viele unserer Interviewpartner haben angedeutet, dass es die jetzige Managergeneration nicht schaffen wird. Stattdessen braucht es anders trainierte Führungskräfte, die in der digitalen Welt aufgewachsen sind und sich nicht schwertun, in den *»drei Firsts«* zu denken. Sie sind es, die in den entscheidenden Positionen im Unternehmen neue Impulse setzen müssen; das funktioniert in einer umfassenden, unternehmensweiten Transformation nur »top down«. Ohne neues Denken und neue Formen der Zusammenarbeit wird sie nicht gelingen. Einige unserer Gesprächspartner haben große

Sorge geäußert, dass der fehlende Kulturwandel zum Stolperstein für die Weiterentwicklung der deutschen Industrie wird.

Deutlich wurde in den Gesprächen auch, dass Europa der digitale Masterplan fehlt, eine wichtige Voraussetzung, um digitale Geschäftsmodelle erfolgreich skalieren zu können. Ein gezielt koordiniertes Vorgehen könnte verhindern, dass sich die digitale Transformation in zahlreichen Einzelinitiativen verheddert und in Inseln der Exzellenz resultiert statt dem großen Wurf. Heraus kam auch, dass die technologischen Voraussetzungen hierzulande unzureichend sind, weil der Staat seine Aufgaben als Initiator wie auch Leitanwender von digitaler Technologie nicht ausreichend erfüllt. Es braucht einen »neuen Unternehmertypus«, der Netzwerke aufbauen und orchestrieren kann, quer zu traditionellen Kompetenzen und Unternehmens- wie Branchenstrukturen. Die Dominanz der traditionellen Ingenieure verblasst, gefragt sind strategisch fundierte Führungskräfte, die nicht mehr die klassische lineare Produktentwicklung im Sinn haben.

Die Gespräche schärften das Bild auf die industrielle Ökosystemlandschaft, denn die Gesetze der Skalierung und Wertschöpfung sind andere als in der Konsumentenwelt. Schnell wurde deutlich, dass zwei unterschiedliche Archetypen von Ökosystemen unterschieden werden müssen – denn das gemeinsame Verständnis über Ziele, Rollen und Wertschöpfungslogiken ist jeweils anders gelagert. Dabei ist Grundlage immer eine technische Infrastruktur, die Konnektivität und Interoperabilität ermöglicht und natürlich auch die Basis für die Vereinbarungen und Regeln der Zusammenarbeit ist. Vertikale Ökosysteme werden durch ein Unternehmen zentral orchestriert, horizontale konsortial gesteuert. Beide Formen ermöglichen die unternehmensübergreifende, datengetriebene Zusammenarbeit von Unternehmen. Letztere sind jedoch komplexer und vereinen sehr unterschiedliche Stakeholder mit jeweils individuellen Interessen. Erfahrungen mit einer erfolgreichen Umsetzung liegen bisher nur in Einzelfällen vor.

Die Architektur der Ökosysteme

Typ	Definition	Finanzierung/ Monetarisierung	Öffentlich/ Privat/ Multi-Stakeholder	Organisations-typ(en)	Beispiele
Daten-infrastruktur	Rahmen, Normen und Governance-Grundsätze zur Gewährleistung von Interoperabilität und Vertrauen	Öffentliche Mittel/ Mitgliedsbeiträge	Multi-Stakeholder	Gemeinnützige Organisation, Verein	Gaia-X, International Data Space Association, OPC Foundation
Vertikale Ökosysteme	Wird von einem Unternehmen oder einem Konsortium zur Verfolgung eines Geschäftsziels organisiert	Dienstleistungen	Privat	Kommerzielle Organisation	Skywise, Amadeus, Bosch Home Connect Plus, Mobility in Harmony
Horizontale Ökosysteme	Bietet über seine Mitglieder Daten + Anwendungen + Plattformen + Infrastruktur. Breiter angelegt, mit dem Ziel, ganze Branchen oder Unternehmen in einer vertrauenswürdigen Umgebung rund um eine Reihe von Anwendungsfällen zu vereinen	Öffentliche Finanzierung, Kofinanzierung durch Nutzer	Multi-Stakeholder	Gesellschaft; PPPs	Catena-X, Mobility Data Space, Space Data Space, Mellody

Quelle: Riemensperger/Falk

Die Basis: Technologische Infrastruktur und Regeln

Am Anfang von allem steht die Infrastruktur. Diese umfasst nicht nur Technologien, sondern auch ein Regelwerk für deren Interoperabilität. Die technische Basis für das Teilen, die Analyse und Weiterverarbeitung von Daten als Basis neuer Geschäftsmodelle sind Plattformen. Diese bezeichnen keine stabile Hardware, wie der Name suggeriert, sondern Abstraktionsebenen, auf denen Anwendungen ausgeführt werden, eine virtuelle Infrastruktur. Der Zugang zu ihr sollte nach allen Seiten offen sein.

Plattformen gibt es in unterschiedlichen Konstellationen: als *Infrastructure as a Service* (IaaS), also virtualisierte Hardwareressourcen, oder als *Platforms as a Service* (PaaS) mit vorinstallierten Programmier- und Laufzeitumgebungen. Bei *Software as a Service* (SaaS) zählen für den Nutzer nur noch die Anwendungsprogramme, deren technische Basis interessiert ihn nicht.

Die überwiegende Anzahl aller Ökosystemplattformen werden über Clouds bereitgestellt. Unternehmen können Leistungen der Google Cloud Platform, von Microsoft Azure oder auch den Amazon Web Services in Anspruch nehmen. Aber auch Alibaba, IBM und andere Anbieter stellen Cloud Services zur Verfügung. Im Jahr 2019 nutzten bereits drei von vier deutschen Unternehmen Rechnerleistungen aus einer Cloud.[231]

Die Migration von Daten auf eine Plattform erfordert gemeinsame Standards und Normen für alle Beteiligten, um kompatible Schnittstellen zu ermöglichen. Auch Sicherheitsfragen müssen adressiert werden. Ein Risiko ist außerdem ein möglicher *Lock-in*-Effekt, der Unternehmen an einen bestimmten Anbieter kettet. Die technische Entwicklung führt zunehmend dazu, dass Daten direkt oder nahe bei der Datenquelle, in der »Edge«, bearbeitet werden. Die

Datenverarbeitung im Auto ist ein gutes Beispiel dafür. Die Regeln der unternehmensübergreifenden Zusammenarbeit müssen daher tauglich für beide Lösungen, für die Cloud und die Edge, sein. Analysten zufolge werden 2025 rund 75 Prozent aller Unternehmensdaten in der Edge erzeugt und bearbeitet werden.[232]

Gaia-X: Souveräne Infrastruktur für Europa

Mehr Autonomie sollen auch Initiativen wie Gaia-X bieten, ein souveränes Daten- und Infrastruktur-Ökosystem für Europa. Die Vision ist groß: Unternehmen, Forschungsinstitutionen, Verbände, Regierungen und Organisationen sollen hier zusammenarbeiten können. Jeder Stakeholder kann Use Cases, Expertise oder andere Ressourcen einbringen und sich mit anderen vernetzen. Die Nutzung ist kostenfrei, die verwendeten Technologien folgen dem Open-Source-Prinzip. Das Konzept Gaia-X soll bislang voneinander getrennte Datenräume auf der Basis gemeinsamer Standards verbinden und den weiteren Ausbau des Netzes fördern. Daten sollen föderal, sicher und vertrauensvoll verfügbar gemacht, zusammengeführt und geteilt werden können. Dabei soll der Dateneigentümer die Kontrolle über die eigenen Daten behalten können und entscheiden, wo sie gespeichert und für welche Zwecke sie genutzt werden dürfen. Dieses europäische Modell verfolgt also ein anderes Konzept als der Umgang mit Daten in den USA, wo diese weitgehend in der Cloud zentralisiert und kommerzialisiert werden, oder in China, wo Daten zentral verteilt und in den Dienst des Staates und der regierenden Partei gestellt werden. Das Konzept spiegelt die europäische Philosophie: Föderalismus soll stark machen.

Es sind verschiedene nationale Gaia-Hubs im Entstehen. Der für Deutschland hat Arbeitsgruppen für Landwirtschaft, Energie, Finanzen, Geoinformation, Gesundheit, Industrie 4.0/KMU, Mobilität, smarte Städte beziehungsweise Smart Living sowie den öffentlichen Sektor etabliert.[233]

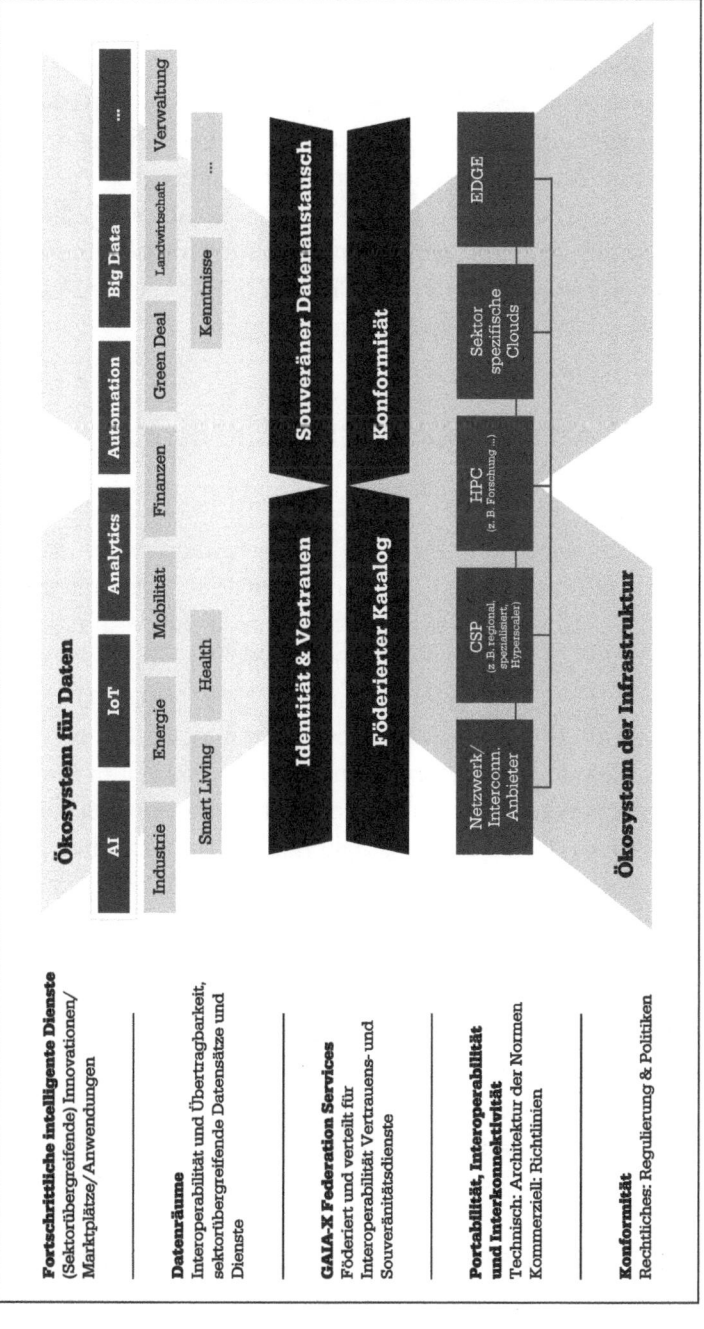

Ein Datenökosystem auf der Basis von Gaia-X

Fortschrittliche intelligente Dienste
(Sektorübergreifende) Innovationen/
Marktplätze/Anwendungen

Datenräume
Interoperabilität und Übertragbarkeit,
sektorübergreifende Datensätze und
Dienste

GAIA-X Federation Services
Föderiert und verteilt für
Interoperabilität Vertrauens- und
Souveränitätsdienste

**Portabilität, Interoperabilität
und Interkonnektivität**
Technisch: Architektur der Normen
Kommerziell: Richtlinien

Konformität
Rechtliches: Regulierung & Politiken

Quelle: BMWK

143

Der Föderalismus bei *Gaia-X* kommt aber nicht ohne seine bereits bekannten Nebenwirkungen. Die Anzahl der Beteiligten, die Komplexität und Redundanz der nationalen Initiativen sind zentrale Herausforderungen des ambitionierten Projekts. Darüber hinaus hat ein großes, stark vernetztes System mit vielen unterschiedlichen IT-Architekturen eine große Anzahl von Einfallstoren. Diese bieten mögliche Angriffspunkte für Cyber-Crime-Akteure. Der Sicherheitsstandard in den Clouds der Hyperscaler setzen hier den Goldstandard, der erreicht werden muss.

International Data Space Association: Blueprint für Zusammenarbeit

Die IDSA ist ein Not-for-Profit-Zusammenschluss von rund 130 Organisationen aus 22 Ländern, die das Ziel hat, sicheren Umgang mit Daten zu gewährleisten, bei voller Souveränität der Urheber. Zielgruppe sind Unternehmen verschiedenster Größen aus allen möglichen Bereichen, die in den International Data Spaces branchenübergreifend zusammenarbeiten sollen. Die Referenzarchitektur wurde, gefördert vom Bundesministerium für Bildung und Forschung, von zwölf Fraunhofer-Instituten erarbeitet. »Im Gegensatz zu den Hyperscalern stehen die Datenräume, an denen wir arbeiten, jedermann zur Verfügung«, so Reinhold Achatz, Präsident der International Data Spaces Association.

Zu den ersten Use Cases der IDSA gehört zum Beispiel das Projekt ONCITE – Sharing Data in the *Supply Chain*, das sich mit dem möglichst reibungslosen Datenaustausch innerhalb einer Lieferkette, also zwischen völlig unterschiedlichen Unternehmen, befasst und dafür einen Trusted Supplier Connector einsetzt, der den Austausch überwacht.[234]

»Der Erfolg der Transformation hängt davon ab, dass es gelingt, einen technologischen Rahmen zu schaffen, der sicher ist und das Vertrauen der Beteiligten genießt. Dafür notwendig sind Standards, ein gutes Identitätsmanagement und verlässliche Absprachen über das, was mit den Daten geschieht«, so Achatz. Bei den Data Spaces bestimmen deshalb die Eigentümer der Daten selbst über die Bedingungen der Nutzung. Sie können diese als Software an ihre Datengüter »heften« und müssen die Daten auch nicht zentral abgeben, sondern speichern sie dezentral (föderale Datenhaltung).[235] Die IDSA steht auch für die Stärke der deutschen Industrie und Wissenschaft in der Setzung von Normen und Standards.

Datenräume: Mehr Konvergenz für Europa?

Die europäische Datenstrategie aus dem Jahr 2020 sieht vor, dass die ständig wachsenden Datenströme einer stärker strukturierten, gemeinsamen Nutzung zugeführt werden soll. Sie definiert deshalb unter anderem neun Schlüsselsektoren als Datenräume, darunter auch einen für öffentliche Verwaltung. Diese setzen auf der Infrastruktur von *Gaia-X* auf. Der Data Governance Act, der im April 2022 vom Europäischen Parlement beschlossen wurde, soll Rahmenregeln für den Austausch von Daten im öffentlichen Sektor garantieren. Er hält fest, was zur Verfügung gestellt werden kann, in welchem Kontext Unternehmen Daten gegen Entgelt nutzen dürfen und wie der Datenschutz des einzelnen Bürgers aussieht.

Eine Datenraum-Lösung auf der Basis von Bausteinen

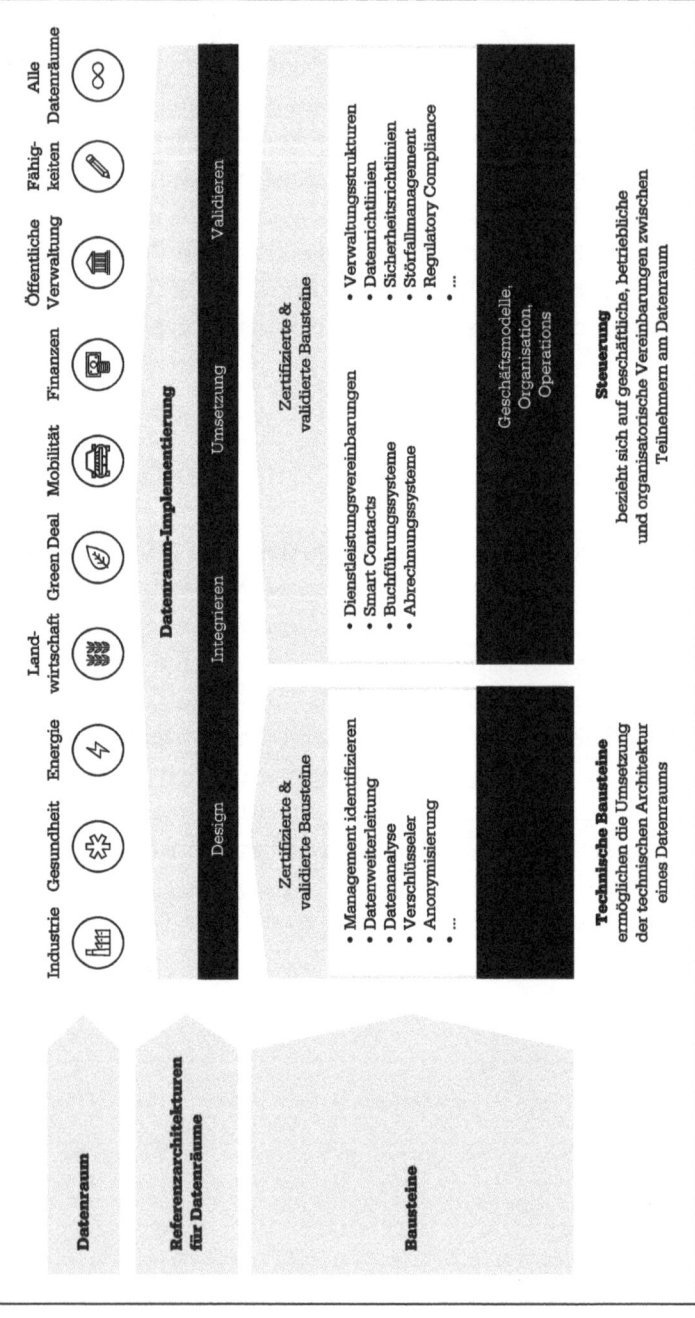

Quelle: OPENDEI

Es wird außerdem ein System zur Weiterverwendung von geschützten, das heißt nicht allgemein zugänglichen Daten öffentlicher Stellen geschaffen werden. Diese Initiative soll die sogenannte PSI-Richtlinie (Re-use of Public Sector Information) aus dem Jahr 2003 ergänzen, die bisher wenig Früchte trug und längst veraltet ist.[236] Die Anforderungen an Datentreuhänder werden formuliert: Neutrale Vermittler sollen das Vertrauen zwischen Datenanbietern und -nachfragern stärken. Eine spezielle Durchführungsverordnung befasst sich mit hochwertigen Datensätzen für die amtliche Erfassung – etwa Unternehmens- und Sozialstatistiken wie auch makroökonomische Erhebungen.

Für die Unternehmen am interessantesten ist der geplante Data Act, der den Datenzugang regelt und im Frühjahr 2022 im Entwurf vorgelegt wurde. Private wie auch öffentliche Akteure sollen von Entwicklungen wie Big Data und Maschinenlernen profitieren können. In einer schwierigen Balance sollen Zugangsrechte und Teilung des Datenwerts gewährt werden, ohne die finanziellen Anreize zur Generierung von Daten zu neutralisieren.[237]

Das Gesetz legt die Regeln fest, die es Benutzern ermöglichen (und Dritten ihrer Wahl), Zugang zu nicht personenbezogenen Daten zu gewähren, die von Geräten (zum Beispiel vernetzten Autos, Telefonen, Wearables, Haushaltsgeräten) generiert werden. Es schlägt gesetzliche Mindestanforderungen für Anbieter von Datenverarbeitungsdiensten (Cloud) vor, um einen Wechsel und somit die Vermeidung eines Lock in-Effekts zu ermöglichen. Dienstleister sind verpflichtet, Hindernisse kaufmännischer, technischer, vertraglicher oder organisatorischer Art zu beseitigen, die Nutzer daran hindern, ihre Verträge mit einer Frist von 30 Tagen zu kündigen, neue Verträge mit Wettbewerbern abzuschließen und ihre Daten zu transferieren. Außerdem wird ein Rahmen vorgeschlagen, der in Fällen »außergewöhnlichen Bedarfs« wie öffentlichen Notfällen, Pandemien oder Katastrophen dem Staat freien Zugang zu Unternehmensdaten gewähren soll.

Der Vorschlag wird nun vom Europäischen Parlament und vom Rat der EU (Mitgliedstaaten) 2022/2023 verhandelt und dann zur Abstimmung vorgelegt. Dem Gesetz werden einige spezifische Rechtsvorschriften folgen – in den Sektoren Gesundheit (Vorschlag für Gesundheitsdatenraum, geplant für April 2022) und Mobilität (Konsultation in der Absicht, spezifische Rechtsvorschriften im vierten Quartal 2022 vorzuschlagen). Andere Sektoren können nachziehen (Finanzdienstleister, Landwirtschaft). In Übereinstimmung mit dem Data Governance Act (DGA) müssen Anbieter von Datenverarbeitungsdiensten alle angemessenen Maßnahmen ergreifen, einschließlich vertraglicher Vereinbarungen, um eine internationale Übermittlung oder einen staatlichen Zugriff auf nicht personenbezogene Daten, die in der EU gespeichert sind, zu verhindern.[238] Aus Sicht der Industrie wird in dem Entwurf ein Marktversagen unterstellt, das so nicht vorläge.[239] Auch der Bitkom befürchtet, dass die Regulierung dem Ziel einer Förderung des Datenteilens entgegenläuft.[240]

Schließlich bekommt auch die künstliche Intelligenz einen eigenen gesetzlichen Rahmen – in einer Verordnung über ein europäisches Konzept für künstliche Intelligenz und der Aktualisierung des koordinierten Plans für KI.[241] Die selbstlernenden Anwendungen werden nach Risiko eingeteilt und müssen sich im Zweifelsfall entsprechend strengen Prüfungen unterwerfen lassen. Ein »hohes Risiko« wird zum Beispiel gesehen, wenn Gesundheit oder Leben bedroht sind, zum Beispiel weil Sicherheitskomponenten von Produkten KI-abhängig sind.[242]

Investitionen in Werkzeuge und Infrastrukturen für die Speicherung und Verarbeitung von Daten, der Ausbau europäischer Cloud-Kapazitäten und ein transparenter rechtlicher Rahmen, der die volle Souveränität der Datenurheber sichert – das sind die Säulen der europäischen Datenstrategie. Ziel ist letztlich der Binnenmarkt für Daten und eine Freizügigkeit, die aber weder die Privatsphäre der Bürger noch das Wettbewerbsrecht tangieren soll. Es wird sehr schwer werden, es allen Interessen recht zu machen.

Neue Regeln für Daten

Europäischen Zusammenhalt auch in technologischen Fragen in Fakten umzusetzen, ist dringend notwendig, denn die Realität ist nach fast 30 Jahren Digitalwirtschaft ernüchternd. Telekom-Chef Tim Höttges bringt das auf den Punkt: Europa sei regulatorisch zerklüftet und zerfressen vom Egoismus der Nationalstaaten, erklärte er in einem Interview mit Gabor Steingart.[243] Nicht einmal im Kontakt mit dem Nachbarland Frankreich funktioniere die Koordination zwischen den Netzanbietern. »Es gibt keinen digitalen Binnenmarkt«, kritisiert Höttges. Ohne Netze aber funktionierten auch keine digitalen Geschäftsmodelle. »Wenn wir in einer globalen Digitalwirtschaft mitspielen wollen, brauchen wir beste Infrastrukturen.« Nur Konsolidierung und Konzentration der Telekommunikationsmärkte könnten durch Skalierung zu einer profitablen und investitionsstarken Industrie führen.

Und dann ist da noch der Datenschutz. Der Schutz persönlicher Daten ist in der europäischen Tradition ein Freiheitsrecht, das historisch stark von der Abwehr möglicher Eingriffe des Staates bestimmt wurde.[244] Dabei steht das individuelle Recht des Einzelnen im Fokus, nicht aber der kollektive Nutzen, den die Gesellschaft – auch unter Einhaltung des Rechts auf Anonymität und Schutz der Privatsphäre – ziehen kann. Diese negative Bewertung des Umgangs und der Analyse von Daten ist eine große Hürde bei der Umsetzung von Datenmarktplätzen und sie beeinflusst auch die Einstellung von Unternehmen gegenüber Ökosystemen, in denen Datenflüsse transparent werden.

Ein Bereich, der von der Digitalisierung sehr stark profitieren könnte, aber es wegen des Datenschutzes immer noch nicht tut, ist das

Gesundheitssystem. Allein die Debatte um die elektronische Versicherungskarte hat Jahre gedauert und ist immer noch nicht beendet. Der Versuch, ein zentrales Krebsregister zu erstellen, um mehr über Entstehen und Behandlungserfolg bei Tumorleiden zu erfahren, begann in Deutschland im Jahr 1900 und ist heute immer noch als Sache der Länder sehr unterschiedlich gelöst. In Serbien hingegen gibt es schon seit 1986 ein zentrales Krebsregister.

Dirk Wössner, ehemals Telekom-Vorstand, ist jetzt als CEO der CompuGroup Medical zuständig für medizinische Informationssysteme. Er beklagt die jahrzehntelange schleppende Digitalisierung des Gesundheitssystems, die viele Beteiligte »müde« gemacht habe, und findet es absurd, dass es aus Datenschutzgründen einfacher ist, Diagnosedaten in den USA zu kaufen, als lokale Daten zu nutzen, um zum Wohle der Patienten Krankheitsverläufe analysieren oder auch den Erfolg medizinischer Behandlungen evaluieren zu können. Hinzu komme, dass die föderale Tradition in Deutschland die Kleinteiligkeit erhalte, die sich dann auch in Prozessen, Rahmenbedingungen und Datenschutzanforderungen widerspiegele, während in Ländern wie England oder Kanada Einheitlichkeit und Skalierung die Digitalisierung des Gesundheitswesens bestimmten: »Wir müssen den Datenschutz neu denken!«

Das Gesundheitssystem, eigentlich ein riesiges Ökosystem, würde durch Einzelinteressen blockiert, so Wössner. Notwendige Architekturkomponenten wären digitale Identität, Standards für sichere Datenübertragung und für normierten Datenaustausch (API). Außerdem wäre es hilfreich, wenn die jeweiligen Regulierer die Leistungsanforderungen und Interoperabilität als Bausteine der digitalen Gesundheitsarchitektur vorschreiben würden, anstatt sich in Detailprozessen und eigener Softwareherstellung zu verheddern. Nach jahrelangem Stillstand boomt nun das Geschäft mit Gesundheits-IT, seit der Druck auf Arztpraxen und Krankenhäuser wächst, ihre Daten zu synchronisieren. An Cloud-basierten Systemen wird gearbeitet.

Die chinesische Strategie

Noch einmal der Blick nach Osten: In China sind Ökosysteme ganz entscheidend für Innovation auf sämtlichen Ebenen, eine wichtige Basis für Unternehmen aller Arten und Größen. Unterfüttert werden solche Partnerschaften dort durch politische Unterstützung, Koordination und gezielte Finanzanreize. Ein Beispiel ist das chinesische Ökosystem für künstliche Intelligenz (siehe ab Seite 52), das bis zum Ende des Jahrzehnts 160 Milliarden Dollar an jährlichen Gewinnen bringen soll, plus 1,6 Billionen Dollar für die Industrien im Umfeld. Wissenschaft, Kultur und wirtschaftliche Rahmenbedingungen arbeiten dabei Hand in Hand. So haben die Chinesen universitäre Forschungsprogramme für künstliche Intelligenz ins Leben gerufen, was die Zahl der entsprechenden Abschlussarbeiten in kürzester Zeit vervielfachte. Im Jahr 2020 meldete China bereits mehr KI-Patente an als jede andere Nation der Welt. In der Zahl der Start-ups folgte das Land inzwischen dicht auf die USA. Ganz entscheidend war auch, dass die chinesische Führung die großen Digitalunternehmen des Landes dazu aufforderte, KI-Plattformen und Archive aufzubauen sowie entsprechende Rahmenbedingungen zu schaffen, damit auch kleine Firmen die Chance bekommen, sich an dem Ökosystem zu beteiligen.

China macht also beides – es baut digitale Infrastrukturen auf und initiiert in deren Rahmen Business-Ökosysteme. Das zeigt auch der im Dezember 2021 veröffentlichte 14. Fünfjahresplan für »National Informatization«.[245] Die Sicherheit und Stabilität der einheimischen Technologieketten sei bedroht, heißt es dort. Die Digitalwirtschaft verändere alle Arten von Produktionsprozessen, Organisationsformen und Geschäftsmodellen. Der internationale Wettbewerb in der digitalen Sphäre erreiche eine neue Phase. Im Zentrum drehe er sich nun um das Potenzial zur Digitalisierung, die Fähigkeit der Daten-Governance und Vorteile durch Ökosysteme im Bereich der Informationstechnologien. Das sei der Fokus »of a new round of competition between countries worldwide; the competition over normative systems in the digital area and core ecosystems ...«.[246] Dem Statement fehlt jede asiatische Zurückhaltung, klarer kann man es nicht sagen. Das ist die Realität, mit der die USA und Europa konfrontiert sind. China hat den Ball – wir müssen unsere Verteidiger nach vorne schicken. Doch während China auf dem Sprung zur technologischen Führungsmacht der Welt ist, grübeln Topmanager in Europa und Deutschland immer noch darüber, ob Partnerschaften wirklich gewinnbringender sind als Rivalitäten.

Vertikale Ökosysteme: Mehr Partner, neues Business

Vertikale Ökosysteme werden durch ein Unternehmen zentral orchestriert. Die Wertschöpfung ist das Resultat von Kooperation, Koordination und Orchestrierung mit klarem Fokus auf die Wertrealisierung bei den Kunden. Das richtige Business Model Design für alle Beteiligten im Ökosystem ist dabei entscheidend. Im Idealfall entstehen Ökosysteme, die für das Geschäftsmodell selbstverstärkend sind. Zwei erfolgreiche deutsche Vorzeigeunternehmen haben das schon vor mehreren Jahrzehnten realisiert: Siemens und SAP.

Siemens: Automatisierung im Verein

Eines der erfolgreichsten Beispiele, welches bereits in den 1990er-Jahren Furore machte, ist Siemens mit seinem PLC (Programmable Logic Controller), SIMATIC, einer Programmeinheit zur digital programmierbaren Steuerung einer Maschine. Sie half, die Maschinen intelligent zu machen. Die Integration verschiedener Komponenten in einer »best of breed«-Architektur wurde jedoch zu einem wachsenden Problem für die Kunden, also entwickelte Siemens TIA (Totally Integrated Automation) als eine überspannende Plattform-Architektur. Kernelement war das Kommunikationsnetzwerk PROFIBUS (heute zumeist das Ethernet basierende PROFINET).

Das Know-how zu PROFIBUS – und das ist hier das Entscheidende – hat Siemens nicht proprietär verwaltet, sondern in die Profibus-Nutzerorganisation (PNO), einen Verein, eingebracht. Jedes Mitglied dieses Vereins hat Zugang zu der damit verbundenen IP. Heute sind praktisch alle Wettbewerber von Siemens Mitglied des Vereins. Indem Siemens seine Entwicklerleistung für andere geöffnet hat, wurde PROFIBUS/PROFINET zum weltumspannenden

Industriestandard. Mit dem TIA-Konzept gewann das Unternehmen über mehr als ein Jahrzehnt jedes Jahr ein Prozent Marktanteil im industriellen Automatisierungsmarkt und profitiert von dem riesigen vertikalen Ökosysteme von Integratoren und Softwareentwicklern, das hierbei entstanden ist. Der Open-Source-Ansatz war im Unternehmen nicht unwidersprochen, aber »der visionäre Klaus Wucherer mit der vollen Unterstützung des Vorstandsvorsitzenden Heinrich von Pierer«, so der ehemalige Global Chief Information Officer Helmuth Ludwig, »der kein Ingenieur, sondern Jurist und Volkswirt ist« – war bereit, den Lock-in-Gedanken aufzugeben. Der offene Ansatz brachte den Durchbruch für die Skalierung und die Marktführerschaft.

SAP: Schritt für Schritt zu intelligenten und nachhaltigen Unternehmensnetzwerken

SAP ist der weltweit größte Anbieter von Unternehmenssoftware. Zusammengenommen erzeugen SAP-Kunden heute etwa 87 Prozent des weltweiten Handelsvolumens. 1972 gegründet, hat das Unternehmen stets das Ziel verfolgt, die Art und Weise, wie Unternehmen arbeiten, zu verbessern. Der Austausch über die eigenen Unternehmensgrenzen hinweg spielte dabei von Anfang an eine entscheidende Rolle. So entstanden die ersten Anwendungen in enger Zusammenarbeit mit Kunden. In den Rechenzentren der Kunden arbeiteten die SAP-Gründer an ihrer Vision von Standardsoftware, die alle betrieblichen Abläufe einbezieht und es ermöglicht, Daten in Echtzeit zu verarbeiten. Ein erster Meilenstein gelang mit einem System für die Finanzbuchhaltung, das den Grundstein für die kontinuierliche Weiterentwicklung zusätzlicher Softwaremodule bildete, etwa für die Materialwirtschaft, Produktionsplanung und Personalwirtschaft.

Weitere Softwaregenerationen folgten, mit denen Unternehmen ihre Geschäfte weltweit effizienter abwickeln konnten. Spätestens mit der Einführung der ERP-Software SAP R/3 Anfang der 1990er-Jahre wurde SAP ein kritischer Erfolgsfaktor für die Globalisierungsbestrebungen von Unternehmen. Um die steigende Nachfrage zu bewältigen, verstärkte die SAP ihre Reichweite durch den Aufbau eines weltweiten Partnernetzwerks. Der Softwarehersteller arbeitete eng mit unabhängigen Beratungshäusern zusammen, die Kunden bei der Einführung ihrer SAP-Systeme unterstützen. Das anhaltende Wachstum ging mit weiteren Partnerschaften einher. Beispielsweise kollaborierte SAP mit Microsoft, um die Installation von SAP-Lösungen auf deren Betriebssystem zu ermöglichen. Dass die Grenzen zwischen Wettbewerbern, Partnern und Kunden allmählich verschwammen, zeigte sich auch am Beispiel von IBM als langjährigem Partner. Das Unternehmen nutzte SAP R/3 weltweit für die Steuerung seiner Unternehmensprozesse.

Um die Jahrtausendwende lieferte das Internet zusätzliche Chancen, Offenheit als Wettbewerbsvorteil zu nutzen. SAP brachte flexible E-Business-Lösungen auf Grundlage modernster Webtechnologien auf den Markt, die eine unternehmensübergreifende Zusammenarbeit zwischen Mitarbeitern, Kunden, Lieferanten und Geschäftspartnern erlaubten. Das Aufkommen der Cloud sah SAP früh als Chance, sich neu auszurichten. Bereits 2014 machte die Anzahl von Nutzern Cloud-basierter Unternehmensanwendungen SAP zum größten Cloud-Anbieter weltweit.

Bis heute bietet SAP Lösungen, Technologien und Best Practices, die Unternehmen für integrierte, digitale Geschäftsprozesse in der Cloud benötigen. Ob in der Cloud, hybrid oder on-premise, Ziel der SAP ist es, ihren Kunden auf dem Weg zum intelligenten, nachhaltigen und vernetzten Unternehmen zu begleiten. Möglich ist dies durch das Ökosystem der SAP, das heute neben klassischen Partnern wie Systemintegratoren, Partnern mit komplementären SAP-Lösungen und Vertriebspartnern außerdem Kunden, Start-ups, Anwendergruppen und Mitglieder strategischer Allianzen und Konsortien umfasst. »Die Herausforderungen unserer schnelllebigen Zeit erfordern neue Arten der Zusammenarbeit zwischen Organisationen verschiedener Branchen und Wertschöpfungsstufen. Partnerschaften sind ein wichtiger Erfolgsfaktor, um ergänzende Kompetenzen zusammenzubringen und damit Innovation voranzutreiben. Davon profitiert am Ende das gesamte Ökosystem«, so Thomas Saueressig, Mitglied des Vorstands der SAP für SAP Product Engineering. Ziel einer jeden Zusammenarbeit ist es also, einen Mehrwert im Ökosystem für alle Beteiligten – SAP, Partner, Kunden – zu schaffen.

Ein Beispiel dafür, wie Partnerschaften digitale Transformation beschleunigen können, ist RISE with SAP. Mit diesem ganzheitlichen Angebot für Business-Transformation-as-a-Service gibt die SAP ihren Kunden ein Paket von Produkten und Services an die Hand, das ihnen hilft, sich in ihrem eigenen Tempo zum intelligenten Unternehmen zu entwickeln. Es beinhaltet die Begleitung durch eine Auswahl an Partnern, die Unternehmen bestmöglich unterstützen – bei der Neugestaltung von Geschäftsprozessen bis hin zu technischen Migrationsservices und Cloud-Infrastruktur. Weiterhin arbeitet SAP mit führenden Infrastrukturanbietern zusammen, um Kunden die Möglichkeit zu geben, sich für die Cloud-Infrastruktur ihrer Wahl zu entscheiden.

Neben dem Zugriff auf die SAP Business Technology Platform und die ERP-Lösung SAP S/4HANA Cloud erhalten Kunden Zugriff auf das SAP Business Network. Letzteres ermöglicht es Unternehmen, mit Handelspartnern entlang der gesamten Wertschöpfungskette zusammenzuarbeiten. Es soll Unternehmen dabei helfen, durch Offenheit und Transparenz die eigene Produktivität und Resilienz zu steigern und gleichzeitig nachhaltigere Entscheidungen zu treffen. Informationen über die eigenen Unternehmensgrenzen hinweg auszutauschen, stellt zudem eine wichtige Voraussetzung dar, um das Potenzial von Industrie 4.0 auszuschöpfen. Dieses kommt dann zum Tragen, wenn Maschinen- und Sensordaten aus automatischen Produktionsstätten und entlang der Lieferkette nicht nur in Geschäftsprozesse des eigenen Unternehmens integriert, sondern entlang der gesamten Wertschöpfungskette ausgetauscht werden. Gelingt dies, so kann nicht nur effizienter, sondern auch ressourcenschonender produziert werden kann. Damit bildet Industrie 4.0 eine wichtige Grundlage für einen Wandel hin zu einer nachhaltigen, global vernetzten Wirtschaft.

Während das SAP Business Network Unternehmen horizontal entlang der Wertschöpfungskette miteinander verbindet, vereinfacht die Industry Cloud der SAP den Zugang zu innovativen Industrielösungen. Gemeinsam mit Partnern und Kunden entwickelt die SAP branchenspezifische, modulare Cloud-Lösungen, die über die SAP Business Technology Platform bestehende Systeme erweitern. Angesichts von sich ständig ändernden Marktanforderungen müssen sich Unternehmen auf die spezifischen Bedürfnisse ihrer Branche konzentrieren. Gleichzeitig werden branchenübergreifende Erkenntnisse immer wichtiger, da die Grenzen zwischen einzelnen Industrien verschwimmen. Die Interoperabilität der Industry-Cloud-Lösungen ermöglicht es Unternehmen, sich branchenübergreifende Geschäftsmodelle und Prozessabläufe zunutze zu machen. Industrienetzwerke wie Catena-X aus dem Automobilbereich profitieren von industriespezifischen Cloud-Lösungen und tragen durch sicheren und standardisierten Datenaustausch außerdem dazu bei.

»In der heutigen vernetzten Wirtschaft geht es darum, horizontale und vertikale Funktionen miteinander zu verbinden. Wenn wir Wertschöpfungsnetzwerke und Branchenlösungen in einem einheitlichen Ansatz kombinieren, kommen alle Bestandteile zusammen, um einen spürbaren Mehrwert zu generieren. Genau das tun wir für und in Zusammenarbeit mit unseren Kunden und Partnern«, so Thomas Saueressig.

Foxconn: Mobility in Harmony

Ein gutes Beispiel für Wachstum und neue Wertschöpfung in einem vertikalen Business-Ökosystem ist Foxconn. Dieser weltgrößte Elektronik-Auftragshersteller aus Taiwan ist im Westen vor allem durch seinen wichtigsten Kunden Apple bekannt. Als Teil einer ehrgeizigen Diversifizierungsstrategie vor dem Hintergrund einer rückläufigen Nachfrage nach Smartphones beschloss Foxconn in drei Bereiche zu expandieren – Elektrofahrzeuge (EVs), digitale Gesundheit und Robotik. Dabei konzentrierte sich das Unternehmen auf drei Schlüsseltechnologien – KI, Halbleiter und Kommunikationstechnologien der nächsten Generation. Foxconn ist der Ansicht, dass diese 3+3-Strategie signifikantes Wachstumspotenzial bietet.[247]

Im Oktober 2020 gründete Foxconn eine Industriealliance, deren Ziel es ist, eigene Kompetenzen zu ergänzen, um im Bereich der Elektromobilität ein differenziertes Marktangebot machen zu können. Im Zentrum dieses Projektes Mobility in Harmony (MIH) stehen Kostenführerschaft und Geschwindigkeit: Der Entwicklungszyklus von Elektrofahrzeugen soll von vier Jahren auf zwei Jahre halbiert werden. Die Kosten sollen um ein Drittel bis um die Hälfte gesenkt werden, um eine schnellere Marktdurchdringung zu erreichen. Kostenwettbewerbsfähigkeit und Produktinnovation sind dabei entscheidend.[248]

Die Botschaft, die Foxconn hier sendet, ist klar und deutlich: Seit mehr als einem Jahrzehnt fertigen wir eure iPhones, nun können wir nach euren Vorstellungen auch eure Autos herstellen. Der Harmony-CEO Jack Cheng erklärt die Strategie so: »Die Idee hinter MIH ist es, eine offene Plattform zu entwickeln, wie sie Android für Smartphones darstellt. Wir laden Entwicklungspartner ein, um Hard- und Software für diese Plattform zu entwerfen. Das Ziel der MIH-Allianz ist es, die Kooperation auf dem Elektromobilsektor zu fördern, die Technologien zu entwickeln sowie Test- und Zertifizierungsstandards festzulegen. Die Mitglieder der Allianz sollen gemeinsam das Ziel der Kostenreduktion erreichen und die Entwicklungszyklen beschleunigen.«[249]

Die Idee zieht, denn die Allianz umfasst in etwas mehr als einem Jahr nach der Gründung schon mehr als 2100 Mitglieder aus 60 Ländern (Stand: 14 November 2021). Dazu gehören viele taiwanesische und chinesische Unternehmen, aber auch westliche Technologiekonzerne wie Amazon Web Services, Industrieunternehmen wie Siemens oder BASF und Zulieferer wie der deutsche Kunststoffspezialist Konzelmann oder der Automobilzulieferer Schaeffler.

Foxconn-CEO Young Liu geht davon aus, dass mit der Entwicklung der Elektromobilität und Intelligenz der Fahrzeuge zunehmend Halbleiter in Autos eingesetzt werden. Das verschiebt Wertschöpfung und Profit-Pools von der Hardware zu Elektronik und Software. Im Jahr 2020 steckten im Schnitt in einem Auto mit Verbrennungsmotor (ICE) Halbleiter für 396 US-Dollar. In einem Elektrofahrzeug könnten die Kosten bis zu 834 US-Dollar steigen.

Bei Mobility in Harmony wird systematisch auf die Entwicklung von und den Zugang zu kritischer Technologie wie etwa Halbleiter gesetzt. Das hat politische Implikationen. Angesichts der Transformation der globalen Automobilindustrie glaubt Liu, dass taiwanesische Hersteller ihre reichhaltige Erfahrung in der Halbleiterindustrie nutzen können, um Autoherstellern zu helfen. Da die derzeitigen traditionellen Automobilhalbleiter jedoch von Tier-1-Herstellern kontrolliert werden, also von Lieferanten der ersten Ebene, ist die Mehrheit der in Taiwan ansässigen Unternehmen nicht in der Lage, die Automobilhersteller direkt zu kontaktieren und Informationen zu verwandten Produktdesigns zu erhalten. Durch die MIH-Allianz hofft Foxconn, die Tür zur Branche zu öffnen und Halbleiterunternehmen und Herstellern aus anderen Bereichen die Möglichkeit zu geben, in die frühen Phasen des EV-Designs einzusteigen.[250]

Bereits Mitte Oktober 2021, also gerade mal ein Jahr nach der MIH-Gründung, stellt Foxconn bereits drei selbst entwickelte Elektrofahrzeug-Prototypen vor.[251] Das SUV Model C, die Limousine Model E und der Stadtbus Model T laufen allesamt unter der Marke Foxtron. Foxtron ist ein Joint Venture zwischen Hon Hai und dem chinesischen Autobauer Yulon Motor. Das SUV Model C, die Limousine Model E und der Pendlerbus Model T sollen ebenfalls nicht unter eigener Foxconn-Marke vertrieben werden, sondern white label an Auftraggeber geliefert werden – ganz so, wie Foxconn seit eh und je die iPhones für Apple baut.

MIH hat außerdem Ende Oktober 2021 eine strategische Partnerschaft mit dem Mikroprozessorenhersteller ARM und dem Sicherheitsexperten TREND MICRO, beides japanische Unternehmen, sowie Microsoft zum Aufbau einer Open EV Software Platform verkündet.[252] In deren Zentrum stehen Entwicklungsplattformen für Security, Cloud Native Development, Advanced Driver-Assistance Systems (ADAS)/Autonomous Driving (AD) Dev, außerdem Plattformen für Energiemanagement, *EEA and Runtime* sowie ein offener Marktplatz. Im November 2021 hat Foxconn außerdem mit Lordstown Motors in Ohio Produktionsanlagen in den USA erworben.[253]

Thüga: Abrechnen mit *Shared Services*

IT-Altlasten sind ein Problem für viele Unternehmen. Die Kombination unterschiedlicher Hard- und Software mit unterschiedlichen Updates und Halbwertszeiten verursacht Schnittstellenprobleme, die immer wieder aufwendig behoben werden müssen. Altlasten sind aber auch deshalb teuer, weil sie langsam sind. Weil sie wichtige Funktionen besetzen, halten sie sich dennoch hartnäckig und widersetzen sich einer Erneuerung. Häufig sind Unternehmen damit überfordert, ihre Systeme in einem großen Wurf neu zu gestalten. So entsteht eine Lücke zwischen dem potenziellen und dem tatsächlich erzielten Mehrwert von Technologie.

Wir haben Topmanager aus mehr als 8000 internationalen Unternehmen und 20 Branchen zur IT-Reife ihres Unternehmens befragt. Vorreiter zeigen hier ein signifikant höheres Wachstum, das der Nachzügler der Technologieerneuerung um bis zu 60 Prozent übersteigt. Gewonnen haben dabei vor allem diejenigen Unternehmen, die keine kleineren inkrementellen Verbesserungen vornahmen, sondern mutig den Schritt in zukunftsfähige Lösungen taten. Ein Beispiel: Der Energieversorger Thüga hat mit einem Teil seiner beteiligten Unternehmen erfolgreich eine Plattform in den Mittelpunkt eines Ökosystems gestellt. Dabei geht es um Prozessunterstützung vieler Millionen Kunden und um mehr als Kostensenkung.

Viele Energieversorgungsunternehmen (EVU) kämpfen mit denselben Herausforderungen: Marktveränderungen zwingen zum Umdenken, die Energiewende bringt und fordert neue Geschäftsmodelle, neue Arbeitsweise, ob im Vertrieb oder im Netz, und zusätzlich fordern Kunden neue Markenerlebnisse, Produkte und Services ein. Es gilt, entlang der gesamten energiewirtschaftlichen Wertschöpfungskette mehr Flexibilität und Geschwindigkeit zu ermöglichen, hoch automatisierte Ende-zu-Ende-Prozesse, die eine zeitgemäße Kundeninteraktion ermöglichen, zu etablieren und zeitgleich die Betriebskosten signifikant zu senken. Der gemeinsame Datenraum enthält Kunden- und Zählerdaten, Informationen über Verbräuche, Analytik und so weiter.

Die Plattform und das Ökosystem ermöglichen, dass das Energieunternehmen von weiteren zukünftigen Innovationen profitieren kann, ohne hoch spezialisierte eigene Anpassungen und Entwicklungen. Denn eine gute, moderne IT erlaubt durchgehend konsequente Prozessoptimierung und die parallele Mitentwicklung der Arbeitsorganisation – auch vor dem Hintergrund der Energiewende.

HERE: Offenheit als Medium, die Vielfalt zu vernetzen

HERE Technologies hat als ein vertikales und geschlossenes Öko-system gestartet und bietet heute als offenes, horizontales Öko-system die Infrastruktur für datenbasierte Wertschöpfung in Unternehmen. Die Ursprünge des Unternehmens liegen in der Erstellung digitaler Karten und ortsbezogener Dienste für die Automobil-industrie. Mit der Zeit kamen weitere Anwendungsgebiete hinzu, unter anderem Smartphones und andere mobile Geräte. Nach mehreren Jahren als Unternehmenssparte von Nokia wurde HERE 2015 von einem Konsortium der deutschen Automobilhersteller Audi, BMW und Mercedes-Benz übernommen. Später stiegen weitere Investoren ein, zuletzt 2020 Mitsubishi Corporation und NTT aus Japan. Heute hat HERE rund 8000 Mitarbeiter und arbeitet als datenzentriertes Technologieunternehmen weltweit mit Kunden und Partnern aus unterschiedlichen Industrien an vielfältigen Zukunftsthemen – vom vernetzten und automatisierten Fahren bis hin zu neuen Transport- und Logistiklösungen.

HERE ist zu 100 Prozent datengetrieben. Seit 2016 betreibt das Unternehmen eine offene Plattform, auf der Dritte ihre Daten ein-bringen und Dienste verkaufen können. Das Ziel ist, Geodaten zu verlässlichen Referenzpunkten zu machen, auf deren Basis man Verbindungen zwischen Punkten herstellen kann, die bisher in voneinander getrennten Silos verwaltet werden (Location Intelligence). Daten werden über verschiedene Wirtschaftsbereiche und Geschäftszweige zusammengezogen. So lassen sich neue Lösungen für automatisierte Dienste, Verkehrssteuerung, Lieferketten-optimierung, Risikobewertung und so weiter schaffen.

»Die Plattform muss so attraktiv sein, dass andere Anbieter darauf eigene Anwendungen erstellen können und wollen«, sagt Michael Bültmann, der Geschäftsführer von HERE Technologies in Deutschland. Je mehr Daten eingebracht würden, desto stärker sänken die Preise und desto größer würde die Skalierung. Wichtige

Tools wie die künstliche Intelligenz benötigten genügend Daten, um ihre Algorithmen zu »füttern«.

Die Zusammenführung einer Vielzahl unterschiedlichster Daten bildet die Intelligenz der HERE-Plattform. Kein Unternehmen kann das von sich aus und allein leisten. Deshalb ist der Erfolg der Plattform davon abhängig, wie gut es gelingt, Komplementoren, zum Beispiel App-Anbieter und Entwickler, anzuziehen. Ein möglichst offener Zugang ist die Voraussetzung dafür. Alle Nutzer müssen imstande sein, ihre Daten auf die Plattform einzuspielen, auch wenn es sich um Konkurrenten handelt. HERE Technologies kann über 2,5 Millionen direkte und indirekte Entwickler zu seinem Ökosystem zählen. Auch Solo- und Kleinunternehmen mit beschränkter Softwareexpertise sollen Zugang erhalten. Größere Unternehmen bieten ihre Daten an, kleinere nutzen sie. Das Kriterium der Offenheit soll ein »level playing field« garantieren: Nur gleiche Wettbewerbschancen, so die Philosophie von HERE, können Lock-in-Effekte, einen Mangel an Interoperabilität oder Datenportabilität verhindern. HERE setzt sich hier ganz bewusst von Strategien anderer Anbieter ab, die geschlossene Ökosysteme eingeführt haben. Bei HERE behalten die Stakeholder die Hoheit über ihre Daten. Die Nutzung ist jedoch hybrid – über Unternehmensgrenzen hinweg. Der nächste Schritt wird sein, im Herzen der Plattform ein Instrument zu etablieren, das die unterschiedlichen Daten in Echtzeit miteinander vernetzt. So können Umweltdaten mit Menschen, Orten und Gegenständen verknüpft werden.

»Plattformen und insbesondere solche für ortsbezogene Daten erfüllen so wichtige Funktionen, dass sie eigentlich Infrastruktur sind«, so Bültmann. Eine partizipative Struktur ist bisher beim Konstruieren von Plattformen wenig zur Geltung gekommen. Doch Kooperation, Fairness und Vertrauen spielten künftig eine größere Rolle: »Die Politik muss dafür die erforderlichen Rahmenbedingungen schaffen und die Etablierung entsprechender Standards unterstützen.«

Horizontale Ökosysteme: Neue Partner, neues Business

Horizontal organisierte Ökosysteme sind weitaus komplexer als vertikale, sie müssen unterschiedlichste Player aus verschiedensten Branchen einbeziehen, zum Teil auch Konkurrenten, die gewohnt sind, selbst das Sagen zu haben, und nun einen Teil ihrer Souveränität abgeben müssen. Sie sollen Transparenz schaffen, aber gleichzeitig auch mit der Verletzlichkeit von Partnern umgehen. Schon die Bereitschaft, Teil eines Ökosystems zu werden, verlangt den Unternehmen viel ab, vor allem Beweglichkeit. Häufig spielen auch die Politik und Interessengruppen eine Rolle.

Catena-X: Eine Allmende der Autoindustrie

»Wir glauben, dass Innovation durch Kollaboration entsteht« – ist das Credo der Catena-X-Group. Das Bündnis von BMW, Volkswagen und Mercedes-Benz mit ihren wichtigsten Zulieferern sowie Verbänden und Forschungsinstituten beschreibt sich als »ein schnell skalierbares erweiterbares Ökosystem, an dem sich alle Teilnehmer der automobilen Wertschöpfungskette gleichermaßen beteiligen können. Das Ziel: Die Bereitstellung einer Umgebung für den Aufbau, Betrieb und die kollaborative Nutzung durchgängiger Datenketten entlang der gesamten automobilen Wertschöpfungskette ...«[254]

Die Initiative soll unter anderem die Versorgungssicherheit gewähren, Rückrufe schneller abwickeln, die Einhaltung von Klimaschutzmaßnahmen überwachen und natürlich insgesamt die Digitalisierung des Automotivesektors vorantreiben. Mehr Resilienz und Nachhaltigkeit, gemeinsame Geopolitik und Ausschöpfen von Kostenvorteilen stehen auf den Fahnen von Catena-X, der ersten datengetriebenen Wertschöpfungskette innerhalb der Automotiveindustrie. Außerdem soll Catena-X Schnittstellen zur europäischen Cloud- und Dateninfrastruktur Gaia-X nutzen.[255]

Als Startpunkte für die Zusammenarbeit quer über Branchengrenzen und Unternehmensgrößen hinweg nennt Catena-X:[256]

- Qualitätsverbesserung (→ *Real Time* und kollaboratives Qualitätsmanagement)
- Bedarfs-/Kapazitätsmanagement (→ Versorgungssicherheit)
- Geschäftspartnerdatenbank (→ Stammdaten-Service)
- Nachhaltigkeit (→ Nachweis CO_2- Fußabdruck, Einhaltung sozialer Standards)
- Rückverfolgbarkeit von Hardware- und Softwarekomponenten (→ Erfüllung Lieferkettengesetz)
- Kreislaufwirtschaft (→ CO_2-Fußabdruck-Minimierung)
- Daten- und modellzentrierte Entwicklungs- und Betriebsunterstützung (→ *Digital Twin*)
- Modulare Produktion
- *Manufacturing as a Service*
- Echtzeit-Steuerung und Simulation

Und hier schließt sich der Kreis zu den tradierten Regeln der Zusammenarbeit: In den Leitprinzipien der Initiative finden sich solche, die auch Nobelpreisträgerin Elinor Ostrom bereits als Erfolgskriterien herausgearbeitet hatte – wie Sicherheit und Offenheit, Souveränität und gegenseitige Anerkennung.[257] Das gemeinsame Regelwerk enthält viele technische, netzwerkbasierte Applikationen und Lösungsansätze.

Auch die komplexen Herausforderungen des autonomen Fahrens veranlassen die Hersteller, sich kompetente Ökosystem-Partner für Forschung und Entwicklung zu holen. Ein Beispiel ist etwa die Zusammenarbeit zwischen dem Automobilzulieferer Continental und dem KI-Entwickler NVIDIA. Dieser steuert einen energiesparenden Prozessor bei, der Billionen von Rechenoperationen pro Sekunde ausführen kann und so die Daten der Continental-Sensoren und -Kameras in selbstlernenden Prozessen zusammenführen kann – auf dem Weg zum automatisierten Fahren. Das soll eine 360-Grad-Orientierung wie auch das Einfädeln in den Verkehr erleichtern.[258] Gemeinsam bauen die beiden Unternehmen einen Supercomputer auf, den vermutlich derzeit leistungsfähigsten Rechner der Automobilindustrie.[259]

Claas: Infrastruktur für eine ganze Branche

Eines der digitalen Vorzeigeunternehmen in Deutschland ist in diesem Bereich der Landmaschinenhersteller CLAAS KGaA mbH, obwohl diese Bezeichnung nur sehr ungenau wiedergibt, was das Unternehmen leistet. Neben hochleistungsfähigen Maschinen für die Landwirtschaft, verkauft es Intelligenz – und die reicht von der Bestellung des Bodens bis hin zum satellitengestütztem Einsatz von Pestiziden, der Analyse der aktuellen Umweltsituation oder dem Einsparen von Energie.

Über die Zusammenarbeit mit anderen Landmaschinenherstellern, wie beispielsweise dem US-amerikanischen Konzern John Deere, wird es den Kunden ermöglicht, auf ihn zugeschnittene digitale Lösungen einzusetzen, selbst bei einem gemischten Fuhrpark. Zentral ist dabei eine Cloud-Plattform für Maschinendaten: DataConnect. Die Claas-Tochter 365FarmNet verbindet über sie ihre Kunden mit der Cloud des Konkurrenten. Auch die Hersteller New Holland, Case IH und Steyr haben sich DataConnect angeschlossen.

Der automatisierte Datenfluss ist für den Kunden nahtlos und unkompliziert. Auf einer einzigen Plattform erhält er in Echtzeit einen Live-Überblick über seine gesamte gemischte Fahrzeug-Flotte. Als AGRI-GAIA Projektpartner, arbeitet Claas außerdem an einem KI-Ökosystem für die Agrar- und Ernährungsindustrie, in enger Anknüpfung an das europäische GAIA-X-Projekt. Im Mittelpunkt steht eine B2B-Plattform, die branchenspezifisch adaptierte KI-Bausteine als Module bereitstellt und Anwender und Entwickler von KI-Algorithmen zusammenbringt. Verarbeitet werden so beispielsweise Sensordaten vom Feld, mit denen Algorithmen trainiert werden, deren Ziel Steuerung, Optimierung und Automatisierung sind.

Auch hier ermöglichen Schnittstellen und Standards eine herstellerübergreifende Infrastruktur. Mit Fokus auf Datenhoheit, Dezentralität, Multi-Cloud und Edge-Support sowie Service-Bereitstellung soll das Projekt die Vorteile dieser Austauschstrukturen für Branche und insbesondere die Kunden verdeutlichen und erschließen.

»In der Landwirtschaft muss unbedingt eine gemeinsame Infrastruktur für alle geschaffen werden«, betont CEO Thomas Böck. »Zusammenarbeit hat hier Tradition. Aber die Investitionen in die Digitalisierung sind für jeden der Betriebe enorm. Daher ist es wichtig, dass der finanzielle Mehrwert für den einzelnen Kunden deutlich wird. Veränderungen benötigen viel Zeit – profitable Ökosysteme müssen Schritt für Schritt aufgebaut und monetarisiert werden. Das sind Dekadenprojekte.«

Konvergenz mit anderen Industriezweigen ist laut Böck nötig, um neue Dienstleistungen zu generieren. Hinzu kommen Anforderungen aus Förderkriterien und Umweltauflagen. Die Maschinen, die bis zu einer halben Million Euro kosten, müssen bestmöglich eingesetzt werden. »Wir brauchen die Zusammenarbeit auch, um digitale Souveränität für unsere Kunden zu erreichen«, so Böck. »Sie ist unabdingbar. Denn unsere Maschinen werden rund um den Globus eingesetzt.«

Die Landwirtschaft ist einer der Bereiche der gesamtgesellschaftlich notwendigen Transformation, wenn es um Klimawandel und Nahrungssicherheit geht.

Horizontale Netzwerke funktionieren dort am besten, so Martin Krzywdzinski, Politik- und Arbeitsforscher am Wissenschaftszentrum Berlin und an der Helmut Schmidt University in Hamburg, wo sie an gesellschaftlicher Veränderung zum Wohle aller (wie beim Green Deal) arbeiten: »Denn Ökosysteme leben von dem Gefühl der Gleichberechtigung, der Akzeptanz der Leitung und der Idee des Wohls für alle.« Beispiel ist die Reduktion des CO_2-Ausstoßes im Rahmen der Value Balance Alliance,[260] die den finanziellen Impact der Wechselwirkung zwischen Wirtschaft und Biosphäre mithilfe von Daten abbilden kann. Aber auch die dynamische Lenkung von Verkehrsströmen, die Überprüfung der Resilienz von Lieferketten oder der Aufbau von E-Commerce unter dem Druck der Corona-Abstandsregelungen sind Beispiele für die gemeinsamen Ziele eines Ökosystems.

TÜV: Standards und Normen für künstliche Intelligenz

Ein zentraler Faktor, was die Technologien hinter den Öko-systemen angeht, sind einheitliche Standards und Schnittstellen. Das zeigt schon die Historie: Vor 150 Jahren gründeten sich lo-kale Dampfkesselüberwachungsvereine, welche die Risiken der Industrialisierung senken sollten. Daraus wurden später die Tech-nischen Überwachungsvereine (TÜV). 1881 einigte sich der Ver-band mit dem Verein deutscher Eisenhüttenleute auf Grundsätze zur Materialprüfung beim Dampfkesselbau. 1884 wurden mit den Hamburger Normen dann auch Richtlinien für die Berechnungen beim Bau der Kessel festgelegt.[261] Und bald kam es auch zu grenz-überschreitenden Kooperationen.

Die Überprüfung der Einhaltung technischer Standards zählt noch heute zu den Kernaufgaben des TÜV, der längst global operiert. Dazu zählen längst auch digitale Prozesse. »Es geht um die Schaf-fung einer gemeinsamen Infrastruktur von Regeln und Normen als Voraussetzung für neue Märkte«, sagt Prof. Dr.-Ing. Axel Stepken, Vorstandsvorsitzender der TÜV SÜD AG. »Alle Ökosystemteil-nehmer investieren in die dafür notwendige Infrastruktur. Darauf lassen sich neue Services für andere Spiele aufsetzen, beispielsweise Versicherung für Algorithmen.«

Als jüngstes Projekt haben der TÜV-Verband und der VDE »*Quality and Testing Hubs*« für künstliche Intelligenz angeregt, um gemeinsam mit KI-Anbietern, Forschungseinrichtungen, Start-ups und Prüforganisationen einheitliche Kriterien für das sichere, ethisch einwandfreie und qualitativ hochwertige Funktionieren von KI zu schaffen.[262] Die Bundesländer Berlin, Hessen und Nordrhein-Westfalen unterstützen diese Pläne. Laut einer aktuellen Studie des TÜV-Verbands fordern 81 Prozent der Verbraucher in Deutschland, dass die Sicherheit von Produkten und Anwendungen mit künstlicher Intelligenz geprüft wird, bevor diese auf den Markt kommen.[263] Die EU-Kommission hat im April 2021 einen ersten Entwurf für die Regulierung von künstlicher Intelligenz vorgelegt.

Standardisierung ist auch die Voraussetzung dafür, dass die Datenverarbeitung auf den Plattformen der Ökosysteme automatisiert ablaufen kann – ein wichtiger Faktor für die Senkung der Transaktionskosten. Eine gemeinsame Sprache ist wichtig: Das reicht von Artikelstammdaten, über die sich Prozesse bewerten lassen, über das Controlling bis hin zur Vertragsgestaltung zwischen einzelnen Partnern – all dieses kann weitgehend automatisiert ablaufen.

CARUSO: Vernetzte Autos, vernetzte Geschäfte

2017 schlossen sich die Erstausrüster der Fahrzeugbranche (First Tiers) sowie internationale Einkaufskooperationen zum Netzwerk CARUSO zusammen, um ihre Position gegenüber den großen Automobilherstellern zu stärken. Denn um den in Europa gesättigten Automarkt gibt es ein Ringen um die wenigen verbleibenden Profit-Pools, die wachsende Zahl der E-Autos enthält immer weniger Teile. Die Branche arbeitet in Brüssel darauf hin, dass die OEMs, die Original Equipment Manufacturers, gesetzlich gezwungen werden, ihre Fahrzeugdaten zur Verfügung zu stellen und ihre Systeme für Dritte zu öffnen.

Quer über die unterschiedlichsten Marken liefert CARUSO nun nach eigener Aussage neutrale Daten und Informationen aus dem Innenleben der Autos. Die offene Branchenlösung soll es Marktteilnehmern ermöglichen, ihre fahrzeugbezogenen Daten standardisiert in einer sicheren und vertrauenswürdigen Umgebung allen Akteuren des Verbrauchermarktes anzubieten. »Die Unternehmen können ihre Service-Portfolios ausbauen, Kundenbeziehungen festigen und sich neue Einnahmenquellen erschließen«, sagt Norbert Dohmen, Geschäftsführer von CARUSO.

Als Use Case haben zum Beispiel BMW und Bosch eine Lösung vorgestellt, mit der freie Werkstätten auf Fahrzeugdaten vernetzter Fahrzeuge zugreifen können, um etwa Reparatur- und Wartungsdienstleistungen anbieten zu können. Neben den üblichen Informationen zum Fahrzeugmodell werden unter anderem die Daten zum Servicebedarf, wie der Kilometerstand, das Serviceintervall und das Datum beziehungsweise die Distanz zum nächsten Service übertragen. Zusätzlich werden auch die Informationen aus den Fehlerspeichern des Fahrzeugs übermittelt. Die Werkstatt kann damit den Service oder die Reparatur im Detail vorbereiten, direkt einen Terminvorschlag, ein Angebot und Details zur Wartung wie Ölwechsel oder Bremsbelagwechsel machen, welche auf dem Infotainment-System des Fahrzeugs angezeigt werden.

»Derzeit sind allerdings nur rund 25 Prozent der Autos im Markt als Datenlieferant geeignet«, so Dohmen. »Die Erneuerung des gesamten Fahrzeugparks dauert rund zehn Jahre. Das limitiert die Skalierung.« Weitere Use Cases zielen auf Kostenreduktion für Versicherer durch telematikgetriebene Tarife und die Unterstützung von Autofahrern im laufenden Verkehr.

Dräger: Leben retten mit Daten

Der Medizingerätehersteller Dräger mit Sitz in Lübeck ist unter anderem weltbekannt für seine Beatmungsgeräte in der Intensivstation im Krankenhaus. Die Intensivmedizin ist eine stark regulierte Industrie. Immer noch liegt der Fokus der Regulierung auf den einzelnen Geräten. Es gibt viele Anbieter und noch mehr Gerätetypen. Richtig miteinander kommunizieren kann diese Flotte an Apparaten aber kaum. »Plug and Play«-Lösungen für die standardisierte Vernetzung der Geräte in der Intensivmedizin – vergleichbar zu den Druckertreibern – sind noch nicht Standard. CEO Stefan Dräger bedauert, dass sich bisher in diesem lebenswichtigen Bereich noch keine Ökosysteme für neue Services gebildet haben, auch weil die technologischen Voraussetzungen nicht gegeben sind: »Die Intensivmedizin hat den ›Sprung‹ von den reinen Geräten hin zu den Daten, die sie generieren könnten, noch nicht gemacht, obwohl das von großem Nutzen für den Patienten wäre.« Selbst einfache Funktionen wie die Synchronisierung der Uhren durch einen einheitlichen Zeitstempel sind heute nicht verfügbar. Darüber hinaus braucht jeder Service auf einer Maschine im Krankenhaus einen eigenen Datenschutzvertrag. Der administrative Aufwand in der Verwaltung ist erdrückend hoch.

Die Vorteile der Vernetzung der Geräte wären immens. Die Vision ist groß, so CEO Stefan Dräger: »Zero Preventable Deaths«, also die Vermeidung unnötiger Todesfälle durch assistierte und automatisierte Therapien in der Intensivmedizin. Durch die Sammlung und KI-gestützte Verarbeitung der Patientendaten in der Intensivmedizin könnten aus Tausenden Fällen neue Erkenntnisse gewonnen werden. Die Behandlung in der Intensivmedizin würde optimiert und das Personal in der Intensivmedizin durch eine weitergehende Automatisierung entlastet werden.

Seit Jahren investiert Dräger deswegen in die Vernetzung der Maschinen auf der Basis von Standards in der Kommunikation,

Open Data und Services. Gemeinsam mit anderen Herstellern wie Philips, B. Braun und Fresenius will man eine herstellerneutrale Servicearchitektur definieren. Ziel ist die Schaffung eines horizontalen Ökosystems. Allerdings ist die Wertrealisierung nicht klar für die Beteiligten. Der Aufwand und die hohen Kosten liegen bei den Herstellern der Medizingeräte. Die Vorteile liegen bei dem »Care Giver« – den Krankenhäusern. Hier könnte der Staat durch eine kluge »Verordnung für Open Data« zumindest als Pflicht bei öffentlichen Ausschreibungen die Entstehung von horizontalen Ökosystemen in der Intensivmedizin zum Vorteil der Patienten und aller Beteiligten befördern.

KfW: *Open Source* für nachhaltige Förderung

Finanzierung ist ein wichtiger Bestandteil der Infrastruktur. Ein besonders interessantes Beispiel ist die Kreditanstalt für Wiederaufbau AöR (KfW), die sich das Ziel gesetzt hat, insbesondere Projekte finanziell zu fördern, deren Nachhaltigkeit sichergestellt werden kann. »Die deutsche Industrie ist bei Umwelttechnologien gut positioniert«, sagen Fritzi Köhler-Geib, Chefvolkswirtin der Bank, und Vorstand Melanie Kehr. »Bis zum Jahr 2045 könnten jährlich rund 200 Milliarden Euro investiert werden.« Zur Überprüfung der Anträge erweitert die KfW kontinuierlich ihre Datennutzung aus den unterschiedlichsten Quellen, statistische Tools, Online-Surveys und offene Datenportale, aber auch Smartphones und andere Mobiltelefone, die noch in den entferntesten Regionen der Welt omnipräsent sind. Die KfW-Analysen werden zunehmend automatisiert und so skalierbar, das senkt die Grenzkosten. Eine wachsende Anzahl von Open-Source-Lösungen und Data Communities führt dabei zu Netzwerkeffekten, was den Erfahrungsaustausch der Beteiligten angeht. Die von der KfW mitbegründete Open-Source-Initiative (MAPME) nutzt zum Beispiel die Geodaten von Satelliten zur Erfassung von Wirkungsindikatoren, die auf die Lebensqualität, aber auch die Biosphäre einer Region Einfluss nehmen, als Basis für Prognosen. Eine QUER-App (QUick Evaluation Results) liefert in kürzester Zeit auf Nachfrage Informationen über die »Lessons Learned«. Venture-Kapital-Projekte und Start-ups, so die Überzeugung der Förderbank, können nur in Verbindung mit den ESG-Kriterien (siehe Seite 119ff.) erfolgreich sein.

Das gilt auch für die Klimaschutzziele der Bundesregierung: Über 40 Key-Performance-Indikatoren sollen bei der KfW die Metrik des Fortschritts auf dem Weg zur Erreichung der 17 SDG-Ziele der Vereinten Nationen und damit auch zur drastischen Reduktion des Kohlendioxidausstoßes abbilden und die Einhaltung der Förderrichtlinien zur Finanzierung kontrollieren. Für das Wirkungsmanagement braucht es Daten: In einem kybernetischen Regelkreis können dann Förderziele und Richtlinien angepasst werden, um größtmögliche Wirkung zu erzielen. Im KfW-Ökosystem sind Hausbanken als Finanzierungspartner und Förderempfänger. »Künftig wird das Wirkungsmanagement im Vordergrund stehen und nicht mehr die Fördersumme«, so Fritzi Köhler-Geib und Melanie Kehr.

Die Zukunft des Internets ist das Metaverse

»Businesses are racing toward a future very different from the one they were designed to operate in.«

– Accenture Technology Vision 2022

Das Ökosystem der Ökosysteme wird im Internet 3.0 entstehen, in dem die User nicht nur Nutzer des Webs sind, sondern ein Teil davon. Sie handeln im virtuellen Raum und interagieren dort mit anderen Menschen und intelligenten Maschinen. Dieses »Metaverse«-Universum ist aber nicht einfach ein digitaler Zwilling des realen Lebens, sondern es besteht aus vielen Welten, die sich immer wieder neu zusammenschließen. Das Metaversum muss als Kontinuum gedacht werden, das digital erweiterte Welten, Realitäten und Geschäftsmodelle umfasst. Es gilt für alle Aspekte der Wirtschaft, vom Verbraucher bis zum Arbeitnehmer und über das gesamte Unternehmen hinweg, von der Realität zur Virtualität und zurück, von 2D zu 3D.

Das bestehende Internet Web 2.0 muss dazu in großem Umfang zum Web 3.0 erweitert werden. Dazu braucht es neue Technologien, neue Architekturen und neue Nutzungsformen. Der Erfinder des Internets, Tim Berners-Lee, hatte bereits vorausgesagt, dass ein Großteil unserer Geschäftsbeziehungen, Handel, Bürokratie und Alltagsaktivitäten irgendwann von intelligenten Maschinen im Netz erledigt werden wird. Diese Transformation hat bereits begonnen, die ersten Vorboten dieser neuen Welt sind bereits sichtbar.

Der Begriff »Metaverse« wurde 1992 in Neal Stephensons Science-Fiction Roman *Snow Crash*[264] zum ersten Mal vorgestellt. Die vor 30 Jahren erdachte Fiktion ist aktueller denn ja: Das

Metaversum ist in dem Roman eine städtische Umgebung entlang einer 100 Meter breiten Straße, die sich über den gesamten Umfang eines imaginären Planeten erstreckt. Die Nutzer des Metaversums sind als Avatare in der virtuellen Welt präsent und können entlang der Straße virtuell Grundstücke kaufen und mit Immobilien bebauen. Weiterhin beschreibt Stephenson, wie die Gesellschaft sich in einem virtuellen Universum neuformiert und sozialisiert; das Spektrum reicht von nahtloser Zusammenarbeit bis hin zu digitaler Ab- und Ausgrenzung. Schon damals beschrieb Neal Stephenson den Einsatz von Virtual-Reality-Brillen, sodass die Anwender das Metaversum als »reale Welt in 3-D« erleben können.

Neue Dimension des Digitalen

Was zunächst nur Fiktion war, wird nun als Vision für die Zukunft des Internets gehandelt. Seit der Jahrtausendwende gibt es die verschiedensten Versuche von Softwareentwicklern, diese virtuell erdachte Welt mit Leben zu füllen. Der erste große Durchbruch war Second Life, das 2003 ans Netz ging. Millionen Menschen nahmen eine zweite, digitale Identität an, um mit anderen Avataren in einer virtuellen Welt agieren zu können. Die Anwender konnten Immobilien erstellen, spielen, Handel betreiben und anderweitig kommunizieren. 2014 besaß das System rund 36 Millionen registrierte Benutzerkonten, rund um die Uhr nutzen zwischen 30 000 und 60 000 Spieler gleichzeitig das System. Allerdings ist seitdem die Zahl der aktiven Nutzer kontinuierlich zurückgegangen. Nun fanden Onlinespiele wie Minecraft oder Fortnite großen Zuspruch. Diese eröffneten neue virtuelle Welten für Zehntausende von Spielern, die allein oder im Team miteinander oder gegeneinander spielen können.[265] Die Möglichkeit, die eigene Identität zu verschleiern, birgt jedoch auch Gefahren, die wir aus den sozialen Medien gut kennen. In der Anonymität gehen Menschen bisweilen über Grenzen.

Begünstigt durch die langen Perioden des Lockdowns in vielen Ländern während der Covid-Pandemie wurden weitere virtuelle Welten populär. Dazu gehören zum Beispiel Decentraland, Roblox und Sandbox. Decentraland ist eine virtuelle Realität, die aus 90 601 Parzellen besteht. Diese virtuellen Immobilien sind durch NFTs gesichert. Die Non-Fungible Tokens bezeichnen einen nicht austauschbaren digitalen Vermögenswert, vergleichbar mit einer digitalen Urkunde, die bestimmte Eigentums- oder Nutzungsrechte dokumentiert. Damit ist es möglich, virtuelle Vermögenswerte digital zu »verbriefen« – in der Kryptowelt spricht man von »tokenisieren«. Bei den zugrunde liegenden Werten kann es sich zum Beispiel um digitale Kunstwerke wie Designs, Videoclips oder andere Objekte handeln, die in den virtuellen Welten des Internets benutzt werden, wie etwa die Ausstattung für Spielfiguren in einem Videospiel oder etwa die Borded Apes vom Bored Ape Yacht Club.

Die Borded Apes sind 10 000 Affen-Avatare, von denen kein einziger dem anderen gleicht. Die Entwickler haben dafür mehr als 170 digital konfigurierbare Merkmale definiert. Diese Affenkollektion ist im Bored Ape Yacht Club (BAYC) in der Ethereum-Blockchain hinterlegt. Das Entwicklerstudio Yuga Labs hat den BAYC im April 2021 geschaffen und die 10 000 Affen als NFTs für umgerechnet 200 Dollar pro Avatar initial verkauft. Nachdem einige Prominente werbewirksam in das Geschäft einstiegen, sind die Preise explodiert und in nur wenigen Monaten um bis zum 2000-Fachen gestiegen. So hat zum Beispiel der Rapper Eminem einen Borded Ape NFT für 462 000 Dollar gekauft.[266] Ein weiteres erstaunliches Beispiel für den Wert von digitalen Objekten ist folgendes: Im Jahr 2021 schuf Gucci »The Gucci Garden Experience« für den Verkauf virtueller Produkte. Der virtuelle digitale Zwilling einer Gucci-Handtasche erzielte einen höheren Preis als sein reales Gegenstück.

Auch im Decentraland explodieren die Preise. Dort können Grundstücke mit der Kryptowährung MANA gekauft werden; auch sie basiert auf der Ethereum-Blockchain. MANA wurde im Februar 2020 für die Öffentlichkeit freigegeben und von der Decentraland Foundation weiterentwickelt. Die Kryptowährung weist im März 2022 eine Marktkapitalisierung von etwa vier Milliarden Euro auf. Als Decentraland 2017 in die Beta-Phase startete, hatten die Entwickler virtuelle Grundstücke für nur 20 US-Dollar verkauft; doch nach dem NFT-Boom in den Jahren 2020 und 2021 erzielten die begehrtesten mehr als 100 000 US-Dollar. Im Juni 2021 schuf das Londoner Auktionshaus Sotheby's eine Nachbildung seines Hauptsitzes in der Londoner New Bond Street als virtuelle Galerie, um dort NFT-Kunst auszustellen und zu verkaufen.[267]

Auch der Konkurrent Christie's sieht Chancen in der virtuellen Welt. Im Jahr 2021 versteigerte das Auktionshaus ein Werk des US-amerikanischen Digitalkünstlers Beeple mit dem Titel *Everydays: Die ersten 5000 Tage*. Bei dieser Auktion gab es zwei Premieren: Christie's versteigerte das bislang teuerste Stück digitaler Kunst in der Geschichte – das Werk erzielte einen Preis von 69,3 Millionen Dollar. Gleichzeitig wurde es das erste Auktionshaus, das Kryptowährungen als Zahlungsmittel akzeptierte.

Durch die gleichzeitige Validierung einer neuen Form von Kunst und digitaler Währung für seine Kunden wurde Christie's zu einem Vorreiter bei der Gestaltung des Kryptohandels – Handel, der in rein digitalen Welten stattfindet. Nur ein Jahr später überschritt Christie's bei NFT-Verkäufen bereits die 100-Millionen-Dollar-Grenze. Und auch die US National Basketball Association (NBA) ist ein Vorreiter bei dem Handel mit digitalen Assets. Die NBA hat in 2021 eine Plattform entwickelt, die Video-Highlights aus echten Spielen in NFTs umwandelt, welche die Fans sammeln und tauschen können. Bis Oktober 2021 hat die *NBA* damit einen Umsatz von 600 Millionen Dollar erzielt und damit einen Vorgeschmack auf eine mögliche Zukunft von Sport-Memorabilien gegeben.

Am 18. Juni 2021 zahlte das in New York ansässige digitale Immobilien-Investmentunternehmen Republic Realm umgerechnet 913 228 US-Dollar für 259 Parzellen von Decentraland, die es in ein virtuelles Einkaufsviertel namens *Metajuku* verwandeln will, nachempfunden dem Tokioter Einkaufsviertel *Harajuku*.[268] Kurz zuvor hatte die kanadische Kryptofirma Tokens.com einen ähnlichen Landkauf in Decentraland bekannt gegeben. Im dortigen Modeviertel sollen einige der luxuriösesten Marken ihre Onlineshops eröffnen, hofft der Tokens.com-Geschäftsführer Andrew Kiguel. Auch hier wurden die digitalen Assets mit Non-Fungible Tokens bezahlt. 2021 verzeichnete Decentraland – bis vor Kurzem unvorstellbar – 21 000 Immobilientransaktionen im Wert von 110 Millionen Dollar.[269]

Auch Nike ist im Metaverse angekommen. Ende 2021 wurde eine virtuelle Welt namens NIKELAND auf der Roblox-Plattform eröffnet.[270] Dort ist das Headquarter von Nike modelliert, es gibt Sportarenen und einen digitalen Showroom, in dem die Besucher-Avatare sich mit Nike-Produkten ausstatten können. Die Erlebnisse in NIKELAND sind über das Smartphone auch zum Teil in die reale Welt übertragbar. Mithilfe der Beschleunigungssensoren in ihren Handys können die Besucher ihre virtuellen Bewegungsabläufe in der physischen Welt nachempfinden.

Um die Menschen möglichst eng an die virtuelle Welt im Metaverse zu binden, werden dort nun vielfältigste Veranstaltungen angeboten. Im Oktober 2021 fand das erste »Metaverse«-Musikfestival in Decentraland statt – mit Virtual-Reality-Auftritten von Stars wie deadmau5, AlunaGeorge, Alison Wonderland und anderen.[271] Die anderen Metaverse-Welten ziehen mit. So gab Ariana Grande ein großes Konzert in Fortnite. Travis Scott hatte dort weltweit 27,7 Millionen Besucher und über 40 Millionen Aufrufe.[272]

Spielmacher Gaming-Industrie

Das erste Entwicklungsfeld für das Metaverse war die Gaming-Industrie. Dort wurden als Erstes in großen Stückzahlen Virtual-Reality-Brillen und sonstiges Zubehör eingesetzt. Millionen von Spielern optimieren diese Technologien durch ihr Mitwirken. Facebook, das sich nicht ohne Grund in »Meta« umgetauft hat, ist wie Microsoft früh eingestiegen und hat bereits Metaverse-Headsets im Angebot. Auch der Spieleplattform-Anbieter Roblox verkauft im Internet Artikel, mit dem sich Konsumenten ihre eigene 3-D-Welt selbst gestalten können. Allein der Markt für Virtual Gaming soll bis 2025 einen Wert von 400 Milliarden US-Dollar erreichen, von 180 Milliarden im Jahr 2020.[273] Die größten Umsätze werden für Assets erwartet, mit denen die Spieler ihren sozialen Status im Metaverse aufwerten können.

Das Entstehen umfangreicher und leistungsstarker Plattformen verspricht ein ganz neues Erlebnispotenzial, nicht nur bei Onlinespielen, sondern zum Beispiel auch bei der Teilnahme an Kultur- oder Sportveranstaltungen. Meta investiert in neue digitale Landschaften, die von der Gaming-Industrie profitieren, aber auch die Kundenwünsche verändern werden und durch die Möglichkeiten der Mobilkommunikation in real-time neue Dimensionen erreichen.

Die Evolution des Metaversums

23. Juni 2003
Second Life wird
veröffentlicht

11. Dezember 2008
Playstation Home
wird für die Playstation 3
veröffentlicht

31. August 2013
Riot verkauft League of Legends-
Finale im Staples Center aus

15. September 2014
Microsoft erwirbt Minecraft
für 2,5 Mio. $

20. Februar 2020
Decentraland wird
veröffentlicht

28. Oktober 2021
Facebook ändert
Firmennamen in Meta

18. Januar 2022
Microsoft kündigt Pläne
zur Übernahme von
Activision Blizzard für
68,7 Mrd. $ an

4. Mai 2007
RuneScape erreicht
1 Mio. Mitglieder

7. Oktober 2010
World of Warcraft
erreicht 12 Mio.
Abonnenten

25. August 2014
Amazon erwirbt
Twitch für
970 Mio. $

27. Dezember 2018
Fortnite beschert
Epic Games
3 Mrd. $
Gewinn im Jahr

11. März 2021
Roblox (RBLX)
übersteigt bei
seinem IPO die
Marktkapitalisierung
von 39 Mrd. $

4. Dezember 2021
Virtuelles Grundstück
neben Snoop Doggs
Sandbox-Anwesen
verkauft für
450.000 $ in ETH

Quelle: Galaxy Digital Research

Goldman Sachs und viele andere sehen ein enormes Potenzial für »Big Business« im Metaverse, etwa in den Bereichen Musik, Handel, Bildung und Werbung:

Marktpotential Metaverse in unterschiedlichen Industrien

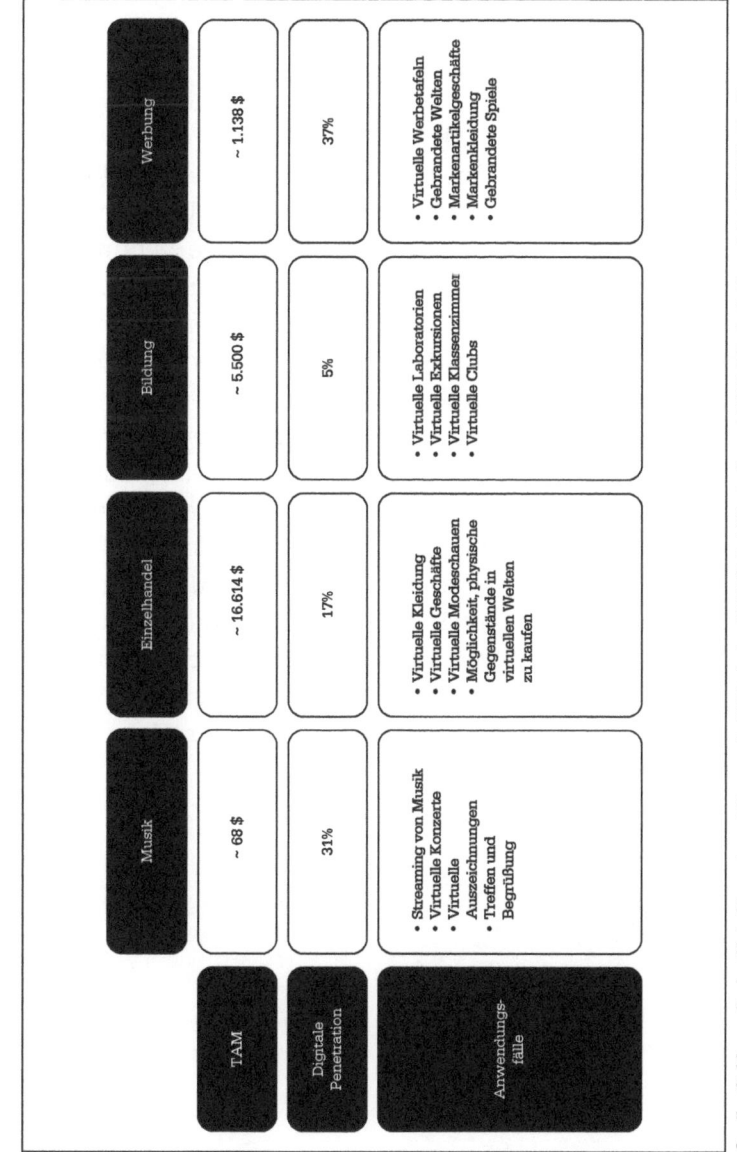

Quelle: Goldman Sachs Global Investment Research; E-Marketer, IFPI Global Music Report 2021; Music & Copyright; OMDIA; PwC

Beispiel Accenure: Die Unternehmensberatung hat ihr eigenes Metaversum geschaffen, den »Nth Floor«. 60 000 Virtual-Reality-Headsets wurden an Mitarbeiter auf der ganzen Welt verteilt. Sie bieten immersive VR-Umgebungen für das Onboarding neuer Mitarbeiter, für Training und die Zusammenarbeit innerhalb des Unternehmens.[274]

Weil sich so gut wie jeder Wirtschaftszweig auch virtuell umsetzen lässt, ist bereits von *Metanomics* die Rede. Der US-Scannerhersteller Matterport positioniert sich als ein Unternehmen, das dabei hilft, die physische Welt in das Metaverse zu bringen. Seine Technologie ermöglicht es, Häuser, Wohnungen, Büros, Boote und vieles mehr virtuell nachzubilden. Damit können Klubsinteressenten, Veranstalter, Architekten oder Versicherer mithilfe von 3-D-Touren die Objekte begutachten und präsentieren. Unternehmen aller Formen und Größen wollen dem Metaverse beitreten, einschließlich bekannter Namen wie Walmart, Nike, Gap, Verizon, Hulu, PwC, Adidas, Atari, J.P. Morgan und viele andere. In einem im Frühjahr 2022 erschienen Artikel im Handelsblatt[275] wird der Milliardenmarkt Metaverse bis 2024 auf 783 Milliarden US-Dollar taxiert. Im dritten Quartal 2021 stieg allein der NFT-Umsatz auf 10,7 Milliarden Dollar, und war damit mehr als achtmal so hoch wie im vorangegangenen Quartal. Der teilweise astronomische Wert einzelner NFT-Verkäufe ist sicherlich auch dem Hype um Digital Assets geschuldet.

Der Milliardenmarkt Metaversum

Quelle: Bloomberg

Das Rennen um das Metaversum

Facebook/Meta hat als erstes Unternehmen bekannt, sich in eine *Metaverse-Company* transformieren zu wollen. Das Unternehmen will zehn Milliarden Dollar in die Entwicklung von Software, Hardware und Inhalte stecken und hat angekündigt, in den kommenden fünf Jahren rund 10000 Mitarbeiter in Europa dafür anzuwerben.[276]

Natürlich stellt sich auch Microsoft an die Spitze der Metaverse-Pioniere. Es hat mit seinem Progamm Mesh bereits eine Anwendung für Unternehmen auf den Markt gebracht, die es Personen an unterschiedlichen Orten erlaubt, in einem virtuellen Raum zusammenzuarbeiten und dabei auch Holografie zu nutzen. Es arbeitet an einem Metaverse Stack. Die Spieleplattform Roblox, die bereits mehr als 43 Millionen User zählt, entwickelt einen virtuellen Raum für 3-D-Erlebnisse. Apple setzt vor allem auf seine Mobiltechnologien wie OS und Wallet und soll außerdem an einem Headset arbeiten. AWS, der weltgrößte Cloud-Provider, bereitet sich ebenfalls auf das Metaverse vor. Google hält sich noch bedeckt, was seine Pläne angeht, vielleicht weil seine Datenbrille aus dem Jahr 2012 den Markt nicht revolutionieren konnte. Zu erwarten sind aber Entwicklungen unter anderem bei Google Maps. Außerdem laufen verschiedene Blockchain-basierte Projekte, unter anderem bei Coinbase, OpenSea und Ethereum.[277]

Der US-Spielehersteller Epic sieht sich selbst als klaren Gegenpol zu Tech-Giganten wie Meta oder Microsoft. »Wir setzen von Anfang an auf ein offenes Metaversum«, sagt Manager Marc Petit. Der Einsatz einer Unreal Engine 5 von Epic ist zunächst kostenlos – erst wenn firmenfremde Entwickler damit einsatzfähige Produkte erstellt haben, verlangt Epic eine Beteiligung am Umsatz.[270] Je mehr innovative Firmen rund um den Global an den Bausteinen des Metaverse mitarbeiten, umso besser und offener kann das Internet 3.0 werden.

Roadblocks und Herausforderungen

Die Koexistenz unterschiedlicher, nicht miteinander verbundener Metaverse-Umgebungen ist ein großer Bremsblock für die künftige Entwicklung. Denn die heutigen virtuellen Welten erlauben keinen nahtlosen Austausch miteinander, die Interoperabilität fehlt. Die Nutzer möchten idealerweise ihre Digital Identities, Digital Assets und ihre Digital Wallets nahtlos von einer Metaverse-Umgebung in die nächste mitnehmen können und sich somit unabhängig von einer spezifischen Implementierung machen. Auch hier gilt: Lock-in bremst das Geschäft.

Nach dem großen Hype im Jahr 2021 sind nun im April 2022 die Preise für den Handel mit NFT-Objekten, sei es virtuelle Immobilien oder Digital Assets, wieder stark rückläufig. Diese von der realen Welt entkoppelte Wertsteigerung hat vergleichbare Dynamiken wie der E-Commerce-Goldrausch 2001 und der Immobilien/Derivate-Hype 2008. Auch der Crypto/NFT-Goldrausch 2021 könnte ein jähes Ende finden. Die Probleme in der realen Welt, vor allem der Krieg in der Ukraine und seine Folgen, sind größer als die nun nicht mehr so schnellen Gewinne in der virtuellen Welt.

Die Großen der Digitalbranche konkurrieren derzeit um die besten Plätze im Metaversum; dieses lebt aber von seiner Offenheit nach allen Seiten. Es geht um virtuelle Räume, die in real-time funktionieren und dabei Identitätstechnologien verwenden (Decentralized Finance [DeFi], Decentralized Autonomous Organizations [DAOs], Non-Fungible Tokens [NFTs]), die nach außen nicht einsehbar sind. Das Metaversum ermöglicht auf diese Weise Dezentralität und ständig wechselnde Interaktion – wenn gewünscht auch in der vollständigen Anonymität.

Wie bei jeder neuen Technologie wird das Metaversum nicht nur Vorteile bringen, sondern auch mit einer ganzen Reihe unerwünschter Begleiterscheinungen verbunden sein. Experten erwarten, dass die Schwachstellen des heutigen Internets auf ein ganz neues Niveau gehoben werden. Dazu gehören unter anderem die Risiken von Cybercrime, Polarisierung und Agitation als auch sexueller Übergriffe.[279] Die Möglichkeiten des Betrugs durch Social Engineering im Metaverse, das heißt durch Vorgeben einer falschen Identität, sind mannigfaltig. Das beginnt bei dem Besuch einer vermeintlich vertrauten Domain, zum Beispiel einer Bank, einem Geschäftspartner oder sogar einer Behörde, ausgestattet mit Avataren, die bekannte Gesichter und vertraute Stimme haben, und nach persönlichen Daten fragen und individualisierte Geschäfte vorschlagen. Möglicherweise ist die Domain aber eine perfekte Fälschung, unabsichtlich werden Geschäftsgeheimnisse weitergeben oder Geschäfte mit Betrügern gemacht. Das Metaverse wird nur dann erfolgreich sein, wenn es vertrauenswürdig ist und die Identitäten für Menschen und Organisationen zweifelsfrei festgestellt werden können.

Auch die Polarisierung und Agitation durch Social Media erreicht ein ganz neues Niveau. Die Beeinflussung kann mit ganz subtilen

Effekten beginnen. So ist es im Metaverse sehr einfach, maßgeschneiderte und personalisierte Botschaften auf den T-Shirts der Avatare oder Objekten im digitalen Raum zu platzieren. Auch können in der virtuellen Welt in Echtzeit Veranstaltungen mit Zehntausenden von Menschen organisiert werden, die mit aufgeheizter Stimmung und Fake News Massen mobilisieren. Wie wäre wohl der Sturm auf das Kapitol in Washington am 6. Januar 2021 ausgegangen, wenn sich zuvor Tausende Menschen gemeinsam im Metaverse dafür in Stimmung gebracht hätten? Das Metaverse eröffnet ganz neue Möglichkeiten für den gezielten Aufbau von »Filterblasen«. Durch realistische und intensive Erlebnisse im digitalen Raum kann noch mehr Einfluss auf die Lebensrealität der Nutzer genommen werden; die Grenzen zwischen den physischen und digitalen Welten verschwimmen immer mehr.

Ein anonymes Metaverse, in dem möglicherweise ein rechtsfreier Raum entsteht, wird dazu führen, dass diese Technologie scheitert. Das Metaverse wird nur dann attraktiv sein, wenn die Menschen beziehungsweise ihre Avatare dem Gegenüber vertrauen können. Darüber hinaus werden im Metaverse bereits existierende Technologien auf ein neues Leistungsniveau geführt. Dazu wird vor allem auch die selbstlernende und »action oriented« künstliche Intelligenz gehören. Auch an dieser Stelle werden sicherlich ethische Fragen nach den Rahmenbedingungen und Grenzen des KI-Einsatzes, der direkt die physische Welt steuert, gestellt werden.

Auf der anderen Seite steht das Potenzial, mittels Digital Assets und Digital Currency neue Geschäftsmodelle und neues Wachstum zu befördern. Die Höhe der NFT-Umsätze nach dem Slow-down im Jahr 2022 ist immer noch enorm und untermauert die nach wie vor optimistischen Prognosen der Metaverse- Marktentwicklung.[280] Es ist durchaus denkbar, dass seine Potenziale in besser kontrollierten B2B-Umgebungen ihre große Entfaltung finden. Deshalb ist es wichtig, dass sich die Industrie mit den Bausteinen und Möglichkeiten des Metaverse auseinandersetzt und nach Anwendungen im eigenen Geschäft sucht.

Web 3.0: Die Bausteine

Das Web 3.0 ist in aller Munde – aber noch ist die künftige Kontur nur schemenhaft wahrnehmbar. Es soll Alternativen zu den großen, zentralen Datenplattformen der Hyperscaler bieten. Neue Technologien sollen neue Formen der dezentralen Datenhaltung erlauben und insbesondere Lösungen dafür bieten, wie personenbezogene Daten im Netz gespeichert und geteilt werden. Das Fundament dafür sind digitale Identifikationstechnologien wie Blockchain, mit denen Non-Fungible Tokens (NFT) und kryptografische Wertmarken für den digitalen Warentausch erstellt werden können. Digitale Wallets wie MetaMask, Trust Wallet und Fortmatic eröffnen neue Möglichkeiten für die Handhabung der persönlichen Daten. Ziel ist es, dass es jedem Nutzer des Internets möglich ist, sie in einem persönlichen Onlinedatenspeicher abzulegen. Große Organisationen und Regierungen können nun mit diesem Onlinedatenspeicher des Nutzers interagieren. Dieser behält aber die volle Kontrolle über seine eigenen Daten.

Diese Eigenschaft des Web 3.0 bedeutet eine massive Machtverschiebung von den großen Internetplattformen zu den Nutzern. Die meisten Internetnutzer haben heute ihre digitale Identität als Anwender einer oder mehrerer der großen Plattformen wie Instagram, WhatsApp, Facebook oder Twitter definiert. Die Identität ist plattformgebunden. Im Web 3.0 jedoch kann jeder Nutzer sehr einfach seine eigene Identität als Avatar mit den eigenen Daten unabhängig von den Plattformen der Hyperscaler und ihren Geschäftsmodellen festlegen – und mit dieser einen Identität alle Plattformen nutzen. Die persönlichen Daten verbleiben dabei bei dem Nutzer und nicht bei den Plattformen.

Diese Form der Datenspeicherung eröffnet aber auch für Unternehmen ganz neue Möglichkeiten. Einzelne Nutzer des Internets können direkt und sehr individuell angesprochen werden. Die Nutzung der Wallet-Technologien, verbunden mit in einem Netzwerk dezentralisierten Anwendungen (DApps), hat sich 2021 versiebenfacht. Schätzungsweise 300 Millionen Menschen besitzen bereits Kryptowährungen, und laut dem Marktforschungsunternehmen Blockdata nutzen 81 der 100 größten börsennotierten Unternehmen bereits Blockchain-Technologien. 65 entwickeln eigene Blockchain-Lösungen.[281]

Aber auch der Konvergenz der physischen und digitalen Welt kommt im Web 3.0 große Bedeutung zu. Headsets, spezielle Brillen und spezielle Bildschirme sind populäre Kennzeichen der neuen Entwicklung. Sie erleichtern die Verschmelzung von physischer und virtueller Realität und ermöglichen es Menschen, im Internet mit Partnern zu interagieren, neue Rollen zu spielen, Tätigkeiten auszuüben oder Prozessabläufe zu studieren.

Das Web 3.0 ist aber noch viel mehr. Im Grunde geht es um eine radikale Weiterentwicklung und Dezentralisierung des heutigen Web 2.0 unter Nutzung der neuen Technologien. Es sind insbesondere Advanced Data Networks, 5G/6G, Cloud, Edge, Data, Analytics, künstliche Intelligenz, Blockchain, NFT, Wallets, Decentralized Finance (DeFi), DApps, Decentralized Autonomous Organizations (DAOs), VR, XR, Autonomous Robots und *IOT*, welche die Zukunft des Internets prägen werden. Das Web 3.0 wird durch eine nahtlose Konvergenz unseres physischen und digitalen Lebens charakterisiert werden und eine integrierte Umgebung zwischen Physis und digitaler Realität schaffen, in der wir arbeiten, spielen und entspannen, Transaktionen tätigen und Kontakte knüpfen können. Die ersten kommerziellen Erfolge des Metaverse haben den Hype um das Web 3.0 massiv verstärkt. Die folgende Tabelle zeigt die wichtigsten Unterschiede des Web 2.0 und Web 3.0.

Der Weg zum Metaversum: Unterschiede zwischen Web 2.0 und Web 3.0

		Web 2.0	**Web 3.0**
Plattform-Eigenschaften	Beispiele virtueller Welten	• Second Life • Roblox • Fortnite • World of Warcraft	• Decentraland • The Sandbox • Somnium Space • Cryptovoxels
	Organisatorische Struktur	• In zentraler Hand • Entscheidungen basieren auf der Steigerung des Aktienwertes	• Gemeinschaftlich verwaltet, in der Regel durch eine Stiftung, dezentralisierte anonyme Organisation (DOA) • Tokens werden ausgegeben und ermöglichen die Teilnahme an der Verwaltung • Entscheidungen beruhen auf dem Nutzerkonsens
	Datenspeicherung	• Zentralisiert	• Dezentralisiert (Spielwerte)
	Plattform	• PC/Konsole • Virtual Reality Hardware (VR/AR) • Mobil/App	• PC • Virtual Reality Hardware (VR/AR) • Mobil/App in Kürze
	Zahlungsinfrastruktur	• Traditionelle Zahlungen (z. B. Kredit-/Debitkarte)	• Krypto-Wallets
Nutzerinteraktion	Besitz digitaler Güter	• Gemietet	• Eigentum mithilfe von Non-Fungible Tokens (NFT)
	Portabilität digitaler Güter	• Auf eine Plattform beschränkt	• Übertragbar
	Urheber von Inhalten	• Entwicklerstudios/Entwickler	• Community • Entwicklerstudios/Entwickler
	Aktivitäten	• Sozialisierung • Multiplayer-Spiele • Streaming von Spielen • Wettbewerbe (E-Sports)	• Play-to-earn Spiele • Erfahrungen • Dieselben Aktivitäten wie Web 2.0, siehe Kasten links
	Identität	• Plattforminterner Avatar	• Selbstständige und interoperable Identität • Anonyme, auf privaten Schlüsseln basierende Identitäten
Kommerziell	Zahlungen	• Plattform-interne virtuelle Währung (z. B. Robux für Roblox)	• Kryptowährungen und Token
	Inhaltliche Einnahmen	• Plattform oder App-Store verdient 30 Prozent an jedem gekauften Spiel; 70 Prozent gehen an den Entwickler (Modellrechnung)	• Peer-to-Peer; Entwickler (Content Creator) verdienen direkt an den Verkäufen • Nutzer/Spieler können durch Spielen oder Teilnahme an der Plattformverwaltung Geld verdienen • Lizenzgebühren für den Sekundärhandel mit NFTs an Urheber

Quelle: JP Morgan: https://www.jpmorgan.com/content/dam/jpm/treasury-services/documents/opportunities-in-the-metaverse.pdf

Der Softwareentwickler Tony Parisi ist einer der frühen Pioniere der virtuellen Realität. Als Mitbegründer der Virtual Reality Modeling Language (VRML) hat er Bücher und Artikel über die Zukunft der Internettechnologie und insbesondere über das Metaverse geschrieben. In diesen beschreibt er die Prinzipien, wie die Technologie zu nutzen sei – auf der Basis von sieben Regeln:

- Rule #1: There is only one Metaverse.
- Rule #2: The Metaverse is for everyone.
- Rule #3: Nobody controls the Metaverse.
- Rule #4: The Metaverse is open.
- Rule #5: The Metaverse is hardware-independent.
- Rule #6: The Metaverse is a Network.
- Rule #7: The Metaverse is the Internet.[282]

Wegen des enormen Rechen- und Datenvolumens benötigt das Metaverse außerdem eine massive Leistungssteigerung bei Rechenkapazitäten und Datentransfer in Netzwerken. Noch reicht die weltweit vorhandene Computerkapazität nicht aus, um ein umspannendes Metaversum zu betreiben. Nach Schätzung von Intel bräuchte es eine Rechenleistung, die tausendmal größer ist. Um Latenzen weitgehend zu minimieren, wären nicht nur bessere Halbleiter und Computer nötig, sondern auch stabilere und schnellere Übertragungsleitungen. Entscheidend für das Metaversum ist die gesellschaftliche Akzeptanz einer voll automatisierten Welt und natürlich eine leistungsfähige KI, die Fehler in der Simulation automatisch erkennt und behebt, ohne dass die virtuelle Realität zusammenbricht. Die Grenzen der selbstlernenden KI müssen wir jedoch noch besser verstehen. Meta baut derzeit am leistungsstärksten Riesencomputer der Welt, der laut Patentanmeldung »Unterhaltungs-KI« ermöglicht: reibungslose Lippenbewegungen, Körperhaltung und gesprochene Sprache.[283]

Das Metaverse Industrie 4.0 – eine Vision für Deutschland

In Vorstandsetagen rund um die Welt stellt man sich die Fragen: Was ist das Metaversum? Ist es relevant für unser Geschäft? Welche Strategie können wir einschlagen?

In der Business-to-Consumer-Industrie findet die Transformation schon längst statt. Gaming, Einkaufen, Konzerte, Bildung, Arztbesuche, Behördengänge, soziale Interaktionen und vieles mehr wird durch das Web 3.0 beziehungsweise Metaverse auf ein neues Niveau gehoben. Der Weckruf an Deutschland sei an dieser Stelle nochmals wiederholt: Ohne eine leistungsfähige digitale Infrastruktur wird Deutschland in diesen Bereichen noch weiter in seiner digitalen Wettbewerbsfähigkeit zurückfallen. Die kommende verstärkte Demokratisierung und Serviceorientierung des Web-3.0-Internets wird es digitalen Spielern noch einfacher machen, die deutschen »Legacy«-Unternehmen anzugreifen.

Für die Leistungsfähigkeit der deutschen Wirtschaft bleibt es aber entscheidend, dass wir unsere Fähigkeiten im Engineering, in der Produktion und im Betrieb der physischen Welt auf den neuesten digitalen Stand bringen. Das kommende Web 3.0 bietet auch für die Industrie viele Chancen für neue Produktivität und Wettbewerbsfähigkeit. Als führender Industriestandort in der Welt müssen wir jetzt vorwettbewerblich die Möglichkeiten des »Industriellen Metaverse« skizzieren und ausloten. Denn nicht nur die Consumer-Welten profitieren von den »Virtual Realities«. Das zunehmende Verschmelzen von digitaler und realer Welt wird über kurz oder lang zu neuen digitalen Netzwerken und Ökosystemen führen, die in den etablierten Geschäftsmodellen unserer Industrien zur massiven Disruption führen werden.

Digitale Zwillinge und Simulation

Die Industrie hat bereits vor Langem die Bedeutung von digitalen Zwillingen, den »Digital Twins«, erkannt. Nicht nur die Menschen, sondern auch die Maschinen werden ihre eigene Identität im Web 3.0 erhalten. Die Technologie wird bereits in Crashtests – von Autos bis zu Windrädern oder Gebäuden – eingesetzt. Durch Simulation kann im Engineering-Prozess das Design so lange iterativ verbessert werden, bis der gewünschte Qualitätsstandard erreicht wird. Die virtuelle Nagelprobe für Autos und Anlagen ist deutlich kostengünstiger und schneller als der reale Crash. Auch der Flugzeughersteller Boeing, der nach Abstürzen, Problemen mit Sicherheitskontrollen und dem Geschäftseinbruch durch Covid-19 seine Flotte neu in Augenschein nehmen musste, hat mit digitalen Zwillingen und Simulation die Lösung seiner Probleme deutlich beschleunigt. Gegenüber der Agentur Reuters erklärte das Unternehmen, man plane einen gründlichen Umbau auf der Basis der digitalen Möglichkeiten, man wolle besser, aber auch schneller werden.[284] Für jedes einzelne Element seiner Flugzeuge solle ein virtuelles Gegenstück erzeugt werden. Airbus plant Ähnliches. Simulation ist für die Erprobung von Fahrzeugen aller Art ja nichts Neues, doch erst die moderne Kapazität und Schnelligkeit der Datenverarbeitung ermöglicht eine breitflächige virtuelle Auferstehung der physischen Welt.

BMW zum Beispiel nutzt die Omniverse-Plattform von NVIDIA zur Erstellung digitaler Zwillinge von 31 seiner unterschiedlichen Fabriken. Die Modelle verwenden Echtzeit-Daten, um fotorealistische 3-D-Umgebungen zu erschaffen, ein digitales Abbild für »alles«: von den Maschinen, den Menschen an den Arbeitsplätzen und sogar individuellen Arbeitsanweisungen. Das wird für eine Vielzahl von Aufgaben genutzt, darunter das Training von Robotern oder das Zusammenbringen von Designern und Konstrukteuren aus aller Welt, um mit neuen Layouts für Fertigungslinien zu experimentieren. Vollständige Fertigungsabläufe, aber auch einzelne

Aufgaben und Arbeitsabläufe können trainiert werden. So testete BMW in seinem Werk in Regensburg einzelne Komponenten der Fertigungsstraße an digitalen Zwillingen und demonstriert ihren Einsatz unter Coronabedingungen per Videoschaltung.

Die Omniverse-Plattform ist aber nicht nur ein Ort zum Simulieren und Experimentieren. Die Mitarbeiter können die Umgebung nutzen, um Software-Updates vorzunehmen, einzelne Fertigungszellen auf Störungen zu überwachen, den Robotern neue Aufgaben zuzuweisen und auch einzelne Maschinen *remote* zu steuern. BMW zeigt, wie die neuen Technologien genutzt werden können, um ein völlig neues Niveau zu erreichen. Die Konvergenz der Technologien erlaubt es nahtlos, vom Digitalen zum Physischen überzugehen, von der Simulation bis zur Echtzeit, von der Makroansicht der Fabrik bis hin zur Mikroebene der einzelnen auszuführenden Aufgaben. BMW hat so die Produktionsplanungszeit bereits um 30 Prozent reduziert und verspricht sich weitere Produktivität durch vorausschauende Wartung, bessere Zusammenarbeit und Schulungen.

Die Omniverse-Lösung von BMW zeigt den Vorteil des Verbunds. Ihre virtuellen Fabriken nämlich basieren auf einem zusammenhängenden Modell. Die Legacy mit Dutzenden von verschiedenen Stand-alone-Systemen und Plattformen wird niemals eine vergleichbare Agilität und hohes Produktivitätsniveau ermöglichen können.[285]

Hyundai zum Beispiel ist mit Unity Software ein Joint Venture eingegangen, um von einer seiner Fabriken einen solchen Zwilling herzustellen, mit dem Ziel, Abläufe zu verbessern. Ende 2022 soll er bereits in Singapur fertiggestellt sein. Ein weiteres Beispiel sind virtuelle Landschaften, die den Entwicklern von autonomem Fahren zur Erprobung des Fahrverhaltens unter unterschiedlichsten Umweltbedingungen dienen. Es gibt unzählig viele Anwendungsgebiete, die durch die Verbindung der physischen Welt mit der digitalen Welt optimiert werden können. Das volkswirtschaftliche Potenzial ist riesig.

Matrix der realen Welt

Im Zentrum der Vision des industriellen Metaverse steht die Idee eines fortlaufenden kybernetischen Regelkreises, der die physische Welt mit dem digitalen Abbild in der virtuellen Welt verbindet. Dafür braucht es semantische Interoperabilität. In dem digitalen Zwilling der physischen Welt wird diese entlang unterschiedlichster Anforderungen und Rahmenbedingungen simuliert, gesteuert und fortlaufend optimiert. Und bevor die physische Welt überhaupt gebaut wird, entsteht diese als Ingenieursleistung in der virtuellen Welt.

Das steht in Einklang mit den Prinzipien des Investors Matthew Ball, der im Jahr 2020 ein viel beachtetes Essay »The Metaverse: What It Is, Where to Find it, Who Will Build It, and Fortnite« veröffentlichte.[286] In dem Text heißt es zwar, »die vollständige Vision für das Metaverse bleibt schwer zu definieren, fantastisch und Jahrzehnte entfernt«. Ball definiert aber dennoch sieben Kernattribute:[287]

1. Das Metaverse kann niemals beendet oder pausiert werden. Es läuft immer weiter.
2. Es ist live. Zwar laufen im Metaverse, wie auch in der realen Welt, zeitlich begrenzte Events ab. Das Metaverse als Ganzes findet jedoch in Echtzeit statt.
3. Es gibt keine Obergrenze für die Teilnehmerzahl.
4. Das Metaverse hat seine eigene Wirtschaft. Firmen und Individuen können investieren, kaufen, verkaufen und für Arbeit innerhalb des Metaverse bezahlt werden.
5. Das Metaverse umfasst die digitale Welt genauso wie die physische. Außerdem gibt es offene und geschlossene Plattformen innerhalb des Metaverse.

6. Digitale Objekte sind innerhalb des Metaverse austauschbar. Als Beispiel nennt er Objekte aus Videospielen, die heute nur in dem jeweiligen Game genutzt werden können. Im Metaverse gäbe es, so Ball, jedoch immer die Möglichkeit, diese Objekte auch in einem anderen Kontext zu verwenden.

7. Das Metaverse ist voll von Inhalten und »Erfahrungen«, die von Individuen, privaten Gruppen oder Unternehmen erstellt werden.

Aufbauend auf diesen Prinzipien illustriert das folgende Schaubild die mögliche Architektur eines »Metaverse Industrie 4.0« auf Basis der Web-3.0-Technologien:

Vision Metaverse Industrie 4.0 für den digitalen Betrieb der physischen Welt

Web 3.0 Technology Stack

Smart Service-Ökosystem

Service Service Service Service Service Service Service Service Service

AI Model Training Action oriented AI

Metaverse Nachhaltigkeit

Metaverse Bildung

Metaverse Logistik | Metaverse Produktion | Metaverse Mobilität | Metaverse Ernährung | Metaverse Gesundheit | Metaverse Energie

- Simulation
- Konfiguration
- Handlungsanweisungen & Autonome Robots
- Leistungsverrechnung As-a-Service

- Access Rights / Zugang
- Privacy & Sicherheit
- Standards & Protokolle
- Regulierung & Policies
- Monitoring & Supervision

Action oriented AI

AI Model Training

Digital Twin & Robotics Systems

Robotic Systems

Datenräume

Digital Twin

Digital Twin der physischen Welt

Flächen, Infrastruktur, Gebäude, Anlagen, Maschinen ...

- Attribute der physischen Welt (3D)
- Standardisierung der digitalen Abbildung
- Konnektoren
- Synchronisation der Bewegungsdaten und Veränderungen
- NFT, Verträge, Lizenzierung, Konditionen, Nutzung

Identität, Kontext, Bewegungen, Verbräuche ...

- Daten der öffentlichen Hand
- Unternehmensdaten
- Daten aus multiplen Quellen (Satelliten, Kameras, Flugzeuge, Schiffe, Autos, Sensorik...)

Ground Truth Data Generation

Physische Welt (Internet of Places)

1000-X Hardware & Network Speed

Quelle: Riemensperger/Falk

Notwendig ist in jedem Fall ein digitaler Zwilling der physischen Welt. Als Grundlage könnten die bereits vorhanden digitalen Karten dienen. Anbieter wie HERE (siehe Seite 162f.) verfügen schon über detaillierte digitale Informationen und auch die Städte und Kommunen haben über Geoportale die physische Welt in ihren Einzugsgebieten bereits digital kartografiert. So entsteht ein digitaler Zwilling der Geografie, ergänzt durch virtuelle Zwillinge von Infrastruktur, Gebäuden, Anlagen und Maschinen, die auf der physischen Fläche verortet sind. Viele dieser Daten sind bereits in unterschiedlichen Archiven, teilweise auch digital, vorhanden. Da diese Daten in der Regel nicht zugänglich sind, werden sie auch nicht genutzt. Die möglichen Datenquellen sind vielfältig: Dazu zählen die öffentliche Verwaltung über alle Ebenen, Unternehmen, multiple Quellen wie Satellitenbilder, Videokameras, aber auch Daten aus beweglichen Objekten wie Flugzeugen, Schiffen und Autos sowie weiterer Sensorik könnten einfließen. Die reale Welt verändert sich ständig. Das bedeutet, dass der digitale Zwilling mit diesen Veränderungen mithalten muss. Neben Standards für die digitale Abbildung der physischen Welt braucht es semantische Interoperabilität, Konnektoren, um auf den vorhandenen Datenschatz im bereits existierenden »Internet of Places« zuzugreifen und eine andauernde Synchronisation der Bewegungen und Veränderungen im digitalen Abbild zu spiegeln.

Weiterhin müssen für die digitalen Objekte eindeutige Identitäten, Informationen zu Eigentumsverhältnissen, Verträgen, Lizenzierung und Konditionen für die tatsächliche Nutzung der Objekte in der physischen Welt vorliegen. Auch werden Kontextinformationen, Bewegungsdaten, Verbräuche und Weiteres benötigt, mit denen Aktionen simuliert werden können. Damit entstehen große Datenräume als digitales Abbild der physischen Welt. Um einen automatisierten kybernetischen Regelkreis in Gang zu setzen, ist es notwendig, dass die physische Welt im *Digital Twin* fortlaufend über »Echtzeit-Daten« (Ground Truth Data) aktualisiert wird und die digitale Welt fortlaufend Anweisungen für »*Robotic Systems*«, das heißt Handlungsanweisungen für automatisierte Aktionen, übermitteln kann. Der »*Digital Twin* der physischen Welt« ist in diesem Konzept als »Datenraum Industrie« für vielfältigste Anwendungen gedacht. Daher ist es wichtig, dass die Steuerungslogik von dieser Dateninfrastruktur abstrahiert wird.

Flotten für KI-Fabriken

Die Anwendungen und Funktionen für die Steuerung der physischen Welt werden in einer weiteren Anwendungsschicht, dem »Metaverse X«, gebündelt. Von dort aus erfolgen Konfiguration, Simulation und Handlungsanweisungen vor allem für autonome Roboter, ebenso die Leistungsverrechnung für die Nutzung. Die Grundlage dieser Anwendungsschichten werden sehr mächtige und sehr viele Modelle der künstlichen Intelligenz sein, die mit unvorstellbarer hoher Geschwindigkeit Echtzeit-Daten in die »KI-Modelle« einarbeiten (AI Model Training), vielfältigste Simulationen durchführen und mittels KI Handlungsanweisungen für die reale Welt erstellen (Action-Oriented AI). Diese Modelle werden im Verbund arbeiten; nicht mehr das einzelne KI-Modell bestimmt die Leistungsfähigkeit, sondern die Flotte in der optimalen Zusammenarbeit. Es entstehen neuartige Fabriken der künstlichen Intelligenz (AI Factories) für komplette Industrien.

Die Flotte der KI-Modelle für einen Anwendungsbereich wird nur in großen Ökosystemen entstehen können. Wird das Metaverse Industrie 4.0 zur Realität, dann fallen Unternehmen, die sich nicht einem mächtigen Ökosystem anschließen, sehr schnell aus der Wettbewerbsfähigkeit.

In den Anwendungen im Metaverse finden sich Angebot und Nachfrage. Das führende kommerzielle Modell ist nicht Besitz, sondern Konfiguration und Nutzung der physischen Assets in der realen Welt, welches durch ein digitales As-A-Service-Modell gesteuert werden könnte. So ist es denkbar, dass über viele physische Lokationen eine virtuelle Fabrik für einen Produktionsvorgang konfiguriert und gesteuert wird. Diese Fabrik wird As-A-Service bereitgestellt. Nach Vollendung der Aufgaben werden die einzelnen Bestandteile freigegeben und stehen in anderen Zusammenhängen zur Verfügung. Es wird eine Vielzahl von Anwendungen im Metaverse Industrie 4.0 geben, zum Beispiel in den Bereichen Logistik, Produktion, Mobilität, Landwirtschaft und Ernährung, Gesundheit, Energie und vielen anderen. Auch Querschnittstechnologien in Metaverse-Industrie-4.0-Räumen sind denkbar, zum Beispiel für Nachhaltigkeit und CO_2-Reduzierung, Bildung und anderes. Die entstehenden digitalen Räume brauchen in jedem Fall ein zuverlässiges Rahmenwerk, das rechtmäßiges digitales Agieren absichert. Dazu gehören Lösungen für Zugangsrechte, *Privacy* und Sicherheit, die Umsetzung von *Policies* und regulativen Vorgaben als auch eine *Governance*, die die Einhaltung der Regeln überwacht und bei Verstößen einschreitet.

Bedeutung für die Industrie

Viele der begleitenden Services für den digitalen Betrieb der physischen Welt könnten als wiederverwendbare *Smart Services* konzipiert werden. Der Trend zu *Shared Services* ist in der Unternehmenswelt weitverbreitet und erprobt. In einer As-A-Service-in-Metaverse-Industrie-4.0-Räumen-Welt werden auf Zeit buchbare datengetriebene *Smart Services* für alle möglichen Dienstleistungen sowohl in *Engineering*, Produktions- und Betriebsprozessen als auch in der Verwaltung noch attraktiver. In der beschriebenen digitalen Welt könnte sich ein großes Ökosystem an *Smart-Service-*Anbietern bilden, die über Standardisierung und Automatisierung große Produktivitätsvorteile realisieren ließen.

Die Umsetzung dieser Vision industrieller Metaversen würde zu weitreichenden Veränderungen in Industrie und Wirtschaft führen. Grundlegende Fragen wie »Was sind die Grenzen eines Unternehmens?«, »Wie verändert sich das Arbeits- und Vertragsverhältnis zwischen Mitarbeiter und Unternehmen?«, »Wer finanziert und besitzt die physischen Assets?« und »Wie werden Digitale Services besteuert?« sind nur einige der fundamentalen Punkte, die geklärt werden müssten.

Diese digitale Zukunft ist noch Jahre oder Dekaden entfernt. Auch muss die Leistungsfähigkeit der Hardware, Netzwerke und System-Software noch um das Tausendfache gesteigert werden. Die Vision ist aber nicht utopisch. Die digitalen Vordenker dieser Welt haben das industrielle Metaverse fest im Blick. »*The Metaverse is a vision that spans many companies – the whole industry*«, sagt Mark Zuckerberg.[288] »*The Metaverse crosses the physical/digital divide between actual and virtual realities*«, so Eric Redmond, Global Director, Technology Innovation bei Nike.[289] Die ersten Spieler haben sich auf den Weg gemacht, Bausteine für das industrielle Metaversum zu bauen. Laut NVIDIA steuert Amazon schon bereits heute zwei Drittel aller Aktionen in seinen Lagerhäusern über voll automatisierte Roboter, die aus dem *Digital Twin* gesteuert werden.

Virtuelle Städte und *Metamobility*

Jensen Huang, CEO von NVIDIA, glaubt, dass die Chancen der Digitalisierung in der Industrie deutlich größer sind als eine Fortführung der bestehenden Geschäftsmodelle. Um das industrielle Metaverse aufzubauen, hat NVIDIA das bereits erwähnte Omniverse (siehe Seite 192f.) konzipiert, eine mächtige Plattform, die sich auf *Digital Twins*, Simulation und Robotics spezialisiert und mittels künstlicher Intelligenz ein ganz neues Leistungsniveau erreichen will. Bestehende Workflows werden in virtuellen Welten verbessert, damit sie dann die reale Welt steuern können. Omniverse wird damit zu einer Plattform, auf der unterschiedlichste Anwendungen realisiert werden können: vom autonomen Fahren über die Forschung in der Pharmabranche bis zur Fabriksteuerung.

Über SDKs (Software Development Kits) und Plattformen wird ein großes Ökosystem von Millionen von Softwareentwicklern aufgebaut, die fortlaufend die Breite und Tiefe der Omniverse-Funktionalität erweitern. Mit jedem Anwendungsbereich wird die Plattform stärker; der gesteuerte Re-Use zwischen den Industrieanwendungen eröffnet weitere Chancen der Industriekonvergenz. NVIDIA liefert aber nicht nur die Omniverse-Plattform, sondern auch die zum Teil leistungsstärksten Prozessoren und Netzwerkkomponenten der Welt für die Cloud, intelligente Produkte wie auch für die künftigen AI-Fabriken.

Ericsson hat mit NVIDIA zusammengearbeitet und virtuelle Städte als *Digital Twin* der realen Welt erstellt, um die Reichweite von 5G-Mobilfunkzellen in der angedachten Umgebung genau zu simulieren und dabei Leistung und Abdeckung zu optimieren.

Hyundai, der südkoreanische Autohersteller, verfolgt ein Konzept der *Metamobility*. Mithilfe von Boston Dynamics, das durch seine selbstständig laufenden vierbeinigen Roboter-Hunde bekannt wurde, will Hyundai insbesondere Räume erkunden und visualisieren, die für den Menschen nicht zugänglich sind. Das könnte eine ägyptische Grabkammer genauso sein wie ein havarierter Atomreaktor. Irgendwann, so Hyundai, werden Kunden die eigene Wohnung oder das eigene Haus als virtuelle Kopie erhalten können und dort Handlungen ausführen, die sich auf die Realität übertragen.

Huawei, so berichtet Carsten Senz, Vice President Corporate Communications von Huawei Deutschland, arbeitet mit großen Metropolen an dem Einsatz von *digitalen Zwillingen*, Simulationen und Steuerungslösungen für die Weiterentwicklung der Städte. Die

Digitalmetropole Shenzhen ist dafür ein bedeutender Pilotkunde. Auch Hongkong, Singapur, Barcelona und weitere Städte preschen mit innovativen, digitalen Konzepten nach vorn.

Vorbereitung für das Metaversum

Für die Unternehmen lohnt es sich, schon heute über die Fähigkeiten nachzudenken, die es mittelfristig braucht, um im industriellen Metaverse mitzuspielen. Dazu gehören:

- das Erstellen von virtuellen Zwillingen, Simulation und künstliche Intelligenz nicht nur in der Industrie, für Simulation, Monitoring, Fehlerkontrolle und Optimierung, sondern zum Beispiel auch zur Verbesserung von Therapien durch individuelle Kopien des menschlichen Körpers. Allein die Plattform von Omniverse hat den Bedarf an Experten für industriell genutzte Virtualisierung schon heute deutlich erhöht.[290]
- die Bereitstellung von virtuellen Räumen mit ganz neuen Kundenerlebnissen: Sinne, Wahrnehmung und Emotionen werden auf neue Arten angesprochen werden. So lässt Ferrari seine Kunden die Autos in vollimmersiven virtuellen Welten konfigurieren. Als schöner Nebeneffekt kaufen die Kunden mehr Zubehör und Individualisierung; der durchschnittliche Verkaufspreis der Autos ist dadurch merklich gestiegen.
- virtuelles Arbeiten: Die Pandemie hat gezeigt, dass Angestellte und Arbeiter vieles von zu Hause aus erledigen können. Das Metaverse reicht dabei aber weiter als Videokonferenzen und Onlinepräsenz. Hyundai Mobis zum Beispiel nutzt es bereits, um neue Mitarbeiter einzubinden, die nicht vor Ort arbeiten können. Schöne neue Welt? Lebenslanges Lernen macht in einer simulierten Umgebung vielleicht mehr Spaß als auf der Schulbank. Laut einer Umfrage des Computerherstellers Lenovo sind 44 Prozent der Beschäftigten bereit, im Metaverse zu arbeiten, und sie versprechen sich davon Vorteile.[291]

– Kultur der Offenheit: Die deutsche Industrie hat sich über Generationen durch exzellentes Engineering, qualitativ hochwertige Produktion, zuverlässige Betriebsunterstützung und die Fähigkeit, IP in Produkte zu gießen, einen Spitzenplatz in vielen Industrien erarbeitet. Die Zusammenarbeit in fluiden Ökosystemen, verbunden mit einer Kultur der Offenheit, Transparenz und flexiblen Zusammenarbeit, wurde dabei nicht trainiert. Die Spielregeln und Geschäftsmodelle werden jedoch im Metaverse andere sein. Unternehmen tun gut daran, die Regeln von Tony Parisi frühzeitig zu verinnerlichen und zu trainieren. Noch einmal: *The Metaverse is for everyone. Nobody controls the Metaverse. The Metaverse is open. The Metaverse is hardware-independent.*

Viele Investoren wie etwa Matthew Ball erwarten, dass das Metaverse noch mehr Umsatz generieren wird, als es das Web heute schon tut. Die Motivation, in dieser Entwicklung eine führende Rolle einzunehmen, liegt für ihn auf der Hand. Es gebe heute keinen Besitzer des Internets, aber führende Internetunternehmen gehörten zu den zehn wertvollsten Aktiengesellschaften der Welt. Und so, wie die Internetkonzerne viele klassischen Unternehmen vom Thron gestoßen haben, könnte ein zukünftiger Erfolg des industriellen Metaverse dazu führen, dass viele heutige Platzhirsche fallen. Allerdings glaubt der Investor nicht daran, dass es einen klaren Zeitpunkt gibt, an dem man von einem echten Metaverse sprechen könne: »Es wird sich im Laufe der Zeit langsam herausbilden, wenn verschiedene Produkte, Dienste und Fähigkeiten integriert werden und miteinander verschmelzen.«[292]

Chinas Spagat

Das Web 3.0 und das Metaverse stellen die Kommunistische Partei in China vor einige Herausforderungen. »Was ein kommunistischer Staat nicht will, ist die Etablierung einer virtuellen Welt, außerhalb der Einflusszone der chinesischen Regierung und ohne nationale Grenzen«, sagt ein Berater, der in China investierende Technologieunternehmen bei der Entwicklung von Metaverse berät. Dan Wang, ein Analyst des chinesischen Technologiesektors, erwartet, dass das Metaverse in China »ein extrem lahmes Geschöpf« wird, stark überwacht von der Regierung und der Partei. Die hat zuletzt Jugendlichen, die Onlinespiele spielen, strenge zeitliche Beschränkungen auferlegt und Technologieunternehmen ermutigt, mehr in Konzepte wie Smart Manufacturing zu investieren, die direkt in die reale Wirtschaft eingebunden sind. Eine Technologie, die Menschen dazu einlädt, mehr Zeit mit dem Tragen einer Virtual-Reality-Brille und in einer imaginären Welt zu verbringen, mag verdächtig erscheinen.

Es gibt jedoch auch Anzeichen dafür, dass China seine Unternehmen dabei unterstützt, ein Metaverse mit chinesischen Merkmalen aufzubauen: mit Inhaltskontrollen, Überwachung und ohne Spielraum für Anonymität. Denn die datenreiche Umgebung des Metaversums könnte auch ein autoritärer Traum sein – mit digitalen Aufzeichnungen von allem, was darin passiert, einschließlich Geplauder auf virtuellen Cocktailpartys, die privat bleiben würden, wenn sie offline stattfänden. So wie die Kommunistische Partei es mit dem Internet selbst geschafft hat, der Skepsis vieler im Westen zu trotzen, könnte das Metaverse zu einem mächtigen Mittel werden, um den Einfluss des Staates auf die Gesellschaft zu stärken.

Auch die chinesischen Unternehmen brennen darauf, sich zu engagieren. Im Frühjahr 2022 waren in China bereits 16 000 Markennamen angemeldet, die das Wort *yuan yuzhou* – Metaversum –

enthielten. Zwischen September und November 2021 wurden von Venture-Kapitalanlegern rund eine Milliarde US-Dollar in entsprechende chinesische Technologien gesteckt, mehr als doppelt so viel wie im gesamten Vorjahr.[293] ByteDance, die Dachgesellschaft von TikTok, hat außerdem Pico erworben, einen wichtigen Hersteller von VR-Headsets.

Städte wie Shanghai haben bereits Metaverse-Technologien in ihre Fünfjahrespläne aufgenommen. Die chinesischen Marktführer Tencent, Baidu and Alibaba waren die Hauptzielgruppe eines staatlichen Metaverse-Workshops, auf dem Strategien und Schwerpunkte festgelegt wurden. China nämlich sieht sich – mit seinem großen Potenzial an Daten und künstlicher Intelligenz – potenziell auf der Überholspur und die Möglichkeit, gegenüber dem Westen bei dieser Technologie die Nase vorn zu haben. Tencent, der weltgrößte Spielehersteller und führend auch im Social-Media- und E-Commerce-Bereich, könnte das Rennen machen. Doch hier zeigt sich auch gleich die Schattenseite des staatlichen Einflusses: Tencent verzeichnete im vierten Quartal 2021 deutliche Einbußen, seine Aktien waren plötzlich nur noch halb so viel wert. Beobachter führen das auf neue staatliche Regularien zurück, die gerade die Bereiche Gaming, Social Media und Finance ins Visier nehmen und stärkerer Kontrolle unterwerfen wollen.

Entsprechend der staatlichen Strategie des *Decoupling* ist es also auch denkbar, dass China gerade deshalb daran arbeitet, ein nationales Metaverse zu errichten. Eines, das stark an die Erfordernisse der Industrie gekoppelt ist und über Transparenz und Leistungskontrolle den systemischen Fortschritt noch planbarer macht. Denn auch China muss »zurück auf Los« in der digitalen Transformation der Industrie. Die Übertragung von Geschäftsmodellen und -architektur aus dem B2C- auf den B2B-Bereich hat sich auch dort nicht realisieren lassen. Ein digitales Universum könnte hingegen ein ganz neuer Ansatz sein, die die registrierten Datenmengen boosten und die innenpolitische Steuerung stärken.

Carsten Senz, Vice President Corporate Communications bei Huawei Deutschland, macht einen entscheidenden Unterschied zwischen deutschen und chinesischen Unternehmen aus. Während in Deutschland selbst das Verständnis für Ökosysteme in vielen Unternehmen noch in den Anfängen stecke, dächten Firmen wie Huawei schon weiter: Nach Plattformen und Ökosystemen sei das nächste »große Ding« das Metaverse! Die gesamte Organisation sei auf diese Weise konditioniert, in allen Bereichen. Da im Ökosystem viel Innovation entstehe, meist Dienstleistungen, müsse die Dualität zwischen Zusammenarbeit und Wettbewerb intrinsisch in der Organisation verankert sein. In China sei das in der Regel der Fall. In Deutschland ist dagegen das Verständnis für Ökosysteme in vielen Unternehmen noch am Anfang.

DER DIGITALE DOPPELPASS:

GEMEINSAM ZUM ERFOLG

Der Blick nach vorn: Durchgängige digitale Welten

Wir stehen an der Schwelle zu einem Jahrzehnt der radikalen Innovationen. Ermöglicht werden sie durch die neuen digitalen Technologien. Die Entwicklung hin zum Web 3.0 mit der Vision des Metaverse Industrie 4.0 ist ein künftiger Gamechanger für alle Unternehmen. Jetzt ist der Moment für die Topführungskräfte in Wirtschaft und Industrie, die neuen Chancen und Potenziale auszuloten. Auf welche Weise werden künftig die physische und die digitale Welt verschmelzen? Welche Produkte und Dienstleistungen werden im Metaverse angeboten?

Eine seiner wichtigsten Eigenschaften ist die dynamische und flexibel konfigurierbare Zusammenarbeit zwischen Unternehmen in digitalen Ökosystemen. Wie interagieren dort die Kunden mit den Unternehmen und wie bereitet sich eine Organisation auf diese Veränderungen vor?

In den letzten zwei Jahrzenten haben wir den Siegeszug des mobilen Internets und den Durchbruch der Cloud erlebt. Fast alle Maschinen sind heute intelligent und mit vielfältigster Sensorik und der Fähigkeit zu kommunizieren ausgestattet. Es wurden neue digitale Infrastrukturen gebaut und die alten digital aufgerüstet. Das erlaubt, enorme Datenmengen zu verarbeiten und dadurch Maschinen und Anlagen *real-time* oder zumindest sehr zeitnah zu steuern: Die Zyklen werden kürzer, das führt zu mehr Agilität und höherer Produktivität.

Bereits jetzt leben wir in einem Zeitalter der Omnipräsenz von Daten. Doch bei ihrer Übersetzung in Inhalte und Aktionen kommen wir an unsere Grenzen. Der Aufwand, unterschiedlichste Technologien, Anwendungen und Datenspeicher *real-time* zusammenzubringen und daraus durchgängige digitale Welten zu bauen, ist noch zu komplex. Die Vision des Metaversums aber verspricht nun eine neue, deutlich optimierte Digitalisierung der

Unternehmenswelt und eine nahtlose Zusammenarbeit zwischen Unternehmen. Die intelligente physische Welt erwacht als Digitaler Zwilling im Internet zu einem zweiten Leben: Umgebung für Umgebung, Unternehmen für Unternehmen, jedes mit seinen eigenen Fähigkeiten und Regeln. Bereits Realität ist das Internet of Places – ob es nun intelligente Fabriken, automatisierte Häfen, intelligente Kreuzfahrtschiffe oder autonom operierende Logistikfahrzeuge sind. Im nächsten Schritt werden diese Umgebungen zu intelligenten Nachbarschaften, Städten und Unternehmen zusammenwachsen, in denen die digitalen Zwillinge die physische Realität widerspiegeln. Das wird einen weiteren Wachstumsschub des Digitalen auslösen.

Der digitale Betrieb der physischen Welt ist in dieser Entwicklung angelegt. Die Entkopplung der Arbeit und Leistungserbringung von den physischen Orten, die in der Coronapandemie massiv beschleunigt wurde, wird weitergehen. Das Metaverse ist ein Universum voller Möglichkeiten, mit großen Dynamiken und schnell flexibel konfigurierbaren Partnerschaften – auf Kunden- wie auch Lieferantenseite. Diese Vision scheint im Moment noch Zukunftsmusik – die Entwicklungen während der Covid-19-Pandemie in den letzten beiden Jahren haben aber den Weg in diese neue digitale Zukunft deutlich vorgezeichnet. Die Dynamik der Entwicklung ist hoch und beschleunigt sich weiter.

Genau hier liegt die Herausforderung für die Unternehmen der deutschen Industrie und für Deutschland als Standort. In der letzten Dekade haben wir nicht mit der weltweiten digitalen Transformationsgeschwindigkeit mithalten können. Zwar sind auch bei uns Technologien wie Cloud, Data und Analytics und künstliche Intelligenz im Einsatz. Doch während sie in anderen Ländern und deren Unternehmen bereits zum Standard geworden sind und größere Produktivität und damit Wettbewerbsvorteile bringen, ist der Durchdringungsgrad hier, vor allem im Mittelstand, noch eher bescheiden. Während wir uns noch anstrengen aufzuholen, drängen schon die neuen, disruptiven Web-3.0-Technologien mit großer Macht auf den Markt.

Notwendig: Neuer Ansatz für Innovation

Die drei *Firsts* (Smart Products, New Services & Ecosystems, New Value) sind für einige unserer Wettbewerber schon gelebte Realität. Wir aber tun uns mit der nächsten Stufe der Digitalisierung schwer, auch weil unsere *Legacy* so erfolgreich war. Noch heute ist die Überzeugung in vielen Strategieabteilungen: Wir haben ein funktionierendes Geschäftsmodell. Der digitale Wettbewerbsvorsprung der Konkurrenz zeigt sich aber bereits in vielen kritischen Bereichen der deutschen Industrie – bei neuen Betriebssystemen für das Auto, digitalen ökosystembasierten Services oder der dynamischen Konfiguration von neuen Wertschöpfungsketten. Wir hingegen fallen seit einer Dekade digital zurück – und zwar in vielen Industrien und in allen Bereichen des öffentlichen Lebens. Die Verwaltung, die Bildung und – jetzt wieder voll im Fokus – die Verteidigung hinken meilenweit hinter den Standards zahlreicher Länder hinterher. Der Einsatz von digitalen Technologien macht aus einem Unternehmen noch kein digitales Unternehmen. Erst wenn die bestehenden Produkte konsequent als Software- und Datensysteme neu gedacht werden, verändert sich die Organisation. Und weil die multinationalen Unternehmen jeden Tag im harten digitalen Wettbewerb bestehen müssen, haben viele ihre datengetriebenen Innovationsanstrengungen ins Ausland verlagert.

Hierzulande wird das Neue zwar verstanden und auch immer wieder der Anspruch formuliert: »Wir wollen führend sein.« Die Umsetzung wird aber nicht ernsthaft vorangetrieben. In den vielen Gesprächen, die wir geführt haben, wurde eines klar: Die Ursache liegt nicht im mangelnden technologischen Verständnis, sondern in einem veralteten systemischen Ansatz für Innovation. Produkte werden eben nicht von Anfang an digital gedacht. Die Führung in

Industrie, Verwaltung und Politik hat sich den Prinzipien des Digitalen nicht angepasst. Deshalb verharrt Deutschland oft im Alten.

Die kommende Welt ist eine, in der nicht mehr einzelne Unternehmen, sondern funktionierende Ökosysteme die Grundlage von Wirtschaft und Wettbewerb sind. Darauf müssen wir uns mit Hochgeschwindigkeit vorbereiten. Die dynamische und flexibel konfigurierbare Zusammenarbeit zwischen Unternehmen schafft selbstverstärkende Systeme für Erfahrungen, Einsichten, das Verständnis von Kundenproblemen und die Eroberung von neuen Märkten. Sie ist die Antwort auf Herausforderungen einer technologischen und wirtschaftlichen Transformation, die global stattfindet und neue Formen der Zusammenarbeit ermöglicht, aber nicht selten auch fordert. Und sie nutzt allen Beteiligten.

Erfolgskriterien für Ökosysteme

Digitale Ökosysteme sind ein fundamentaler Baustein für die neuen Geschäftsmodelle. Sie sind gleichzeitig Räume für neues Denken und neue Wertschöpfung – durch Kooperation. Dass Unternehmen, die zueinander im Wettbewerb stehen, gemeinsam neuen Wert schaffen können, zeigen beeindruckende Fallbeispiele in diesem Buch. Aber sie machen auch deutlich, dass die Transformation vielen Unternehmen schwerfällt. Es gibt keine Blaupausen für Erfolg auf diesem neuen Terrain, und diejenigen Unternehmen, die sich bereits aus der Deckung gewagt haben und den »Doppelpass« mit Mitbewerbern im gemeinsamen Ökosystem suchen, mussten nicht selten die Erfahrung machen, dass der Return on Investment hinter ihren Erwartungen zurückblieb.

Das zeigt auch: Ein längerer Atem ist notwendig. Der Aufbau von Ökosystemen als Grundlage unternehmensübergreifender Wertschöpfung ist ein Dekadenprojekt. Geschäftsmodelle, Governance, Regeln und Value-Sharing-Modelle müssen von allen Teilnehmern gemeinschaftlich getragen werden. Der Wettbewerb verschiebt sich von physischen Produkten hin zu digitalen Plattformen und Services in Ökosystemen. An die Stelle der Pipeline rückt die Plattformökonomie.

Vertikal integrierte Wertschöpfung versus Ökosysteme

Pipeline	Ökosysteme
Produktion	Orchestrierung, Koordination
Kontrolle	Partizipation und Transparenz
Konkurrierend	Kooperierend (Coopetition)
Hierarchie	Crowd- und Community-Netzwerke
Vorgezeichnet	Agil
Proprietäre Struktur	Offene Struktur

Quelle: Riemensperger/Falk

Auf der Basis von vielen Interviews mit Unternehmenslenkern haben wir gelernt, dass unsere Industrie für solche Modell weder ausgebildet noch vorbreitet ist. Deshalb möchten wir erklären, was auf der Transformationsreise zu neuen Geschäftsmodellen in Ökosystemen zu beachten ist.

Das richtige Design

Es gibt keine schlüsselfertige Anleitung für das Design von Ökosystemen in der Industrie. Im B2B-Bereich existieren auch kaum Referenzen für erfolgreiche kommerzielle Geschäftsmodelle, in denen unternehmensübergreifend in offenen Ökosystemen Wert geschaffen, monetisiert und verrechnet wird. Die große Disruption, die im Konsumbereich durch die Internetplattform-Giganten erfolgte, hat so in der Industrie nicht stattgefunden.

In Ökosystemen der Unternehmen kann Wertschöpfung durch die Verknüpfung von Daten- und Informationsströmen für eine bestimmte Branche entstehen. Erst die Disruption etablierter Wertschöpfungsketten, verbunden mit dem Verschieben von *Profit-Pools*, lösen Unternehmensgrenzen in einer Industrie auf. Elon Musk hat mit dem Geschäftssystem Tesla gezeigt, wie es geht. Er hat gleich eine ganze Reihe von großen Disruptoren miteinander kombiniert: die Elektromobilität, ein Betriebssystem für autonomes Fahren, Kontrolle der Supply Chain für Elektrizität und den Handel mit CO_2-Zertifikaten. Tesla ist dennoch kein offenes Ökosystem. Vielmehr nahm das Unternehmen die Rolle eines sehr starken Orchestrators für die Disruption der gesamten Industrie ein und hat die Vision mit vielen Partnern geteilt, um sie über eine Dekade kontinuierlich weiterzuentwickeln. Die Realisierung solcher Potenziale beginnt also mit einem neuen Mindset und dem klaren Verständnis von Architektur, Rollen und Wertschöpfung in Ökosystemen.

Fassen wir nochmals zusammen: Big-Bang-Ansätze funktionieren in B2B-Industrien nicht. Um profitabel zu werden, benötigen Ökosysteme rund zehn Jahre oder mehr. Langfristiges Vorgehen und systematisches Monetarisieren der Zwischenschritte sind also entscheidend. Die Wertschöpfung resultiert nicht mehr aus der Exzellenz eines Einzelnen, eine *Winner-takes-it-all*-Mentalität würde dazu führen, dass andere Ökosystempartner sich abwenden. Die Wertschöpfung ist das Resultat von Kooperation, Koordination und Orchestrierung mit klarem Fokus auf die Wertrealisierung bei den Kunden. Offenheit und Standardisierung sind dabei entscheidend, um Lock-in-Ängste der Kunden zu adressieren.

Das richtige Business Model Design für alle Beteiligten im Ökosystem ist entscheidend. Oft gibt es anfangs ein führendes Unternehmen, den Orchestrator. Dieser muss wie eine Software-Company agieren. Das bedeutet hohe Fixkosten über einen langen Investitionshorizont für den Bau von Plattformen und niedrige Grenzkosten für die nachfolgende Skalierung. Die deutsche Industrie macht es häufig genau umgekehrt: Sie plant mit niedrigen Fixkosten, kurzem Investitionshorizont und hohen variablen Kosten bei der Skalierung.

Ökosysteme sind selbstverstärkend. Vertikal skalieren sie durch Kundennutzen, horizontal über gesellschaftliche Veränderung zum Wohle aller (Beispiel *Green Deal*). Ihre Beteiligten müssen von Anfang an über Potenziale der Skalierung nachdenken und »Skalierung by Design« als Grundprinzip befolgen. Ein *Business Case* sollte einen Börsengang in Betracht ziehen, um in einer frühen Phase den künftigen Wert zu beziffern. Entscheidend ist die Größe des Datenraums mit werthaltigen Daten. Die Möglichkeit der einfachen Verknüpfung von Daten ist ein *USP*. Es gilt: Je mehr Daten es sind und je größer die Nutzung ist, desto niedriger sind die Preise und desto größer ist die Skalierung.

Neue Services werden unternehmensübergreifend geschaffen, der geschaffene Wert muss also im Ökosystem fair geteilt werden. Doch meist gibt es nur einen Gewinner – den Orchestrator. Die Herausforderung ist also, neue und bessere Regeln für ein faires Teilen des Wertes zu entwickeln.

Bei richtiger Skalierung wird die Plattform zum Geschäftsmodell und nicht nur ein einzelner Use Case. Es entstehen Plattform-Services, die allen Teilnehmern zur Verfügung stehen, mit *Re-Use* über unterschiedliche Use Cases, zum Beispiel Analytics, Payment, Logistik und so weiter. Solche Plattformen und Ökosysteme sind in der Regel sehr groß, sehr robust und haben durch die Vielzahl der Teilnehmer eine hohe Innovationskraft.

Werner Baumann, der CEO von Bayer, sagt: »Innovationen in unterschiedlichen Geschäftsfeldern haben unterschiedliche Voraussetzungen«. So gehe es im Pharmabereich entscheidend um Partnerschaften mit Start-ups für potenzielle Durchbruchstechnologien, im Agrarbereich vor allem um Innovationen bei Produktivität und Nachhaltigkeit. Im Konsumentenbereich seien Innovationen darauf ausgerichtet, durch Kundennähe und Kundenverständnis möglichst personalisierte Lösungen zu entwickeln.

Helmuth Ludwig, ehemals Global Head of Information Technology bei der Siemens AG, kennt beide Welten, software- wie hardware-zentrierte Geschäftsmodelle. Er betont: Der Aufbau von erfolg-reichen Ökosystemen braucht ein sehr langfristiges Denken, meist über Dekaden, nicht nur Monate oder Jahre. Die geschilderten Er-fahrungen in diesem Buch belegen dies. Boris Bogdan, Managing Director Life Science bei Accenture, hat viele Plattform und Öko-systemvorhaben in der Gesundheitsindustrie begleitet und einige scheitern sehen. Es stellt fest: Es gibt immer große Schwierigkeiten in stark regulierten Industrien. Regulierung und die Schnelligkeit der Digitalisierung sind nicht verträglich.

Kundenorientierte Wertschöpfung

Im Mittelpunkt jedes Ökosystemdesigns muss der Kundennutzen stehen. Er ist der zentrale Treiber für Geschäftsmodelle und neue Wertschöpfung. Ohne messbaren und realisierbaren Kundennutzen sind Ökosysteme nicht erfolgreich. In der deutschen und europäi-schen Industrie hat im letzten Jahrzehnt oft eine Art »digitales Wett-rüsten« in den alten technologischen Modellen stattgefunden. Wir schufen damit zwar einen digitalen Marktplatz oder digital veredelte Produkte, aber ohne neues Geschäftsmodell. Dadurch beim Wett-bewerb zu punkten, funktioniert nicht, weil die Eintrittsbarrieren durch die erforderlichen Investitionen in digitale Infrastruktur und Lösungen zu hoch sind. Wir brauchen also einen überzeugenden Use Case für Plattform und Ökosystem. Niedrige Einstiegshürden für Kunden und ihre *willingness to pay* sind entscheidend.

Thomas Fischer, Chairman beim Filterhersteller MANN+HUMMEL International GmbH & Co. KG, empfiehlt, die guten Erfahrungen, die die Industrie mit Genossenschaftsmodellen gemacht hat – wie zum Beispiel in der Tech Alliance für Ersatzteile oder bei Geo Tab für Telematiklösungen –, auf eine neue digitale Ebene zu heben. Die mit Plattformen und Ökosystemen einhergehende Transparenz biete neue Chancen. Es brauche aber, sagt auch er, neue Geschäftsmodelle und vor allem Vertrauen, dass der entstandene Mehrwert einerseits zwischen Kunden und Partnern und andererseits unter den Partnern im Ökosystem selbst fair geteilt wird.

Der richtige Weg zur Skalierung

In der Praxis erweist es sich als sinnvoll, so zeigen unsere Interviews, mit kleineren, vertikal orientierten Ökosystemen zu beginnen, mit klar definierten Use Cases, die man dann, wie das Beispiel SAP (siehe ab Seite 154) zeigte, Schritt für Schritt immer weiter ausbauen kann. Beide Typen, das vertikale wie auch das horizontale Ökosystem, fördern das Zusammenspiel mehrerer Player. Mischformen sind nicht selten.

Für den Einstieg eignet sich ein vertikales Ökosystem mit einer Plattform. Ein starker Orchestrator steuert die Beziehung zum Kunden und stellt sicher, dass dieser einen messbaren Nutzen erfährt, für den er bereit ist zu bezahlen. Das erlaubt ein *Match Making* von Angebot und Nachfrage. Solche Ökosysteme gewinnen viele engagierte Teilnehmer und sie skalieren schneller. Das Leistungsspektrum kann fortlaufend durch neue Use Cases erweitert werden und das Risiko hält sich in Grenzen.

Die Erfahrung zeigt, dass sich vertikal orchestrierte Ökosysteme über die Zeit zu umfangreicheren horizontalen Ökosystemen weiterentwickeln können. Je schneller und besser die vertikalen Geschäftsmodelle skalieren, desto mehr wächst das Potenzial für Innovation, die dann auch in die Breite wachsen kann. Wenn viel Aktivität im Ökosystem herrscht, die Netzwerke dichter und komplexer werden, dann intensivieren sich die Wertströme und der Betrieb der Plattform wird zum eigentlichen Geschäftsmodell. Um sich von einem vertikalen Ökosystem in ein horizontales zu wandeln, dauert es aber viele Jahre.

Henning Kagermann, ehemals CEO der SAP und jetzt Vorsitzender des acatech-Kuratoriums, hat in seiner Zeit bei SAP eines der größten vertikalen Ökosysteme in der weltweiten Softwareindustrie mit aufgebaut und in seiner Zeit als Präsident der acatech den Lenkungskreis des horizontalen Ökosystems Nationale Plattform Elektromobilität (NPE/NPM) geleitet. Er sagt: »Horizontale Ökosysteme sind komplexer: Es gibt viele Beteiligte, zum Teil mit gegensätzlichen oder sogar unüberbrückbaren Positionen, und die Veränderung des Denkens und der Positionen dauert Jahre, wenn nicht sogar Jahrzehnte. Für den Aufbau von horizontalen Ökosystemen braucht es klar verstandene Designkriterien, um Fehler möglichst früh zu finden. Das neue Denken braucht Führungskräfte mit Referenzerfahrung, idealerweise aus Industrien mit etablierten Ökosystemen wie zum Beispiel der Hightech- oder Softwareindustrie.«

In horizontalen Ökosystemen nämlich gibt es viele mögliche Kunden, auch viele potenzielle Use Cases, und gerade zu Beginn fehlt oft die Skalierung. Das gegenseitige Vertrauen ist noch nicht eingeübt und die Mitwirkung der Firmen ist durch ein *arm's length*-Verhalten gekennzeichnet. Der Orchestrator ist hier nicht dominant, sondern eine neutrale Partei, die Vertrauen genießt. Horizontale Ökosysteme leben von dem Gefühl der Gleichberechtigung, der Akzeptanz der Leitung und der Idee des Wohls für alle Beteiligten. Im Mittelpunkt steht oft ein gesellschaftliches Interesse oder eine Infrastruktur, die ein solches Interesse unterstützt.

Daten veredeln und weitergeben

Um die Vorteile von ökosystembasierten Services zu nutzen, braucht es in der Regel eine Neuaufstellung der Datenhaltung. Das Unternehmen muss seine Daten kennen und für eine Drittverarbeitung zugänglich machen. Das bedeutet, dass die Rohdaten veredelt werden müssen, zum Beispiel durch Kontextinformation, semantische Normierung und so weiter. Weiterhin müssen die Daten nach *Privacy*-Kriterien abgeschichtet werden. In der Automobilindustrie gibt es dafür bereits ein Modell: Daten, die nur der Hersteller nutzt, Daten, welche die Zulieferer kennen, und Daten, die an Partner im Ökosystem weitergegeben werden, zum Beispiel Werkstätten, *Road Services*, Versicherer und andere. Der automatisierte Datenaustausch wird zum elementaren Bestandteil des Designs von intelligenten Produkt- und Servicekombinationen.

Die Fähigkeit eigene Daten, Daten von Dritten und auch Daten von Wettbewerbern voll automatisiert zu verarbeiten und weiterzugeben, muss häufig erst geschaffen werden. Für die Bepreisung von Daten ist meist der Kontext der Datennutzung entscheidend. Zwischen Unternehmen wird der Wert meist frei verhandelt. Da es aber nicht möglich ist, bei einem Austausch von Daten alle potenziellen Nutzungen vorherzusehen, werden Konzepte der *Tokenization* erforderlich: Es braucht neue Ansätze, den Wert von Daten zu bestimmen und die Wertentwicklung abzubilden, um die Leistungsverrechnung zu automatisieren.

Heinrich Hiesinger, ehemals CEO von thyssenkrupp und jetzt Multi-Aufsichtsrat, hat Erfahrungen in der Umsetzung von datengetriebenen Geschäftsmodellen. Er sagt, Daten in Ökosystemen zu teilen, sei in Deutschland vor allem auch eine kulturelle Herausforderung. Diese Fähigkeit sei in Deutschland kaum trainiert. Transparenz führe zu einer empfundenen Verletzlichkeit im Unternehmen und für die einzelne Führungskraft. Damit werde das Teilen von Daten auch zur Vertrauenssache.

Plattformisierung der Unternehmens-IT

Bevor mit Dritten erfolgreich Geschäftsmodelle realisiert werden können, müssen viele Unternehmen erst lernen, die Zusammenarbeit zwischen den verschiedenen *Business Units* als Geschäft im Ökosystem zu begreifen. In datengetriebenen Unternehmen kommt dabei den Technologieplattformen eine besondere Rolle zu. Sie müssen als gemeinsame, unternehmensübergreifende Infrastruktur konzipiert werden. Oft scheitert Innovation schon an der Komplexität der *IT Legacy*, verbunden mit den Egoismen der *Business Units*, die kollaborative Zusammenarbeit über die Abteilungsgrenzen hinweg nicht geübt haben.

Peter Weckesser, Chief Digital Office bei Schneider Electric, kennt die Erfolgsrezepte und Fallstricke aus seiner Tätigkeit bei Siemens, Airbus Space & Defense und Schneider Electric. Er konstatiert: »Die Plattform ist das neue Geschäftsmodell.« In traditionellen Firmen ist dieses produktzentriert. Hunderte traditionelle Firmen haben klassische (in der Regel nicht Cloud-basierte) Plattformen für existierende Geschäftsmodelle gebaut – doch ohne Interoperabilität und ohne wirtschaftlichen Erfolg. Das Denken in Ökosystemen müsse sich auch insbesondere in den unternehmensinternen Plattformen wiederfinden. Diese müssten zur gemeinsamen Infrastruktur im Unternehmen über alle *Business Units* werden. Die Lösungen von Schneider Electric bauen auf der EcoStruxure Platform auf und werden dort bereitgestellt, sie ist das grundlegende Technologie-*Backbone*, domainübergreifend für Industrie, Infrastruktur, Gebäude und Power, intern wie auch für den Kunden und bei dem Kunden. Über sie wird im Unternehmen alles verbunden, von der Werkshalle bis zur Chefetage. Sie sammelt wichtige Daten, von Sensoren bis hin zur Cloud, und sie analysiert Daten für aussagekräftige Einblicke. Sie unterstützt fundierte Entscheidungen auf der Basis von Echtzeit-Informationen und Geschäftslogik. Die Plattform wird damit zum Herzstück des Ökosystems und des Geschäftsmodells. Maximale Skalierung der Use Cases über möglichst viele Teilnehmer ist die Voraussetzung für kommerziellen Erfolg.

Jedes Unternehmen muss deshalb seine eigene digitale Aufstellung optimieren: Notwendige Architekturkomponenten für die Teilnahme in einem digitalen Ökosystem sind digitale Identität (für

Menschen und Maschinen) sowie Standards für sichere Datenübertragung und für normierten Datenaustausch (API). Hinzu kommen neben der semantischen die technologische Interoperabilität durch Standardisierung der Datenschnittstellen und Konnektoren. Dazu zählen auch einheitliche und standardisierte Daten-, Prozess und Systemarchitekturmodelle. Plattform-Services müssen allen im Unternehmen zur Verfügung stehen, mit großem *Re-Use* querschnittlicher Funktionen, *Security & Data Privacy by Design* müssen mitgedacht werden.

Das geopolitische *Decoupling* stellt eine weitere Herausforderung für die Unternehmen dar. Sie müssen aufgrund von Regulierung an mehreren geopolitisch abgegrenzten Ökosystemen teilnehmen. Das ist technologisch aufwendig und teuer. Werner Baumann, CEO von Bayer, sieht den Ursprung von gebrochenen Lieferketten, gerade während der Coronapandemie, vor allem in politischen Interventionen. Die Anpassung an ursprünglich optimierte Supply-Chain-Ketten führe zu großen Ineffizienzen sowohl beim Kapitaleinsatz als auch bei den Betriebskosten. Nach Schätzung von Eberhard Veit, lange Jahre Vorstandsvorsitzender von Festo und jetzt persönlich haftender Gesellschafter bei Robert Bosch, reduzieren das *Decoupling* und die damit einhergehenden unterschiedlichen Regulierungen die Übertragbarkeit von Funktionalitäten und machen nationale Anpassungen nötig, die die Kosten um bis zu 50 Prozent erhöhen.

The Modern CEO: Eine andere Art der Führung

Die schnelle Veränderung der technologischen und wirtschaftlichen Strukturen erfordert auch, dass sich Unternehmen immer schneller von tradierten Organisationsstrukturen verabschieden müssen. Diese stammen häufig noch aus der Zeit der Industrialisierung, als die Rationalisierung die Massenfertigung erlaubte. Das führte zur strikten Arbeitsteilung und zu vertikalen Hierar chien, wie sie von dem Nationalökonom Max Weber (1864–1920) beschrieben wurden. Das aber muss sich jetzt ändern.

Die großen Internetplattformen im Konsumentenbereich wurden und werden zum großen Teil durch Gründer der ersten Generation geführt, ausgestattet mit großem unternehmerischem Mut und einer Allmacht, die große Agilität und hohe Geschwindigkeit bei Transformation und Skalierung ermöglicht. Management, Führung, Kultur und Arbeitsweise in der Industrie müssen sich von hierarchischen, wenig beweglichen Strukturen in dynamische Organismen wandeln. Sie müssen transparent in Fähigkeiten und Werten werden, bereit zur Veränderung und für neue Rollen.[294] Die entscheidenden Fragen sind nicht neu: Wo will ein Unternehmen aktiv werden? Wie geht es das an und was verspricht Gewinn? Die Ansätze zur Umsetzung sind es aber schon: Das traditionell vertikal integrierte Unternehmen weicht einem datenbasierten Aufbau. Während das klassische Design von Unternehmen funktionell und hierarchisch ausgerichtet war – aufgeteilt nach Marketing, Finanzen, Human Resources und so weiter sowie nach Expertise, Produktlinien oder geografischen Faktoren –, steht in modernen, digitalen Organisationen die schnell getaktete Innovation im Vordergrund. Um sie zu ermöglichen, müssen sämtliche vorhandenen Ressourcen optimal ausgenutzt werden. Leistungsbewertung, individuelle Verantwortung sowie Koordination und Kommunikation, also alles Vektoren, die im Fluss sind, werden zu zentralen Funktionen. Sie sollen dem Unternehmen ermöglichen, sich sehr schnell und agil an innere und äußere Veränderungen anzupassen.

Eberhard Veit, persönlich haftender Gesellschafter von Bosch, fordert: »Die Organisation muss sich am digital optimierten und datengetriebenen Prozess ausrichten; weg von der rein funktionalen Organisation und hin zur viel stärker Service-orientierten Prozessorganisation.«

Traditionsunternehmen versus Digitalunternehmen

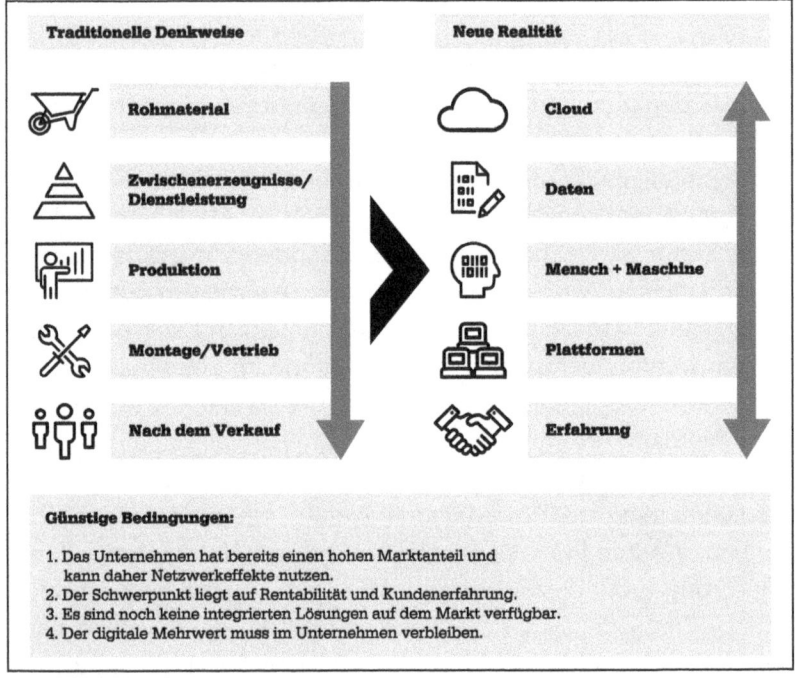

Quelle: Riemensperger/Falk

Um den notwendigen Wandel gegen die Beharrungskräfte tradierter Strukturen durchzusetzen, müssen die Führungskräfte des digitalen Zeitalters streitbare und innovationsfreudige Pioniere sein. Auch das ist eine Aussage, die ein Großteil der von uns Interviewten machten. Der Grund ist klar: Die Aufgaben des CEOs, der einem datengetriebenen Unternehmen vorsteht, sind weitaus vernetzter als die einer traditionell vertikal integrierten Firma. Die Führungskräfte müssen ihre Organisation so aufstellen, dass unternehmensübergreifender Wert geschaffen werden kann. Sie müssen mit ihren Mitarbeitern vernetzt arbeiten, aber auch alle anderen Stakeholder – Kunden, Zulieferer, Shareholder – orchestrieren. Gleichzeitig haben sie zunehmend auch den gesellschaftlichen Nutzen ihres Unternehmens nach außen wie innen deutlich zu machen.

Während sich also Führungskräfte früher an anderen *Top-Leadern* der Wirtschaft orientierten, stehen sie heute weltweit Menschen und Communitys gegenüber, die sich an unterschiedlichsten Stellen für den Wandel starkmachen. Sie üben nicht mehr Macht *top-down* und über eine starre Befehlskette aus, sondern müssen Mitarbeiter zur größtmöglichen Eigenverantwortung und Autonomie auf allen Ebenen ermutigen. Und während sie früher die Konkurrenz antrieben, streben sie heute nach Kooperation in Ökosystemen. Bereits 38 Prozent der internationalen Führungskräfte sind dabei, Stellenprofile, Arbeitsplätze und Arbeit als Resultat des permanenten Wandels umzubauen.[295]

Die Evolution des modernen CEO

Vom gestrigen CEO ...	... zum modernen CEO
Gewinnorientiertes Wertmodell	Gewinnorientiertes und zweckorientiertes Wertmodell
Erfolgskennzahlen für Finanzkapital	Ausgewogene Finanz-, Umwelt-, Personal- und Sozialverträglichkeitskennzahlen
Fokussierte Unternehmensführer	Globale Bürger führen den Wandel auf der Weltbühne an
Einzelnachweis der Abhängigkeit	Orchestrierung und Verantwortlichkeit durch die Führungsebene
Hierarchische Entscheidungsträger	Förderung der Autonomie auf allen Ebenen
Konkurrierende Marktteilnehmer	Partner für ein kooperatives Ökosystem
Management aus der Ferne	Interaktiv, leer, transparent und mit den Arbeitnehmern verbunden

Quelle: Riemensperger/Falk

Besonders gefordert sind die CEOs als Treiber der drei *Firsts* (Smart Products, New Services & Ecosystems, New value). Diese sind prägend für Kultur, Führung, Incentivierung und Performance-Management der neuen Philosophie. 43 Prozent der internationalen Führungskräfte bestätigten bei der genannten Umfrage, dass die Digitalisierung völlig neue Fähigkeiten im Unternehmen verlange und zu einem radikalen Kulturwandel führe. Als Beispiel gaben

44 Prozent an, ihre Produkte neu positionieren zu müssen, um den Kundenerwartungen zu entsprechen, ähnlich viele nannten Nachhaltigkeit als wichtiges Ziel.[296]

Die Kultur des Zusammenarbeitens und des Teilens muss in vielen Unternehmen erst aufgebaut, die Türen zu den Silos der unterschiedlichen Fachbereiche müssen geöffnet werden, sagt zum Beispiel Elmar Frickenstein, über 30 Jahre lang bei BMW und dort zuletzt Chefentwickler für Software, Visionär und Verantwortlicher für den Campus zum autonomen Fahren. Exzellenz der physischen Produkte stehe in vielen Unternehmenskulturen immer noch höher als deren virtuelle Repräsentation als Daten. Wenig verstanden werde auch, dass es sich um langfristige Investitionen in die Zukunft handele, die trotz hohen Aufwandes keinen schnellen Return on Investment erbrächten. Man betreibe schließlich die Disruption der eigenen Branche – doch langfristig entstehe daraus ein riesiger *Value Pool*.[297] Auf den Punkt bringt es auch BDI-Präsident Siegfried Russwurm: Man habe, so der ehemalige Siemens-Technik-Vorstand, Generationen von Managern erzogen, Lock-in-Effekte für ihre Produkte zu erreichen, um die Konkurrenz auszuschließen. Das aber stehe der digitalen Wettbewerbsfähigkeit entgegen und müsse sich nun ändern.

Die digitale Transformation der Geschäftsmodelle mit Plattformen und Ökosystemen scheitert also nicht an der Technologie, sondern an der Organisation und Kultur in den Unternehmen. Die Wirtschaftswissenschaftlerin Ann-Kristin Achleitner sagt, dass wir für weitreichende Veränderungen zuerst einmal raus aus unseren mentalen Silos müssten: Innovationen entstünden häufig aus Widersprüchen und Reibungen – nicht aus Gruppendenken und intellektuellem Gleichlauf. Deswegen seien der häufige Perspektivwechsel, die Rotation von Talenten über Organisationsgrenzen hinweg und diverse Teams so wichtig.

Auch Simone Menne, Multi-Aufsichtsrätin und Präsidentin der American Chamber of Commerce, sieht den Schlüssel für erfolgreich digitale Transformationen in der Neukonditionierung kompletter Managementteams in Unternehmen; dies müsse durch den »modernen CEO« *top-down* betrieben werden. Kollektive Verhaltensänderung sei in Deutschland nur in der Krise zu beobachten. Um diese Fähigkeit in den normalen Unternehmensalltag einzubringen, brauche es möglicherweise auch ein Ökosystem für das richtige Managementverhalten in digitalen Geschäftsmodellen für ganze Industrien.

Der moderne CEO hat die Bereitschaft und den Mut, neue Geschäftskonzepte anzugehen, unternehmensübergreifende, vernetzte Prozesse im Ökosystem zu gestalten und Daten zu teilen, wenn diese neue Werte für das gesamte Ökosystem ermöglichen. Er ist aber kein Altruist: Der inkrementelle Mehrwert muss für jeden beteiligten Teilnehmer im Ökosystem erfahrbar sein. Diese Transformation ist groß. Schließlich geht es nicht nur um den CEO, sondern die gesamte Führungsmannschaft und das ganze Unternehmen. André Krause, CEO des Mobilnetzbetreibers Sunrise, betont: Eines der wichtigsten Merkmale von *born digital* sei: Alle im Unternehmen verstehen Technologie, alle können programmieren, agile Arbeitsweisen sind von der Pike auf gelernt.

Vor allem die »*Corporate Functions*« müssen neu trainiert werden. Unternehmensübergreifende dynamische Zusammenarbeit funktioniert schlecht oder gar nicht, wenn Einkauf, die Personal-, Finanz- oder Rechtsabteilung noch nach den Spielregeln des alten Modells arbeiten. Moritz Wurfbaum, Gründer des Start-ups innosabi, welches sich auf Innovationsprozesse und Plattformen spezialisiert hat, sagt: »Die Innovationsprozesse in vielen Unternehmen hören immer noch an den Abteilungsgrenzen auf. Der Wille, Geschäftsmodelle zu verändern, ist zwar fast immer auf Topmanagement-Ebene vorhanden, die Prozesse und Arbeitsweise der Organisation bleiben aber der sprichwörtliche goldene Käfig. Das verhindert echte Innovation.«

Fast alle unserer Interviewpartner betonen: Die digitale Transformation und die Einführung von Plattformgeschäftsmodellen im Ökosystem brauchen neue Führungskräfte. Die bestehende Mannschaft ist meist auf die *Legacy* sozialisiert – und diese sei »hart wie Beton«. Der Sprung von der Lock-in-Philosophie mit proprietären und geschlossenen Produkten, die in kleinen Schritten inkrementell verbessert werden, habe eine Kultur der Fehlervermeidung hervorgebracht, die in den Unternehmen omnipräsent sei: null Risiko. Nichts falsch machen. Nie!

Boris Maurer, der europäische *Accenture Lead* für die Telekommunikationsindustrie, drängt darauf, dass wir unsere hiesige Managementphilosophie »*Depth Over Speed*« den Regeln der Softwareindustrie anpassen müssen. Dort nämlich gilt umgekehrt: »*Speed Over Depth*«. Ohne solchen Mut zum Risiko gebe es kein agiles Unternehmen.

Tanja Rückert, CDO der Bosch-Gruppe, setzt in der digitalen Transformation auf verantwortungsvolle Führung, Transparenz in der Zusammenarbeit und den Mut, gelernte Komfortzonen und Bewährtes zu hinterfragen. Der Schritt reiche von »*not invented here*« zu »*invent together*«. Die Dualität zwischen Kollaboration und Wettbewerb, also die partielle Zusammenarbeit auch unter Konkurrenten, müsse intrinsisch in der Organisation verankert werden. Das aber müsse die deutsche Industrie noch trainieren.

Die wichtige Rolle des Staates

Auf europäischer Ebene gibt es seit einigen Jahren politische Anstrengungen, die Infrastruktur für die neue, digitale Art des Wirtschaftens zu schaffen. Doch das Beispiel der zögerlichen Entwicklung von Gaia-X zeigt die Grenzen der deutschen und europäischen Förderstruktur. Meist geht es auch hier nur um einzelne Bausteine. Eine übergreifende digitale Architektur, die definiert, wie die einzelnen Elemente ineinandergreifen, fehlt weitgehend. Sie aber ist notwendig, um den Rahmen sowohl für technologische Entwicklung als auch für neuartige Geschäftsmodelle zu bilden. Die oft ansehnlichen Fördertöpfe werden in viele kleine Fördermaßnahmen aufgeteilt und an eine große Anzahl von Beteiligten vergeben. Den Erfolgskriterien für Ökosysteme, die in diesem Buch beschrieben sind, wird aber nicht Genüge getan. Ein stringentes Wirkungsmanagement, welches auf eine große Skalierung neuer digitaler Lösungen und Infrastrukturen hinarbeitet, gibt es nicht.

Dass es anders geht, zeigt das Beispiel China, wo Staat und Industrie eng zusammenarbeiten und digitale Ökosysteme ein wichtiger Treiber für Innovation und Fortschritt sind. Viele Elemente der Industriepolitik in China sind trotz seiner politischen Struktur als Parteistaat sehr vergleichbar mit einer Unternehmenssteuerung in der westlichen Welt. Es gibt Ziele, Investitionen, Umsetzungspläne, und die Ergebnisse werden nachgehalten. Wer nicht liefert, steht zur Disposition.

Auch bei uns hätte der Staat die Möglichkeit, als Innovator neue Wege zu gehen. Durch sein starkes Engagement als Leitanwender und Leitanbieter von digitalen Services, also durch ein modernes *E-Government* wie bei unseren nordischen Nachbarn, würde auch die Wirtschaft angehalten sein, noch schneller zu digitalisieren. Eine moderne Volkswirtschaft braucht eine exzellente, voll digitalisierte Verwaltung – und muss den Anspruch haben, die Voraussetzungen und Standards für eine datenbasierte Wertschöpfung zu schaffen. Dafür braucht es in sich schlüssige und integrierte Konzepte, Architekturen und vor allem Umsetzung.

Häufig hinderlich ist die Art und Weise, wie Datenschutz geregelt wird. Auch wenn sich Deutschland hier in seinen Verordnungen führend sieht, bezeichnen sehr viele unserer Interviewpartner diese als innovationshemmend. Sie bremsten deutlich die Entwicklung neuer Geschäftsmodelle und verhinderten eine neue Gestaltung der Zusammenarbeit. Es gäbe große Rechtsunsicherheit bei der Nutzung von Daten und die Datensparsamkeit nach dem Bundesdatenschutzgesetz (BDSG) stehe zudem im Gegensatz zu datengetriebenen Geschäftsmodellen.

Die konsequente Nutzung von Daten zum Wohl der Gesellschaft wird nicht eingefordert. Eine Neudefinition des Eigentumsbegriffs von Daten ist deshalb notwendig. Deutschland hinkt hier weit hinter Europa und der ganzen Welt in diesem Bereich hinterher. Die Überbetonung des Risikoprinzips habe dazu geführt, so unsere Interviewpartner, dass die großen internationalen Unternehmen im Land für Durchbruchsinnovationen und datengetriebene Geschäftsmodelle bevorzugt im Ausland investierten.

Ein weiterer Stolperstein für das Digitale ist das Wettbewerbsrecht: Es ist nicht für die Herausforderungen der Digitalisierung erstellt worden. Deshalb verhindert es sinnvolle vorwettbewerbliche Zusammenarbeit im Digitalen, erzeugt viel Verunsicherung und ist ein Hemmschuh für Innovation. Auch führt die unterschiedliche Auslegung des Rechts in den einzelnen europäischen Ländern in Europa, teilweise verbunden mit Strafen, zur Abwanderung in andere Wirtschaftsräume.

Thomas Weber, ehemals Vorstandsmitglied bei Daimler und jetzt Vizepräsident bei der acatech, ist Vordenker in vielen horizontalen Ökosysteminitiativen wie zum Beispiel der Plattform Neue Elektromobilität oder dem Datenraum Mobilität. Er betrachtet das überregulierte Wettbewerbsrecht als Hemmnis für die Skalierung neuer Geschäftsmodelle in Ökosystemen. Das jetzige Recht sei für »linear wachsende« Geschäftsmodelle gemacht. Die digitale Innovationsdynamik erfordere, so Weber, zwingend eine Weiterentwicklung der Antitrust-Regeln, sodass die Industrie in der Zukunft gemeinsam datengetriebene Geschäftsmodelle effizient entwickeln könne.

Auch der Föderalismus macht die digitale Skalierung schwieriger. Oft werden in der Verwaltung ohne Not gleichartige Lösungen mehrfach implementiert. Digitale Wettbewerbsfähigkeit braucht große Skalierung und hohe Agilität. Die neuen digitalen Infrastrukturen, Plattformen und Anwendungen kosten viele Milliarden Euro. Im Föderalismus kann man sich jedoch durchaus digitale Plattformen teilen, ohne die Eigenständigkeit aufzugeben. Die Sparkassen- und Volksbanken zeigen mit ihren digitalen Plattformen eindrücklich, wie das geht. Mit gutem Willen würde das in der Verwaltung genauso gut funktionieren. Die digitale Kleinteiligkeit in der Verwaltung findet sich jedoch auch in der staatlichen Förderung wieder: Weil die Politik und auch die Industrie keine tiefe Erfahrung mit der Entwicklung von digitalen Ökosystemen haben, werden viele kleine Bausteine gefördert. Daraus entsteht aber keine große, neue digitale Welt.

Weitere Hemmnisse sind die fehlende Ambition in der Umsetzung, eine nicht funktionierende *Governance* für große Skalierung und eine defensiv ausgerichtete Regulierung des Digitalen in Deutschland; insgesamt führt das bereits zu einem spürbarem Standort- und Wettbewerbsnachteil. Das Zusammenspiel aus innovationsfreundlicher Regulierung, gesellschaftlicher Akzeptanz für neue Technologien, Verfügbarkeit von Daten und qualifizierten Talenten ist außerhalb von Europa eher gegeben.

Iris Plöger, Mitglied der Hauptgeschäftsführung des BDI, sieht Deutschland und Europa im weltweiten Systemwettbewerb um Schlüsseltechnologien und kennt die unterschiedlichen Ansätze der großen Industrienationen zur Förderung und Regulierung neuer Technologien und Geschäftsmodelle. Sie macht in Deutschland und Europa Handlungsbedarf aus: »Neues braucht neue Rahmenbedingungen«, sagt sie. Deutschland forciere jedoch oft die alten für neue Ansätze. Die Regelungen zum Beispiel für das grundsätzliche Verbot der vorwettbewerblichen Zusammenarbeit und für *Data Privacy* beziehungsweise die Auslegung der DSGVO seien nicht mehr auf der Höhe der Zeit. Neues entstehe durch neue Arbeitsweisen und darauf reagierende Rahmenbedingungen. Regulierung müsse gerade für das Digitale und zur Erreichung ambitionierter Nachhaltigkeitsziele die Zusammenarbeit von Unternehmen in Innovationsnetzwerken besser fördern. Sie müsse eine einfache, schnelle, günstige, kooperative und iterative Zusammenarbeit »by Design« ermöglichen.

Um hier wirksame Verbesserungen zu erreichen, braucht es nicht noch mehr digitale Regulierung, sondern zuallererst eine Überholung der Prinzipien, wie das Digitale gefördert, entwickelt und reguliert werden soll. Gefordert sind dabei:

1. Optimismus und Risikobereitschaft,
2. an die Erfordernisse angepasste und rechtssichere Gesetze,
3. digitale Wertschöpfungsketten »by Design«,
4. einheitliche technologische und verbindliche Standards (Datenschutz und Cybersicherheit, Identität, *Machine-to-Machine Communication*, Souveränität),
5. der Ausbau digitaler Infrastrukturen,
6. zeitgemäße Lösungen für Datennutzung und Datenschutz sowie vorwettbewerbliche Zusammenarbeit in digitalen Ökosystemen,
7. eine umsichtige Regulatorik, die Politik und Wirtschaft zu Digitalpartnern vor allem in der schnellen Umsetzung und großen Skalierung macht.

Diese Forderungen sind an alle Entscheider gerichtet. Die notwendigen Veränderungen können nur im Zusammenspiel zwischen Politik, Sozialpartnern, Wissenschaft und Wirtschaft gemeinsam erreicht werden. Die Vision für die künftige Wettbewerbsfähigkeit, die Mitbestimmung und den Ordnungsrahmen im Metaverse Industrie 4.0 muss eine gemeinsame Vision aller Beteiligten sein.

Digitaler Doppelpass: Die Zukunft der Industrie 4.0 weiterdenken

Die Marke »Industrie 4.0« hat globale Strahlkraft und steht für einen grundlegenden Innovations- und Transformationsprozess industrieller Wertschöpfung, die sich weltweit durchgesetzt hat. Dabei ging es nie nur um die Effizienz in der digitalen Fabrik: Seit dem ersten Konzeptpapier in 2011[298] thematisierte die »Smart-Service-Welt« 2014[299] die Chancen digitaler Produkte und Wertschöpfungsketten. Bereits 2017 wurde unter dem Stichwort der »autonomen Systeme« der umfassende Einsatz der KI in der Industrie beleuchtet.[300] Das aktuelle Leitbild für die Industrie 4.0 unterteilt sich in die drei Handlungsstränge Souveränität, Interoperabilität sowie Nachhaltigkeit und adressiert damit die aktuell größten Herausforderungen.[301] Die Visionen haben sich zwar seit 2011 entwickelt, die Geschäftsmodelle jedoch kaum.

2021/22 haben wir an zwei sehr unterschiedlichen Beispielen erlebt, dass bis dahin unumstößliche Prinzipien innerhalb weniger Tage umgestoßen wurden: Das war die Ablösung der Präsenzarbeit durch *Work-from-Home* in der Coronapandemie und das Ende der verteidigungspolitischen Zurückhaltung Deutschlands als Reaktion auf den Krieg in der Ukraine. Einen ähnlich starken *Wake-up*-Moment benötigen wir für die Beibehaltung unserer Wettbewerbsfähigkeit im digitalen Bereich – ein neues Verständnis über das, was zu tun ist. Web 3.0, *Quantum Computing* und 6G: Mit großer Macht drängen die neuen Technologien in den Markt. Es ist Zeit, die Industrie 4.0 weiterzudenken. Denn: Neues braucht neue Rahmenbedingungen. Die Vision des Metaverse Industrie 4.0 mit datengetriebenem Geschäftsmodellen, mit digitalen Ökosystemen und mit flexiblen und weltweit vernetzten Wertschöpfungsnetzwerken stellt große und ganze neue Anforderungen an die Zusammenarbeit der Unternehmen. Ganz ähnlich, wie die Pandemie und die Bedrohung durch den Krieg in Europa eine gemeinsame Antwort gefordert haben, so stellt auch die kommende technologische und wirtschaftliche Transformation eine Herausforderung dar, die sich nur durch Zusammenarbeit bewältigen lässt. Sie erfordert Veränderungen, die man am besten im Team lernt, denn in der Disruption ändern sich fast alle Konstanten gleichzeitig, was wir mit den *»drei Firsts«* (Smart Products, New Services & Ecosystems, New Value) mehrfach in diesem Buch hervorgehoben haben.

Die deutsche Industrie hat sich in der Vergangenheit nicht selten im Alleingang an die Spitze gekämpft und dann viele Jahrzehnte das Spielfeld beherrscht. Doch nun müssen zur Exzellenz des *Engineering* noch Exzellenz in der Software und in ökosystembasierten Services hinzukommen – und ein konsequenter Umbau der Unternehmensstrukturen. Das digitale Unternehmen lebt und entwickelt sich rund um die Daten, die zu seinem wichtigsten Rohstoff geworden sind. Das erfordert ein neues Mindset in den Führungsteams und eine dynamische Aufstellung. Die alten Hierarchien mit ihren Silos haben da keinen Platz mehr. Kooperation auch unter Wettbewerbern zur Lösung vieler Fragen tritt neben die Konkurrenz. Denn nur gemeinsam wird im Ökosystem Wert geschaffen.

Der digitale Doppelpass wird zur wichtigsten Spielregel der Transformation: das Teamplay zwischen industriellen Spielern, die längst nicht immer derselben Liga angehören müssen. So wie sich die physische Welt in Daten zerlegen lässt, so lösen sich auch Schritt für Schritt immer mehr Grenzen zwischen den Industriesektoren auf. Das industrielle Metaverse, wo sehr viele der industriellen Prozesse nur mehr in Datenräumen abgewickelt werden, wird in gar nicht so ferner Zukunft zur DNA der deutschen Wirtschaft werden. Dafür brauchen wir einen Masterplan, auch im Doppelpass zwischen Wirtschaft und Staat, um die Voraussetzungen zu schaffen, dass Unternehmen in die nächste Stufe der wirtschaftlichen und gesellschaftlichen Transformation eintreten können. Im B2B-Bereich skalieren die Geschäftsmodelle im Ökosystem zwar nicht so rasant wie auf dem Konsumentensektor, aber mit der Zahl intelligenter, softwaregetriebener Produkte und Services – in Kombination mit den neuen Technologien des Web 3.0 – vervielfacht sich das Potenzial für Innovation und Disruption in den Kerngeschäftsmodellen unserer Industrie.

Hier brauchen wir einen großen Wurf, auch von staatlicher Seite, um all die notwendigen Rahmenbedingungen und Regulatorien, Infrastrukturen und Fördermittel, Datenschutz und Wettbewerbsrecht, Bildung und Anwendung über alle föderalen Grenzen hinweg in ein sinnvolles Gesamtkonzept einbringen zu können. Inkrementell lässt sich das nicht verwirklichen. Gerade die großen systemischen Veränderungen wie die Energiewende, die Kreislaufwirtschaft oder die Elektromobilität sind ideale Frühbeete für ökosystembasierte Innovationen. Der Staat kann und sollte als Leitanwender maximales Tempo erzeugen: Er könnte insbesondere für horizontale Ökosysteme Use Cases mit großer Skalierung initiieren und damit große gesellschaftlichen Themen wie Klimaschutz oder Gesundheit adressieren. Das würde einen »Ruck« für die Umsetzung erzeugen, der zu einem wirtschaftlich-technologischen Kulturwandel auf allen Ebenen führt.

Deutschland war und ist herausragend, wenn es um Grundlagenforschung und Standards geht. Die Anwendung digitaler Technologien macht aber allein noch kein digitales Unternehmen aus. Das Potenzial erschließt sich erst, wenn smarte Produkte und Services in einem wirtschaftlichen und gesamtgesellschaftlichen Umfeld eingesetzt werden, das nach neuen – partnerschaftlichen – Spielregeln spielt und neue Wertschöpfung realisiert.

Digitaler Doppelpass: Der Weg zum digitalen Unternehmen

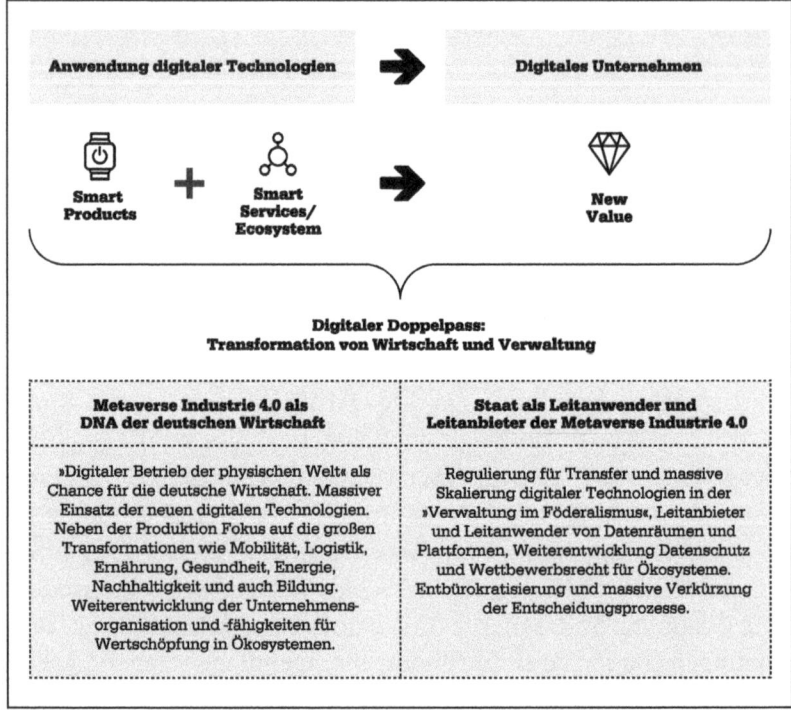

Quelle: Riemensperger/Falk

Der digitale Doppelpass bietet, so paradox das klingt, gerade durch Kooperation die Chance, im globalen Systemwettbewerb mit den großen digitalen Technologienationen bestehen zu können. Er sorgt für Innovation, Transfer und Skalierung, die, eingebettet in eine übergreifende Architektur und einen adäquaten digitalen Ordnungsrahmen durch den Staat, nachhaltig unsere digitale Wettbewerbsfähigkeit steigern kann.

DANK

Dieses Buch hat uns bewiesen, wie wertvoll Zusammenarbeit ist, denn es ist selbst das Produkt eines Ökosystems geworden: Viele Anregungen und Hinweise verdanken wir einer Reihe der wichtigsten industriellen und wirtschaftlichen Führungskräfte Deutschlands. In Gesprächen und Interviews haben sie uns nicht nur Hintergründe aufgezeigt und aus der Praxis heraus kommentiert, sondern uns auch immer wieder in unserer These bestätigt, dass zukünftige Geschäftsmodelle industrie- und branchenübergreifend entwickelt werden müssen. Unser ausdrücklicher Dank gilt deshalb

- Dr. Reinhold Achatz, Präsident der International Data Spaces Association
- Prof. Dr. mult. Dr. h. c. Ann-Kristin Achleitner, Wirtschaftswissenschaftlerin
- Werner Baumann, CEO Bayer AG, Chief Sustainable Officer
- Dipl.-Ing. Thomas Böck, Vorsitzender der Konzernleitung (CEO), CLAAS KGaA mbH
- Dr. Boris Bogdan, Managing Director, Lead Life Science Consulting, Accenture
- Juergen Boos, Direktor Frankfurter Buchmesse
- Michael Bültmann, Geschäftsführer HERE Deutschland GmbH
- Norbert Dohmen, Managing Director CARUSO GmbH
- Stefan Dräger, Vorstandsvorsitzender der Drägerwerk Verwaltungs-AG
- Thomas Fischer, Chairman MANN+HUMMEL International GmbH & Co. KG
- Elmar Frickenstein, ehemaliger Chefentwickler für Software, BMW AG
- Tobias Gehlhaar, Resources Industries Lead ASG, Accenture
- Dr. Heinrich Hiesinger, Multi-Aufsichtsrat, ehemaliger CEO thyssenkrupp AG

- Dr. Marianne Janik, Vorsitzende der Geschäftsführung Microsoft Deutschland GmbH
- Prof. Dr. rer. nat. Henning Kagermann, Multi-Aufsichtsrat, ehemaliger CEO SAP SE, Vorsitzender des acatech-Kuratoriums
- Melanie Kehr, M. Sc., Mitglied des Vorstands der Kreditanstalt für Wiederaufbau AöR
- Dr. Fritzi Köhler-Geib, Chefvolkswirtin der Kreditanstalt für Wiederaufbau AöR
- André Krause, CEO Sunrise UPC GmbH
- Prof. Dr. Martin Krzywdzinski, Wissenschaftszentrum Berlin für Sozialforschung
- Dr. Helmuth Ludwig, Multi-Aufsichtsrat, ehemaliger Global Chief Information Officer Siemens AG
- Dr. Boris Maurer, European Lead Communications & Media Industries, Accenture
- Simone Menne, Präsidentin der American Chamber of Commerce
- Dr. Michael Müller-Wünsch, Bereichsvorstand Technologie OTTO GmbH & Co. KG
- Prof. em. Dr. Dr. h.c. Hubert Österle, ehemals Institut für Wirtschaftsinformatik der Universität St. Gallen
- Prof. Dr. Frank Piller, RWTH Business School
- Iris Plöger, Mitglied der Hauptgeschäftsführung BDI
- Dr. Ing. apl. Prof. Thomas Prefi, Gründer und Aufsichtsrat der umlaut AG
- Martin Reitz, Head of Rothschild & Co, Germany
- Dr. Tanja Rückert, CDO der Bosch-Gruppe
- Thomas Saueressig, Mitglied des Vorstands der SAP SE
- Ronald Schild, Geschäftsführer der MVB Marketing- und Verlagsservice des Buchhandels, BBG Börsenverein Beteiligungsgesellschaft
- Carsten Senz, Huawei Vice President Corporate Communications Deutschland
- Prof. Dr.-Ing. Axel Stepken, Vorstandsvorsitzender der TÜV SÜD AG
- Dipl.Ing. Karl-Heinz Streibich, Multi-Aufsichtsrat, ehemaliger Vorstandsvorsitzender Software AG, Präsident acatech

- Marius Sylvestersen, Chief Innovation Officer Universität Kopenhagen
- Angela Titzrath, Vorstandsvorsitzende der Hamburger Hafen und Logistik AG (HHLA)
- Dr.-Ing. Eberhard Veit, Gesellschafter Robert Bosch GmbH, ehemaliger Vorstandsvorsitzender Festo
- Prof. Dr.-Ing. Thomas Weber, ehemals Vorstandsmitglied Daimler AG, Vizepräsident acatech
- Charles Vaillant, CTO/CDO MANN+HUMMEL Gruppe
- Prof. Dr. Dr. h.c. mult. Wolfgang Wahlster, Sprecher des Feldafinger Kreises und CEA des Deutschen Forschungszentrums für Künstliche Intelligenz
- Dr. Peter Weckesser, Chief Digital Office bei Schneider Electric
- Dr. Dirk Wössner, CEO der Compu Group Medical, ehemaliger Telekom-Vorstand
- Moritz Wurfbaum, Gründer des Start-ups innosabi

Darüber hinaus möchten wir Emela Alihodzic, Accenture, unseren herzlichen Dank aussprechen für die stets aufmerksame organisatorische Unterstützung und den sachkundigen Beistand sowie Petra Thorbrietz, der es als Wissenschaftsjournalistin immer wieder gelingt, eine komplexe Materie aus den Fängen der Fachsprache zu befreien und verständlich darzustellen. Ohne sie gäbe es dieses Buch nicht!

Jens Schadendorf hat in bewährter Zusammenarbeit wichtige Anregungen und Hilfestellungen geliefert und war ein stets kompetenter Berater, was die verlegerische Seite dieses Buches betraf. Danke dafür.

Auch dieses Mal haben uns unsere Familien – Renate, Kim, Francis und Phil, Insa, Gorden, Tina und Arnika – mit Geduld und Interesse unterstützt. Das Cover basiert auf einer Designidee von Finn Falk, dem Sohn der Autorin Svenja Falk. Dafür einen großen Dank!

STIMMEN ZUM BUCH

»Ein wegweisendes Buch für ein besseres Verständnis von Wertschöpfung in digitalen Ökosystemen.«

Thomas Böck, Vorsitzender der Konzernleitung (CEO),
CLAAS KGaA mbH

»Der Digitale Doppelpass – überzeugende Leitgedanken, Impulse und Anleitungen für die neue, datengetriebene Realität. Ein wertvoller Kompass für digitale Pioniere.«

Thomas Fischer, Chairman der MANN+HUMMEL
International GmbH & Co. KG

»Riemensperger und Falk machen deutlich, dass es neben den digitalen Technologien auch den digitalen Mindset in der Unternehmensspitze braucht, um weiterhin erfolgreich zu bleiben.«

Dr. Heinrich Hiesinger, Multi-Aufsichtsrat,
ehem. CEO thyssenkrupp AG

»Riemensperger und Falk legen dar, wie Unternehmen und der Staat gemeinsam ein besseres Verständnis der digitalen Wirtschaft erarbeiten können. Vor allem braucht es dazu eine leistungsfähige und souveräne technologische Basis.«

Dr. Marianne Janik, Vorsitzende Geschäftsführung
Microsoft Deutschland GmbH

»Die Autoren zeigen eindrücklich auf, wie Datenräume einen Beitrag zu neuer Wertschöpfung und digitaler Souveränität leisten können.«

Prof. Dr. rer. nat. Henning Kagermann, Multi-Aufsichtsrat,
ehem. CEO SAP SE, Vorsitzender des acatech-Kuratoriums

»Ein kluges Buch zur richtigen Zeit, denn wettbewerbsrelevante Innovation braucht vor allem neue Managementansätze in den Unternehmen.«

**Simone Menne, Multi-Aufsichtsrätin,
Präsidentin der American Chamber of Commerce**

»Digitale Geschäftsmodelle setzen sich mit zunehmender Geschwindigkeit am Markt durch und können einen wichtigen Beitrag zu mehr Nachhaltigkeit leisten. Mit dem richtigen Zusammenspiel zwischen öffentlichem und privatem Sektor können wir Deutschland und Europa zukunftsfester machen.«

**Martin Reitz, Vorsitzender der Geschäftsführung
Rothschild & Co GmbH Deutschland**

»Riemensperger und Falk zeigen in aller Deutlichkeit, dass die digitale Transformation in den Köpfen der Führungskräfte beginnen muss. Ein kluges Buch zur richtigen Zeit, denn wettbewerbsrelevante digitale Innovation braucht vor allem auch innovative Managementansätze in den Unternehmen.«

Prof. Dr. Ing. Siegfried Russwurm, Präsident des BDI

»Riemensperger und Falk haben ein richtungsweisendes Kompendium zu den relevanten Themen der digitalen Zukunft erstellt.«

**Dipl.Ing. Karl-Heinz Streibich, Multi-Aufsichtsrat,
ehem. Vorstandsvorsitzender Software AG, acatech-Senator**

»Das Buch von Riemensperger und Falk trägt zu einem besseren Verständnis von Ökosystemdenken bei.«

**Angela Titzrath, Vorstandsvorsitzende
der Hamburger Hafen und Logistik AG (HHLA)**

»Der Digitale Doppelpass *führt eindrücklich Beweis, dass unsere Wettbewerbsfähigkeit und wirtschaftliche Überlebensfähigkeit einen digitalen Masterplan braucht!«*

Dr. Dipl.- Ing. Eberhard Veit & TEAMS, 4.0-VeIT
Aufsichtsratsbüro, persönlich haftender Gesellschafter
Robert Bosch GmbH, ehem. Vorstandsvorsitzender FESTO

»Riemensperger und Falk zeigen auf, wie aus Maschinendaten mithilfe von Künstlicher Intelligenz neue Wertschöpfung entsteht. Ein praktischer Leitfaden für den digitalen Betrieb der physischen Welt in der nächsten Phase von Industrie 4.0.«

Prof. Dr. Dr. h.c. mult. Wolfgang Wahlster,
Sprecher des Feldafinger Kreises und CEA des Deutschen
Forschungszentrums für Künstliche Intelligenz (DFKI)

ÜBER DIE AUTOREN

Frank Riemensperger ist Experte für Digitalisierung und komplexe IT-gestützte Business Transformation. Er ist Mitglied des Präsidiums der Deutschen Akademie der Technikwissenschaften acatech und gehört verschiedenen Aufsichtsräten an. Von 2009 bis 2021 war er Vorsitzender der Geschäftsführung von Accenture für die Ländergruppe Deutschland, Österreich und Schweiz und zuletzt auch Mitglied des Accenture Global Management Committee.

Svenja Falk ist Managing Director Accenture Research. Sie verantwortet Markt- und Trendstudien sowie die Strategieentwicklung in Europa. Sie ist Expertin für digitale Geschäftsmodelle und Honorarprofessorin an der Justus-Liebig-Universität Gießen sowie Fellow an der Hertie School, Berlin

ANMERKUNGEN

[1] »Digital transformation that was projected to happen over the next 10 years is happening today«. Online: https://www.linkedin.com/pulse/my-annual-letter-progress-made-optimism-opportunity-ahead-nadella/?trackingId=SqmJ8JSLRiCUaisB48cbMQ%3D%3D (Zugriff: 12.3.2022)

[2] Accenture CXO Pulse Survey, unveröffentlicht

[3] Online: https://newsroom.accenture.com/subjects/analytics/accenture-business-futures-2021-report-identifies-the-signals-to-guide-companies-navigating-change-in-the-era-of-compressed-transformation.htm (Zugriff: 20.4.2022)

[4] Online: https://www.onlinehaendler-news.de/e-commerce-trends/digitale-wirtschaft/135003-amazon-erstmals-50-prozent-umsatz-deutschen-online-handel (Zugriff 13.5.2022)

[5] Online: https://www.businessinsider.de/wirtschaft/innenstaedte-sterben-tsunami-handelsverband-schlaegt-alarm-r/ (Zugriff: 23.3.2022)

[6] Online: https://www.reddit.com/r/amazon/comments/9c79eb/jeff_bezos_wants_amazon_employees_to_wake_up/ (Zugriff: 12.1.2022)

[7] Online: https://www.statista.com/chart/18819/worldwide-market-share-of-leading-cloud-infrastructure-service-providers/ (Zugriff: 24.2.2022)

[8] Morgan Philips Group (Hrsg.): A brief history of transformation in business: Steve Jobs & the Macintosh, https://www.morganphilips.com/en/insights/a-brief-history-of-transformation-in-business-steve-jobs-the-macintosh (Zugriff: 22.2.2022)

[9] Online: https://www.itmagazine.ch/artikel/75608/Windows_ist_ueberall_-_noch.html (Zugriff: 18.1.2022)

[10] Andrew Beattie: Why did Microsoft face antitrust charges in 1998? Online: https://www.investopedia.com/ask/answers/08/microsoft-antitrust.asp (Zugriff: 22.1.2022)

[11] Stefan Schultz: Ein Nerd übernimmt das Kommando. In: Der Spiegel, 4.2.2014. Online: https://www.spiegel.de/wirtschaft/unternehmen/satya-nadella-portraet-des-neuen-microsoft-chefs-a-951487.html (Zugriff: 28.2.2022)

[12] Online: https://de.wikipedia.org/wiki/Microsoft_Azure (Zugriff: 22.2.2022)

[13] Online: https://www.vox.com/recode/21524710/google-antitrust-lawsuit-doj-search-trump-bill-barr

[14] O. A.: Erhielten Impfgegner eine Sonderbehandlung? Neuer Verdacht bringt Facebook in Bredouille. In: Focus Online, 15.10.2021. Online: https://www.focus.de/digital/us-generalstaatsanwaelte-ermitteln-erhielten-impfgegner-eine-sonderbehandlung-neuer-verdacht-bringt-facebook-in-bredouille_id_24337062.html (Zugriff: 24.2.2022)

[15] Online: https://www.reuters.com/article/us-autos-tesla-batteries-exclusive/exclusive-teslas-secret-batteries-aim-to-rework-the-math-for-electric-cars-and-the-grid-idUSKBN22Q1WC (Zugriff: 24.2.2022)

[16] Spiegel 28.12.2021. Online: https://www.spiegel.de/wissenschaft/weltall/elon-musk-chinas-raumstation-musste-satelliten-von-elon-musk-ausweichen-boykottaufrufe-gegen-tesla-a-c91e5f69-8939-4526-b644-6af6b425a9b5 (Zugriff: 24.2.2022)

[17] Freedom on the net 2021. Online: https://freedomhouse.org/sites/default/files/2021-09/FOTN_2021_Complete_Booklet_09162021_FINAL_UPDATED.pdf (Zugriff: 28.2.2022)

[18] Richard Gutjahr: Neuer Facebook-Skandal erreicht Washington. In: Der Standard, 3.10.2021. Online: https://www.derstandard.de/story/2000130139697/neuer-facebook-skandal-erreicht-washington (Zugriff: 22.2.2022)

[19] O. A.: China's communists take control of tech. Online: https://www.economist.com/leaders/2021/07/08/chinas-communists-take-control-of-tech (Zugriff: 18.2.2022)

[20] Lora Kolodny: Former Google CEO predicts the internet will split in two – and one part will be led by China. CNBC, 20.9.2018. Online: https://www.cnbc.com/2018/09/20/eric-schmidt-ex-google-ceo-predicts-internet-split-china.html (Zugriff: 13.1.2022)

[21] O. A.: Siltronic-Verkauf an Global Wafers geplatzt. In: Manager-Magazin, 1.2.2022. Online: https://www.manager-magazin.de/unternehmen/tech/siltronic-verkauf-an-global-wafers-geplatzt-a-028d7f43-89a7-40a8-873d-167537ddc71d (Zugriff: 16.2.2022)

[22] Marc Sauter: EU pumpt 43 Milliarden Euro in Halbleiterfertigung. Online: https://www.golem.de/news/european-chips-act-eu-pumpt-43-milliarden-euro-in-halbleiterfertigung-2202-163010.html (Zugriff: 1.2.2022)

[23] Kevin Freking: House Passes Multibillion Dollar Bill to Help US Compete With China, Especially in Computer Chip Production. Online: https://time.com/6145248/house-passes-computer-chip-production-bill/ (Zugriff: 5.2.2022)

[24] China has new US Dollar 1.4 trillion plan to seize the world's techcrown from the US. In: South China Morning Post. Online: https://www.scmp.com/tech/policy/article/3085362/china-has-new-us14-trillion-plan-seize-worlds-tech-crown-us?module=perpetual_scroll_0&pgtype=article&campaign=3085362 (Zugriff: 28.2.2022)

[25] Ebenda

[26] Rebecca Arcesati et al.: China's Digital Platform Economy: Assessing Developments towards Industry 4.0. Challenges and Opportunities for German Actors. MERICS (Hrsg.), Berlin, Juni 2020. Online: https://merics.org/sites/default/files/2020-06/MERICSReportDigitalPlatformEconomyEN02.pdf (Zugriff: 2 2.1.2022)

[27] MERICS (Hrsg.): China in 2022 – a look ahead. Online: https://merics.org/en/merics-briefs/china-2022-look-ahead (Zugriff: 11.1.2022)

[28] Katharina Viklenko: Chinas Außenhandel bleibt 2021 auf Wachstumskurs. Online: https://www.gtai.de/gtai-de/trade/wirtschaftsumfeld/bericht-wirtschaftsumfeld/china/chinas-aussenhandel-bleibt-2021-auf-wachstumskurs-680434 (Zugriff: 4.2.2022)

[29] Online: https://www.statista.com/statistics/1016973/china-foreign-direct-investment-inflows/ (Zugriff: 4.2.2022)

[30] Online: https://www.dw.com/de/corona-%C3%BCberwunden-chinas-exporte-machen-sprung-um-60-prozent/a-56797855 (Zugriff: 6.2.2022)

[31] Martin Greive/Donata Riedel: Das sind die ökonomischen Gewinner und Verlierer der Coronakrise. Handelsblatt, 3.11.2020. Online: https://www.handelsblatt.com/politik/international/konjunktur-das-sind-die-oekonomischen-gewinner-und-verlierer-der-coronakrise/26585912.html (Zugriff: 7.1.2022)

[32] Max J. Zenglein: Mapping and recalibrating Europe's economic interdependence with China. 17.11.2020. Online: https://merics.org/en/report/mapping-and-recalibrating-europes-economic-interdependence-china (Zugriff: 24.1.2022)

[33] https://www.dw.com/de/corona-%C3%BCberwunden-chinas-exporte-machen-sprung-um-60-prozent/a-56797855 (Zugriff: 22.2.2022)

[34] Online: https://www.tagesschau.de/wirtschaft/weltwirtschaft/eu-china-gipfel-123.html (Zugriff 13.5.2022)

[35] Online: https://www.cnn.com/2021/11/24/business/china-shipping-data-mic-intl-hnk/index.html (Zugriff: 17.2.2022)

[36] Online: https://www.reuters.com/world/china/china-passes-new-personal-data-privacy-law-take-effect-nov-1-2021-08-20/ (Zugriff: 13.1.2022)

[37] International Monetary Fund: Sizing up the effects of Technological Decoupling. 12.3.2021. Online: https://www.imf.org/en/Publications/WP/Issues/2021/03/12/Sizing-Up-the-Effects-of-Technological-Decoupling-50125 (Zugriff: 4.1.2022)

[38] O. A.: New Research Counts the Cost of the Sino-American Trade War. In: The Economist, 1.1.2022. Online: https://www.economist.com/finance-and-economics/2022/01/01/new-research-counts-the-costs-of-the-sino-american-trade-war (Zugriff: 22.2.2022)

[39] Ebenda

[40] Aaron Flaaen/Justin Pierce: Disentangling the Effects of the 2018–2019 Tariffs on a Globally Connected U.S. Manufacturing Sector, Washington 2019 Online: https://www.federalreserve.gov/econres/feds/files/2019086pap.pdf (Zugriff: 5.2.2022)

[41] Chuan He et al.: Trade Shocks and Firms' Hiring Decisions: Evidence from Vacancy Postings of Chinese Firms in the Trade War. O. D. Online: https://www.freit.org/WorkingPapers/Papers/TradePolicyRegional/FREIT1688.pdf (Zugriff: 17.2.2022)

[42] Davin Chor/Bingjing Li: Illuminating the Effects oft he US-China-Tariff War on China's Economy. Online: https://www.wita.org/wp-content/uploads/2021/11/w29349.pdf, (Zugriff: 23.1.2022)

[43] Pablo Fajgelbaum et al.: The US-China Trade War and Global Reallocations. April 2021. Online: http://pfajgelb.mycpanel.princeton.edu/TWGR_1206.pdf (Zugriff: 28.2.2022)

[44] Online: https://www.zeit.de/kultur/2022-03/politik-sprache-sprachbilder-rhetorik-wandel?utm_referrer=https%3A%2F%2Fwww.google.com%2F

[45] Jakob von Lindern: Russland will sich abkoppeln. ZEIT Online, 28.3.2022. Online: https://www.zeit.de/digital/2022-03/russland-zensur-internet-instagram-twitter-sperrung (Zugriff: 7.4.2022)

[46] Online: https://www.watson.ch/digital/analyse/164141097-versetzt-russland-dem-freien-internet-den-todesstoss-die-fakten (Zugriff: 10.4.2022)

[47] Graham Allison et al.: The Great Tech Rivalry: China vs. the US. Harvard Kennedy School/Belfercenter, Dezember 2021. Online: https://www.belfercenter.org/sites/default/files/GreatTechRivalry_ChinavsUS_211207.pdf, Dezember 2021 (Zugriff: 22.1.2022)

[48] Angela Merkel, ehemalige Bundeskanzlerin der Bundesrepublik Deutschland; Mette Frederiksen, Ministerpräsidentin des Königreichs Dänemark; Sanna Marin, Ministerpräsidentin der Republik Finnland; Kaja Kallas, Ministerpräsidentin der Republik Estland

[49] Appell von vier Regierungschefinnen an die EU: »Europa muss seine digitale Souveränität stärken«, in: Handelsblatt, 2.3.2021. Online: https://www.handelsblatt.com/meinung/gastbeitraege/digitalisierung-appell-von-vier-regierungschefinnen-an-die-eu-europa-muss-seine-digitale-souveraenitaet-staerken/26962398.html?ticket=ST-3329784-hIopdeccKmIgcMIkJVbc-cas01.example.org; (Zugriff: 10.4.2022)

[50] Claude Lopez/Benjamin Smith: Share the Data. Overcoming Trade-Offs in Tech Regulation. Milken Institute (Hrsg.) 2021, S. 3. Online: https://milkeninstitute.org/sites/default/files/2021-05/Share%20the%20Data_0.pdf (Zugriff: 10.4.2022)

[51] Online: https://www.bmwi.de/Redaktion/EN/Pressemitteilungen/2021/10/20211006-cloud-ipcei-12-eu-member-states-and-around-180-companies-enter-next-phase.html (Zugriff: 2.2.2022)

[52] Online: https://ec.europa.eu/info/research-and-innovation/funding/funding-opportunities/funding-programmes-and-open-calls/horizon-europe/cluster-4-digital-industry-and-space_en (Zugriff: 20.11.2021)

[53] Everett Rogers: Diffusion of Innovations, 5th Edition. Simon and Schuster New York 2003

[54] Henryk Hielscher: Der Corona-Boom ebbt ab – und die Preise für Lebensmittel steigen. In: Wirtschaftswoche, 30.9.2021. Online: https://www.wiwo.de/aldi-lidl-rewe-edeka-der-corona-boom-ebbt-ab-und-die-preise-fuer-lebensmittel-steigen/27664820.html (Zugriff: 2.2.2022)

[55] Online: https://www.accenture.com/_acnmedia/PDF-140/Accenture-Strategy-Big-Value-Shift-POV.pdf#zoom=40 (Zugriff: 3.2.2022)

[56] Lufthansa Group, 3. Zwischenbericht Januar bis September 2021. Online: https://investor-relations.lufthansagroup.com/fileadmin/downloads/de/finanzberichte/zwischenberichte/LH-ZB-2021-3-d.pdf (Zugriff: 2.2.2022)

[57] Online: https://www.zeit.de/news/2022-05/05/lufthansa-verringert-verluste (Zugriff 13.5.2022)

[58] Onlinehttps://www.accenture.com/_acnmedia/PDF-140/Accenture-Strategy-Big-Value-Shift-POV.pdf#zoom=40 (Zugriff: 2.2.2022)

[59] World Economic Forum (Hrsg.): Unlocking Business Model Innovation through Advanced Manufacturing. Whitepaper. Januar 2022. Online: https://www3.weforum.org/docs/WEF_Unlocking_Business_Model_Innovation_through_Advanced_Manufacturing_2022.pdf (Zugriff: 22.2.2022)

[60] Philippe Aghion et al. 2021: The Power of Creative Destruction: Economic Upheaval and the Wealth of Nations, Belkamp Press

[61] O. A.: Chinas Maschinenbauer hängen deutsche Konkurrenz deutlich ab, in: FAZ.net, 13.8.2021. Online: https://www.faz.net/aktuell/wirtschaft/china-ueberholt-deutschland-neuer-maschinenbau-exportweltmeister-17483512.html

[62] »Amazon wird von vier Prinzipien geleitet: dem Fokus auf die Kunden anstatt auf die Wettbewerber, Leidenschaft für Innovation, operationale Perfektion und nachhaltiges Planen«. Online: https://www.aboutamazon.com/about-us (Zugriff: 11.1.2022)

[63] »Apple bringt mit Hardware, Software und Dienstleistungen die besten Nutzererfahrungen an seine Kunden«. Online: https://mission-statement.com/apple/ (Zugriff: 11.1.2022)

[64] Online: https://www.finanzen100.do/top100/die groooten boraennotierten unternehmender-welt/ (Zugriff: 22.2.2022)

[65] Quelle: https://www.idc.com/getdoc.jsp?containerId=US46410421

[66] Presseerklärung Gartner. Online: https://www.gartner.com/en/newsroom/press-releases/2021-03-16-gartner-identifies-top-10-data-and-analytics-technologies-trends-for-2021#:~:text=Gartner%20predicts%20that%20by%202023,and%20analyzed%20in%20edge%20environments (Zugriff: 10.4.2022)

[67] Online: https://www.linkedin.com/pulse/cloud-built-next-decade-satya-nadella/ (Zugriff: 10.4.2022)

[68] Online: https://www.accenture.com/us-en/insights/consulting/business-change?c=acn_glb_businessfuturesmediarelations_12172223&n=mrl_0521 (Zugriff: 28.2.2022)

[69] M Sparkes: Google demonstrates vital step towards large-scale quantum computers. In: New Scientist, 14.7.2021. Online: https://www.newscientist.com/article/2283945-google-demonstrates-vital-step-towards-large-scale-quantum-computers/ (Zugriff: 20.11.2021)

[70] N. Savage: The race to the top among the world's leaders in artificial intelligence. In: Nature, 9.12.2020. Online: https://www.nature.com/articles/d41586-020-03409-8 (Zugriff: 20.11.2021)

[71] Online: https://www.reuters.com/technology/united-states-has-lost-ai-battle-china-pentagons-ex-software-chief-says-2021-10-11/ (Zugriff: 20.11.2021)

[72] Online: https://warontherocks.com/2022/05/how-to-get-nato-forces-the-technology-they-need/ (Zugriff 13.5.2022)

[73] Fraunhofer Group for Defense and Security (Hrsg.): Rise of artificial intelligence im military weapons systems. Position Paper. Ettlingen 2020, S. 17. Online: https://www.fraunhofer.de/content/dam/zv/de/forschungsthemen/schutz-sicherheit/rise-of-intelligent-systems-in-military-weapon-systems-position-paper-fraunhofer-vvs.pdf (Zugriff: 20.11.2021)

[74] Full Translation: China's »New Generation Artificial Intelligence Development Plan«. Stanford University. 1. August 2017. Online: https://digichina.stanford.edu/work/full-translation-chinas-new-generation-artificial-intelligence-development-plan-2017/ (Zugriff: 20.11.2021)

[75] N. Savage: The race to the top among the world's leaders in artificial intelligence. In: nature, 9.12.2020. Online: https://www.nature.com/articles/d41586-020-03409-8 (Zugriff: 20.11.2021)

[76] Ebenda

[77] Bundesregierung (Hg): Strategie Künstliche Intelligenz der Bundesregierung. Stand 2018. Online: https://www.bmwi.de/Redaktion/DE/Publikationen/Technologie/strategie-

kuenstliche-intelligenz-der-gbundesregierung.pdf?__blob=publicationFile&v=10 (Zugriff: 22.2.2022)

[78] Online: https://www.ki-strategie-deutschland.de/files/downloads/201201_Fortschreibung_KI-Strategie.pdf

[79] O. A.: Nato sortiert sich nach Verteidigungsministertreffen neu. In: DIE ZEIT, 22.10.2021

[80] Online: https://www.reuters.com/technology/exclusive-ukraine-has-started-using-clearview-ais-facial-recognition-during-war-2022-03-13/ (Zugriff 13.5.2022)

[81] Online: https://de.statista.com/statistik/daten/studie/216467/umfrage/anteile-einzelner-staaten-und-regionen-an-der-pkw-produktion/ (Zugriff 13.5.2022)

[82] International Monetary Fund: Cars in Europe: Supply Chains and Spillovers during covid-19 times. Online://www.imf.org/en/Publications/WP/Issues/2022/01/14/Cars-in-Europe-Supply-Chains-and-Spillovers-during-COVID-19-Times-511743 (Zugriff: 12.2.2022)

[83] Morning Briefing, Gabor Steingart, 30.11.2021. Online: https://www.thepioneer.de/originals/steingarts-morning-briefing/briefings/spekulation-die-neue-tulpe-heisst-tesla (Zugriff: 28.2.2022)

[84] Plusminus 8.9.2021. Online: https://www.daserste.de/information/wirtschaft-boerse/plusminus/sendung/mdr/tesla-reichweite-konkurrenz-100.html (Zugriff: 12.3.2022)

[85] Accenture: Europe's new dawn – Reinventing industry for future competitiveness; 2021

[86] Top-500-Studie Deutschland: Weltmarktführer von morgen. Neue Ökosysteme in den Industrien. Wertschöpfungssysteme neu gedacht. 2020. Online: https://www.accenture.com/_acnmedia/PDF-114/Accenture-Top500-Studie-Deutschland-Weltmarktfuhrer-von-morgen.pdf (Zugriff: 21.11.2021)

[87] Online: https://www.sartorius.com/en/company/research-innovation/research/advanced-materials/digitizing-labs (Zugriff: 10.4.2022)

[88] Shawn Fitzgerald et al.: IDC FutureScape: Worldwide Digital Transformation 2021 Predictions. Online: https://www.idc.com/getdoc.jsp?containerId=US46880818 (Zugriff: 21.11.2021)

[89] Online: https://cookidoo.de/foundation/de-DE (Zugriff: 10.4.2022)

[90] Digital Economy and Society Index (DESI) 2020. Online: file:///Users/Apple/Downloads/i_desi_2020_0087_final_report_CF99179F-A5B7-6ABF-2C1E8CB44E0EEFA7_72352.pdf (Zugriff: 1.3.2022)

[91] Institut der deutschen Wirtschaft, 23.7.2018. Online: https://www.iwd.de/artikel/infrastrukturmaengel-in-deutschland-belasten-unternehmen-397286/ (Zugriff: 1.3.2022)

[92] O. A.: Europe falls further behind US and Asia in 5G rollout. In: Financial Times, 29.1.2021. Online: https://www.ft.com/content/d2fd9b8a-fddc-4c90-ad11-2d05c542d10b (Zugriff: 1.3.2022)

[93] Observatorio Nacional 5G (Hrsg.): China expands its global dominance in 5G networks, now with the 700 MHz band. 25.8.2021. Online: https://on5g.es/en/china-expands-its-global-dominance-in-5g-networks-now-with-the-700-mhz-band/ (Zugriff: 22.2.2022)

[94] Rüdiger Seelin: Welche Rolle 5G in der Industrie 4.0 spielt. 4.3.2020. Online: https://www.netzwoche.ch/news/2020-03-04/industrie-40-dank-5g/0lt0 (Zugriff: 22.1.2022)

[95] Tobias Regenfuß: Die Rolle von Edge Computing beim 5G-Ausbau. In: Computerwoche, 31.12.2019. Online: https://www.computerwoche.de/a/die-rolle-von-edge-computing-beim-5g-ausbau,3548213 (Zugriff: 1.3.2022)

[96] Accenture Newsroom: trotz Sicherheitsbedenken: Acht von zehn Unternehmen glauben an deutlichen Effekt von 5G. Online: https://newsroom.accenture.de/de/news/trotz-sicherheitsbedenken-acht-von-zehn-unternehmen-glauben-an-deutlichen-effekt-von-5g.htm (Zugriff: 1.3.2022)

[97] Die Bundesregierung (H): 5G-Strategie für Deutschland. Eine Offensive für die Entwicklung Deutschlands zum Leitmarkt für 5G-Netze und -Anwendungen. Berlin 2017. Online: https://www.bmvi.de/blaetterkatalog/catalogs/350336/pdf/complete.pdf, S. 2 (Zugriff: 1.3.2022)

[98] Ericsson Mobility Report June 2021. Online: https://www.ericsson.com/en/reports-and-papers/mobility-report/reports/june-2021 (Zugriff: 1.3.2022)

[99] GSMA (Hrsg.): The Mobile Economy 2021. 2021. Online: https://www.gsma.com/mobileeconomy/wp-content/uploads/2021/07/GSMA_MobileEconomy2021_3.pdf (Zugriff: 1.3.2022)

[100] The 5G Infrastructure Association (Hrsg.): European Vision for the 6G Network Ecosystem Executive Summary, 7.6.2021, DOI: 10.5281/zenodo.5007671 (Zugriff: 28.2.2022)

[101] Bundesministerium für Verkehr und digitale Infrastruktur (Hg.): Aktuelle Breitbandverfügbarkeit in Deutschland (Stand: Ende 2020), Berlin 2020, S. 11

[102] European Commission (Hrsg.): Digital Economy and Society Index (DESI) 2021, S, 9. Online: 0_DESI_2021_Thematic_chapters__Full_European_Analysis_dhhO6dGif25zTs-q4LXZQCIrI_80563-2.pdf (Zugriff: 1.3.2022)

[103] Ebenda, S. 3

[104] Thomas Heuzeroth: Die 75-Prozent-Lücke offenbart die deutsche Breitband-Ungerechtigkeit, 16.4.2021. Online: https://www.welt.de/wirtschaft/article230439577/Gigabit-Ausbau-nach-Region-Die-grosse-deutsche-Breitband-Ungerechtigkeit.html (Zugriff: 15.9.2021)

[105] Ingenieure für Kommunikation: Pressemitteilung vom 19.4.2021: Breitbandausbau kommt voran – aber zu langsam! Online: https://www.ifkom.de/index.php?id=42&tx_ttnews%5Bcat%5D=51&tx_ttnews%5Byear%5D=2021&tx_ttnews%5Bmonth%5D=04&tx_ttnews%5BbackPid%5D=32&tx_ttnews%5Btt_news%5D=7408&cHash=069b8cfddaf78fdcf016bc50437c6133 (Zugriff: 1.3.2022)

[106] Bundesministerium für Wirtschaft und Klimaschutz (Hrsg.): Pressemitteilung vom 30.11.2020: Neuer Digitalisierungsindex zeigt, wo die deutsche Wirtschaft steht. Online: https://www.bmwi.de/Redaktion/DE/Pressemitteilungen/2020/11/20201130-neuer-digitalisierungsindex-zeigt-wo-die-deutsche-wirtschaft-steht.html (Zugriff: 1.3.2022)

[107] https://www.digitalisierungsindex.de/studie/gesamtbericht-2021/ (Zugriff: 16.9.2021)

[108] Bertelsmann Stiftung/burning glass (Hrsg.): Digitalization in the German Labor Market, Gütersloh 2020, S.. 4

[109] European Commission (Hrsg.): Digital Economy and Society Index (DESI) 2020, S. 12. Online: file:///Users/Apple/Downloads/i_desi_2020_0087_final_report_CF99179F-A5B7-6ABF-2C1E8CB44E0EEFA7_72352.pdf (Zugriff: 1.3.2022)

[110] Ebenda

[111] KfW (Hrsg.): Presseerklärung der KfW vom 4.2.2020: Lack of digital skills is hampering German SMEs' digitalisation efforts. Online: https://www.kfw.de/KfW-Group/Newsroom/Latest-News/Pressemitteilungen-Details_564864.html (Zugriff: 15.9.2021)

[112] Online: https://de.statista.com/statistik/studie/id/45993/dokument/mittelstand-in-deutschland/ (Zugriff: 1.3.2022)

[113] Online: https://www.bitkom.org/Themen/Technologien-Software/Software/digitaldesign.html (Zugriff: 1.2.2022)

[114] Peter Welchering: Die Qual der Impf-Software-Wahl, zdf heute, 17.2.2021. Online: https://www.zdf.de/nachrichten/digitales/corona-impfungen-software-biontech-100.html (Zugriff: 1.3.2022)

[115] Deutsche Welle: Gesundheitsämter: Mit Papier, Stift und Fax gegen Corona, 26.1.2021. Online: https://www.dw.com/de/gesundheits%C3%A4mter-mit-papier-stift-und-fax-gegen-corona/a-56347106 (Zugriff: 21.11.2021)

[116] Firma gründen: Deutschland im Ländervergleich – wie lange dauert die Unternehmens-Gründung? In: Digital Engineering Magazin, 12.8.2019. Online: https://www.digital-engineering-magazin.de/firma-gruenden-deutschland-im-laendervergleich-wie-lange-dauert-die-unternehmens-gruendung/ (Zugriff: 10.4.2022)

[117] BDI (Hrsg.): E-Government: Raus aus der analogen Bürokratie, rein in den digitalen Staat.

O. D. Online: https://bdi.eu/artikel/news/e-government-raus-aus-der-analogen-buerokra-tie-rein-in-den-digitalen-staat/ (Zugriff: 16.9.2021)

[118] Achim Berg. Rede vom 1. April 2019. Online: https://www.bitkom.org/sites/default/files/2019-04/bitkom-pressekonferenz_industrie_4.0_01_04_2019_prasentation_0.pdf (Zugriff: 10.4.2022)

[119] Ebenda

[120] European Commission (Hrsg.): Digital Economy and Society Index (DESI) 2021, S. 9. Online: 0_DESI_2021_Thematic_chapters__Full_European_Analysis_dhhO6dGif25zTs-q4LXZQCIrI_80563-2.pdf (Zugriff: 1.3.2022), S. 16

[121] Ebenda, S. 17

[122] Digital Economy and Society Index (DESI) 2020. Online: https://digital-strategy.ec.europa.eu/en/policies/desi (Zugriff: 1.3.2022)

[123] wie 211

[124] European Commission (Hrsg.): Digital Economy and Society Index (DESI) 2021, S. 9. Online: 0_DESI_2021_Thematic_chapters__Full_European_Analysis_dhhO6dGif25zTs-q4LXZQCIrI_80563-2.pdf, S. 78 (Zugriff: 1.3.2022)

[125] Ebenda, S. 81

[126] Online: https://www.destatis.de/DE/Themen/Gesellschaft-Umwelt/Einkommen-Konsum-Lebensbedingungen/IT-Nutzung/_inhalt.html (Zugriff: 15.9.2021)

[127] Stifterverband (Hg) Studie zu Digitalkompetenz: Mehr als zwei Drittel der Deutschen unsicher im Umgang mit digitalen Technologien. Pressemitteilung vom 19.2.2020. Online: https://www.stifterverband.org/pressemitteilungen/2020_02_19_studie_faehigkeiten_fu-er_die_digitale_welt (Zugriff: 15.9.2021)

[128] D21 (Hg): Studie Digital Skills Gap o.D. Online: https://initiatived21.de/D21SkillsGap/ (Zugriff: 5.1.2022)

[129] Federal Ministry for Economic Affairs and Energy (Hrsg.): Digital Strategy 2025. Berlin 2016. Online: https://www.de.digital/DIGITAL/Redaktion/EN/Publikation/digital-strategy-2025.pdf?__blob=publicationFile&v=9 (Zugriff: 10.4.2022)

[130] Interview 9. Juni 2021

[131] Ministry of Foreign Affairs of Denmark (Hrsg.): Way for the Implementation of Trust by Design. Online: https://investindk.com/insights/denmark-paves-the-way-for-implemen-tation-of-trust-by-design (Zugriff: 17.9.2021)

[132] Online: https://digitaldenmark.dk/digital-timeline/ (Zugriff: 17.9.2021)

[133] Ebenda

[134] Gerard Dwyer: Danish government launches wide-ranging digital services project. In: ComputerWeekly.com, 29.11.2018. Online: https://www.computerweekly.com/news/252453418/Danish-government-launches-wide-ranging-digital-services-project (Zugriff: 17.9.2021)

[135] Ebenda

[136] https://cyclingindustry.news/copenhagen-crowd-maps-cycling-infrastructure-needs-as-it-shoots-for-50-modal-share/ (Zugriff: 17.9.2021)

[137] Marius Sylvestersen: City Data Exchange. Lessons Learned from a Public/Private Data Collaboration. O. D. Online: https://cphsolutionslab.dk/media/pages/projekter/data-plat-forms/city-data-exchange/1837671186- (Zugriff 22.2.2022), 1612174620/city-data-exchange-cde-lessons-learned-from-a-public-private-data-collaboration (Zugriff: 17.9.2021)

[138] Drew Harwell: Huawei official speaks out on why he resigned after The Post reported the tech giant had worked on a »Uighur alarm«. In: Washington Post, 1.2.2021. Online: https://www.washingtonpost.com/technology/2021/02/01/huawei-uighur-facial-recogni-tion-fallout/ (Zugriff: 17.9.2021)

[139] Europäische Kommission (Hrsg.), Deutschland im digitalen Vergleich in der EU auf Platz 11. Pressemeldung vom 12.11.2021. Online: https://germany.representation.ec.euro-

pa.eu/news/deutschland-im-digitalen-vergleich-der-eu-auf-platz-elf-2021-11-12_de (Zugriff: 19.1.2022)

[140] European Center for Digital Competitiveness (Hrsg.): Digital Riser Report 2021. Online: https://digital-competitiveness.eu/de/digitalriser/ (Zugriff: 1.3.2022)

[141] Christian Wermke: Wie in Italien der digitale Fortschritt gelingen konnte. In: Handelsblatt, 2.9.2021

[142] Digital Economy and Society Index (DESI) 2020, S. 13. Online: file:///Users/Apple/Downloads/i_desi_2020_0087_final_report_CF99179F-A5B7-6ABF-2C1E8CB44E0EE-FA7_72352.pdf, S. 74 (Zugriff: 1.3.2022)

[143] Online: https://www.eiz-niedersachsen.de/deutschland-im-digitalen-vergleich-in-der-eu-an-platz-zwoelf/ (Zugriff: 1.3.2022)

[144] Online: https://www.accenture.com/_acnmedia/PDF-165/Accenture-Studie-Digitalland-Deutschland-2021.pdf#zoom=50

[145] Marie Mawad: Scale-Up Europe: How to build global tech leaders in Europe. Online: https://content.sifted.eu/wp-content/uploads/2021/06/15162949/Scale-Up-Europe-Report.pdf (Zugriff: 1.3.2022)

[146] European Commission (Hrsg.): Trade and Technology Council: Inaugural meeting agrees on important deliverables and outlines areas for future EU-US cooperation. Press Release, 13.9.2021. Online: https://digital-strategy.ec.europa.eu/en/news/trade-and-technology-council-inaugural-meeting-agrees-important-deliverables-and-outlines-areas/ (Zugriff: 1.3.2022)

[147] European Commission (Hrsg.): Digital sovereignty: Commission kick-starts alliances for Semiconductors and industrial cloud technologies. Press Release, 19.7.2021. Online: https://ec.europa.eu/commission/presscorner/detail/en/ip_21_3733 (Zugriff: 10.4.2022)

[148] Forrest Wickman: Who really said you should kill your darlings? In: Slate, 18.10.2013. Online: https://slate.com/culture/2013/10/kill-your-darlings-writing-advice-what-writer-really-said-to-murder-your-babies.html (Zugriff: 1.3.2022)

[149] UNCTAD. 2019. Digital Economy Report 2019: Value Creation and Capture: Implications for Developing Countries. Geneva: United Nations. Online: https://unctad.org/webflyer/digital-economy-report-2019 (Zugriff: 1.3.2022)

[150] Accenture CxO Survey, sample Deutschland n = 250 unveröffentlicht, 2021

[151] Accenture CxO Survey, sample weltweit n = 4051, unveröffentlicht, 2021

[152] London Business School: Bureaucracy: Where to liberate 3 trillion Dollar. Online: https://www.london.edu/think/bureaucracy-where-to-liberate-3-trillion (Zugriff: 1.3.2022)

[153] Online: https://www.weforum.org/organizations/siemens-ag (Zugriff: 1.3.2022)

[154] Martin Seiwert: VW verkauft erstmals mehr E-Autos als Tesla – und das dürfte so bleiben. In: Die Wirtschaftswoche, 18.2.2021. Online: https://www.wiwo.de/unternehmen/auto/elektroautos-vw-verkauft-erstmals-mehr-e-autos-als-tesla-und-das-duerfte-so-bleiben/26926510.html (Zugriff: 1.3.2022)

[155] Amy C. Edmondson et al.: Cross-Silo Leadership. In: Harvard Business Review 2019. Online: https://hbr.org/2019/05/cross-silo-leadership (Zugriff: 1.3.2022)

[156] Mariana Mazzucato: The Value of Everything. Making and Taking in the global economy, Allen Lane 2018

[157] Joseph E. Stiglitz: GDP Is the Wrong Tool for Measuring What Matters. In: Scientific American, 1.8.2020. Online: https://www.scientificamerican.com/article/gdp-is-the-wrong-tool-for-measuring-what-matters/ (Zugriff: 1.3.2022)

[158] Bodo Herzog: Valuation of Digital Platforms: Experimental Evidence for Google and Faceboo. 17.10.2018. Online: https://www.mdpi.com/2227-7072/6/4/87/htm (Zugriff: 22.11.2021)

[159] International Monetary Fund (Hrsg.): Izabela Karpowicz/Nujin Suphaphiphat: Productivity Growth and Value Chains in Four European Countries. 31.1.2020. Online: https://www.

imf.org/en/Publications/WP/Issues/2020/01/31/Productivity-Growth-and-Value-Chains-in-Four-European-Countries-48981 (Zugriff: 2.3.2022)

[160] Elinor Ostrom: Beyond markets and states: Polycentric Governance of Complex Economic Systems. Nobelpreisrede vom 8. 12. 2009. Online: https://www.nobelprize.org/uploads/2018/06/ostrom_lecture.pdf (Zugriff: 1.3.2022)

[161] Baden-Württembergischer Genossenschaftsverband, 30.4.2018. Online: https://www.wir-leben-genossenschaft.de/de/Die-Bedeutung-landwirtschaftlicher-Genossenschaften-5650.htm (Zugriff: 1.2.2022)

[162] Accenture FS Consumer Survey 2020, Q 3.1

[163] David B. Yoffie et al.: A Study of More Than 250 Platforms Reveals Why Most Fail. In: Harvard Business Review 29.5.2019. Online: https://hbr.org/2019/05/a-study-of-more-than-250-platforms-reveals-why-most-fail (Zugriff: 1.2.2022)

[164] Online: https://www.zeiss.de/semiconductor-manufacturing-technology/maerkte-partner/strategische-partnerschaft.html (Zugriff: 15.1.2022)

[165] Börsenverein des Deutschen Buchhandels: Buch und Buchhandel in Zahlen 2021

[166] https://www.boersenblatt.net/news/bookbytes/wie-offen-bin-ich-fuer-veraenderung-227219

[167] Online: https://frankfurtrights.com (Zugriff: 15.3.2022)

[168] Online: https://pedelec-elektro-fahrrad.de/news/tocsen-plus-noch-mehr-sicherheit-im-outdoorsport/596776/ (Zugriff: 1.3.2022)

[169] Online: https://www.accenture.com/_acnmedia/PDF-77/Accenture-Strategy-Ecosystems-Exec-Summary-May2018-POV.pdf

[170] Ebenda

[171] Sarah Neville: Fujifilm's Kenji Sukeno: reinventing a brand. In: Financial Times, 20.1.2019. Online: https://www.ft.com/content/c3bae264-fbb8-11e8-aebf-99e208d3e521 (Zugriff: 1.2.2022)

[172] Mark J. Greeven et al.: The role of Ping An Technology in enabling Ping An Group's digital ecosystem. Dezember 2019. Online:https://www.imd.org/research-knowledge/for-educators/case-studies/The-role-of-Ping-An-Technology-in-enabling-Ping-An-Groups-digital-ecosystem/; https://group.pingan.com/dam/jcr:c3e0cff6-b459-4abe-9b0b-ea9d-9f4a723f/pingan-ar20-report.pdf (Zugriff: 1.2.2022)

[173] https://de.statista.com/statistik/daten/studie/203584/umfrage/absatz-von-apple-iphones-seit-dem-geschaeftsjahr-2007/ (Zugriff: 1.2.2022)

[174] ICT-Channel, 25.5.2021. Online: https://www.ict-channel.com/software-services/geschaeftsmodell-von-apple-unter-der-lupe.125077.html (Zugriff: 1.2.2022)

[175] Daniel Gerster et al.: How Enterprises Adopt Agile Forms of Organizational Design: A Multiple-Case Study. Jan. 2020. Data Base for Advances in Information Systems 51 (1): S. 84–103. DOI: 10.1145/3380799.3380807. Online: https://www.researchgate.net/profile/Daniel-Gerster/publication/338731956_How_Enterprises_Adopt_Agile_Forms_of_Organizational_Design_A_Multiple-Case_Study/links/5e3d4251a6fdccd9658e7a4c/How-Enterprises-Adopt-Agile-Forms-of-Organizational-Design-A-Multiple-Case-Study.pdf (Zugriff: 8.4.2022)

[176] Online: http://www.asymco.com/2011/01/17/the-cook-doctrine/ (Zugriff: 8.4.2022)

[177] Online: https://companiesmarketcap.com/ (Zugriff: 15.5.2021)

[178] Andreas Boes, Alexander Ziegler: Forschungsreport Umbruch in der Automobilindustrie. Analyse der Strategien von Schlüsselunternehmen an der Schwelle zur Informationsökonomie, ISF München 2021 Online verfügbar unter: https://idguzda.de/ (PDF) Forschungsreport-Umbruch-in-der-Automobilindustrie. Online: https://www.researchgate.net/publication/352445234_Forschungsreport-Umbruch-in-der-Automobilindustrie (Zugriff: 6.8.2021)

[179] SZ, 16. Januar 2020

[180] Online: https://www.plattform-i40.de/IP/Redaktion/DE/Downloads/Publikation/digitale-geschaeftsmodelle-fuer-industrie-40.pdf?__blob=publicationFile&v=8 (Zugriff 10.4.2022)

[181] Online: https://www.alexandria.unisg.ch/261317/1/1-s2.0-S0019850120308701-main.pdf

[182] Plattform Industrie 4.0 (Hrsg.): Digitale Ökosysteme in der Industrie –Typologie, Beispiele und zukünftige Entwicklung. Ergebnispapier. Berlin, April 2021. Online: https://www.plattform-i40.de/IP/Redaktion/DE/Downloads/Publikation/Digitale_Oekosysteme.pdf?__blob=publicationFile&v=6 (Zugriff: 10.2.2022)

[183] Stadt Zürich: Digitaler Zwilling. Online: https://www.stadt-zuerich.ch/portal/de/index/politik_u_recht/stadtrat/weitere-politikfelder/smartcity/projekte/zwilling1.html (Zugriff: 1.3.2022)

[184] O. A.: Conference Report: Investing for long time value. Online: https://de.scribd.com/fullscreen/16876744?access_key=key-mfg3d0usaiuaob4taki (Zugriff: 10.2.2022)

[185] Georg Kell: The Remarkable Rise of ESG. In: Forbes, 11.7.2018. Online: https://www.forbes.com/sites/georgkell/2018/07/11/the-remarkable-rise-of-esg/ (Zugriff: 22.2.2022)

[186] Business Roundtable (Hrsg.): Redefines the Purpose of a Corporation to Promote »An Economy That Serves All Americans«. 9.8.2019. Online: https://www.businessroundtable.org/business-roundtable-redefines-the-purpose-of-a-corporation-to-promote-an-economy-that-serves-all-americans (Zugriff: 12.2.2022)

[187] Online: https://corporate.ralphlauren.com/on/demandware.static/-/Sites-RalphLauren_Corporate-Library/default/dwee986973/documents/2021_Global_Citizenship_&_Sustainability_Report.pdf

[188] Ebenda, S. 45

[189] Online: https://www.weforum.org/whitepapers/unlocking-business-model-innovation-through-advanced-manufacturing (Zugriff: 10.4.2022)

[190] Thomas Götz et al.: Der Digitale Produktpass als Politik-Konzept. Kurzstudie im Rahmen der Umweltpolitischen Digitalagenda des Bundesministeriums für Umwelt, Naturschutz und nukleare Sicherheit (BMU) Wuppertal, 2021. Online: https://epub.wupperinst.org/frontdoor/deliver/index/docId/7694/file/WR20.pdf (Zugriff: 29.11.2021)

[191] Jan Bieser et al.: Klimaschutz durch digitale Technologien – Chancen und Risiken. Kurzstudie. Online: https://www.bitkom.org/sites/main/files/2020-05/2020-05_bitkom_klimastudie_digitalisierung.pdf (Zugriff: 26.1.2021)

[192] Svenja Falk, Frank Riemensperger: Von »Made in« zu »Made in and operated by«. Der digitale Betrieb der physischen Welt ermöglicht neue Werteversprechen für die Menschen. In: Informatik Spektrum (2021) 44: 257–263. Online: https://doi.org/10.1007/s00287-021-01381-9 (Zugriff: 26.10.2021)

[193] Anke Brüggemann: Digitalisierung und Klimaschutz im Spannungsfeld: Warum eine nachhaltige Ausrichtung der Digitalisierung wichtig ist. In: KfW Research, Nr. 341, 3.8.2021. Online: https://www.kfw.de/PDF/Download-Center/Konzernthemen/Research/PDF-Dokumente-Fokus-Volkswirtschaft/Fokus-2021/Fokus-Nr.-341-August-2021-Klimaschutz_Digitalisierung.pdf (Zugriff: 21.11.2021)

[194] Eureopean Commission (Hrsg.): Renewed sustainable finance strategy and implementation of the action plan on financing sustainable growth. 8.3.2018. Online: https://ec.europa.eu/info/publications/sustainable-finance-renewed-strategy_en (Zugriff: 2.3.2022)

[195] Stand.earth. 26. Oktober 2021: 1485 institutions with assets over $39.2 Trillion have committed to divest from fossil fuels. Online: https://www.stand.earth/divestinvest2021 (Zugriff: 1.3.2022)

[196] LBBW: Nachhaltigkeit and Green Finance. Krisenfester Trend statt vorübergehender Hype. Stuttgart, März 2021. Online: https://www.lbbw.de/konzern/research/2021/studien/20210430-lbbw-nachhaltigkeit-greenfinance-studie_acxshwp3td_m.pdf (Zugriff: 1.3.2022)

[197] Ingmar Jürgens et al.: Policy Brief – 9/2021. Die EU Sustainable-Finance-Strategie – Im-

plikationen für die künftige Bundesregierung. In: Wissenschaftsplattform. Online: file://Users/Apple/Downloads/WPSF_PB_9-2021_EU_Strategie-1.pdf (Zugriff: 1.3.2022)

[198] Online: https://www.energate-messenger.de/news/215624/report-deutschland-braucht-200-mrd-euro-fuer-klimatechnologien (Zugriff: 27.11.2021)

[199] Jan Hauser: Wie Innovationen rascher das Klima retten sollen. In: FAZ, 20.9.2021. Online: https://www.faz.net/aktuell/wirtschaft/unternehmen/tech-for-net-zero-mit-innovationen-das-klima-retten-17542636.html (Zugriff: 27.11.2021)

[200] Pressemitteilung der KfW vom 3.8.2021. Online: https://www.kfw.de/%C3%9Cber-die-KfW/Newsroom/Aktuelles/Pressemitteilungen-Details_665472.html (Zugriff: 27.11.2021)

[201] Steffen Lange et al.: Digitalization and energy consumption. Does ICT reduce energy demand? In: Ecological Economics. Volume 176, Oktober 2020, 106760. Online: https://www.sciencedirect.com/science/article/abs/pii/S0921800919320622#! (Zugriff: 26.10.2021)

[202] Bundesministerium für Umwelt, Naturschutz, nukleare Sicherheit und Verbraucherschutz: Umweltpolitische Digitalagenda. Online: https://www.bmu.de/digitalagenda (Zugriff: 1.3.2022)

[203] Stephan Ramesohl: Driving a sustainable digital transformation. Wuppertal Institut für Klima, Umwelt, Energie gGmbH 2021. Online: https://wupperinst.org/en/topics/digitalisation (Zugriff: 27.11.2021)

[204] wie 121

[205] Brendan Maher, Richard Van Noorden: How the COVID pandemic is changing global science collaborations, 16. 6. 2021. Online: https://www.nature.com/articles/d41586-021-01570-2 (Zugriff: 28.11.2021)

[206] BVMed 25.7.2019, Spectaris/BMWi2021, Präsentation 16.11.2021

[207] Jan-Niclas Mumm et al.: Digitale Innovation in der Medizin – die COVID-19-Pandemie als Akzelerator von »digital health. J. Urol. Urogyn.kol. AT 2021, 28: S. 1–5. Online: https://doi.org/10.1007/s41972-020-00126-2 (Zugriff: 1.3.2022)

[208] Bertelsmann Stiftung (HG): Smart Health Systems. Digitalisierungsstrategien im internationalen Vergleich. Online: https://www.bertelsmann-stiftung.de/fileadmin/files/Projekte/Der_digitale_Patient/VV_SHS-Gesamtstudie_dt.pdf (Zugriff: 1.2.2022)

[209] Online: https://mobius.md/2021/10/25/11-mobile-health-statistics/ (Zugriff: 2.3.2022)

[210] Ariel D. Stern et al.: Want to See the Future of Digital Health Tools? Look to Germany. In: Harvard Business Review. 2.12.2020. Online: https://hbr.org/2020/12/want-to-see-the-future-of-digital-health-tools-look-to-germany (Zugriff: 2.3.2022)

[211] Sarah Gerke et al.: Germany's digital health reforms in the COVID-19 era: lessons and opportunities for other countries. npj Digit. Med. 3, 94 (2020). https://doi.org/10.1038/s41746-020-0306-7 (Zugriff: 2.3.2022)

[212] Online: https://www.ise.fraunhofer.de/en/key-topics/digital-energy-transformation.html (Zugriff: 2.3.2022)

[213] Online: https://windpowernl.com/2019/02/15/shell-innogy-and-stiesdal-offshore-technologies-take-final-investment-decision-floating-wind/ (Zugriff: 1.3.2022)

[214] Online: https://totalenergies.com/media/news/press-releases/total-and-google-cloud-develop-solar-mapper-tool-estimating-solar-energy (Zugriff: 1.3.2022)

[215] Online: https://www.airbus.com/en/newsroom/press-releases/2019-10-airbus-partners-with-amprius-leader-in-high-energy-density-battery (Zugriff: 2.2.2022)

[216] Online: https://news.klm.com/klm-and-microsoft-join-forces-to-advance-sustainable-air-travel/ (Zugriff: 1.3.2022)

[217] Mehr Fortschritt wagen. Koalitionsvertrag SPD – Grüne – FDP. 2021 – 2025. Online: https://www.wiwo.de/downloads/27830022/8/koalitionsvertrag-2021-2025.pdf (Zugriff: 1.3.2022)

[218] Gespräch mit Marius Sylvestersen

[219] Lacy, Peter, Jessica Long, and Wesley Spindler. *The Circular Economy Handbook*. Palgrave Macmillan, 2020

[220] Online: https://www3.weforum.org/docs/WEF_Circular_Trailblazers_report_2020.pdf, S. 5 (Zugriff: 10.4.2022)

[221] Online: https://ec.europa.eu/commission/presscorner/detail/de/ip_20_420 (Zugriff: 10.4.2022)

[222] Online: https://www3.weforum.org/docs/WEF_Circular_Trailblazers_report_2020.pdf, S. 6 (Zugriff: 10.4.2022)

[223] Online: https://www.coca-cola.eu/news/supporting-environment/paper-bottle-prototype-to-trial (Zugriff: 10.4.2022)

[224] Online: https://www.basf.com/se/en/media/news-releases/2019/10/p-19-356.html (Zugriff: 1.3.2022)

[225] Online: https://www.billerudkorsnas.com/collaborationTetrapak (Zugriff: 1.3.2022)

[226] Online: https://www.hannovermesse.de/de/news/news-fachartikel/digitalisierung-erleichtert-recycling-und-kreislaufwirtschaft (Zugriff: 1.2.2022)

[227] World Economic Forum in Collaboration with Accenture Strategy (Hrsg.): Raising Ambitions: A new roadmap for the automotive circular economy. Dezember 2020. Online: https://www.weforum.org/reports/raising-ambitions-a-new-roadmap-for-the-automotive-circular-economy (Zugriff: 1.2.2022)

[228] European Commission (Hrsg.): Digital Economy and Society Index (DESI) 2020, S. 10

[229] Shaping Europe's digital future: COM(2020) 67 final. Online: https://ec.europa.eu/info/sites/info/files/communication-shaping-europes-digital-future-feb2020_en_3.pdf (Zugriff: 14.9.2021)

[230] Online: https://ec.europa.eu/info/sites/default/files/communication-european-strategy-data-19feb2020_en.pdf (Zugriff: 3.3.2022)

[231] Cloud als strategisches Werkzeug. In: Computerwoche, 24.10.2020 (Zugriff: 29.12.2020)

[232] Online: https://enterprisersproject.com/article/2020/4/edge-computing-9-compelling-stats (Zugriff: 10.4.2022)

[233] Online: https://www.data-infrastructure.eu/GAIAX/Navigation/EN/Home/home.html

[234] Online: https://internationaldataspaces.org/usecases/german-edge-cloud/ (Zugriff: 10.4.2022)

[235] Online: https://www.fraunhofer.de/content/dam/zv/de/Forschungsfelder/industrial-data-space/Industrial-Data-Space_whitepaper.pdf (Zugriff: 10.4.2022)

[236] Wissenschaftliche Dienste des Deutschen Bundestags: Die Umsetzung der RL (EU) 2019/1024 (PSI-Richtlinie) in deutsches Recht. WD 3 - 3000 - 127/21. 2.07.2021. Online: https://www.bundestag.de/resource/blob/862700/397468ad101707b7909038689db0eada/WD-3-127-21-pdf-data.pdf (Zugriff: 2.3.2022)

[237] Online: https://www.destatis.de/DE/Methoden/WISTA-Wirtschaft-und-Statistik/2021/06/europaeische-datenstrategie-062021.pdf?__blob=publicationFile (Zugriff: 10.4.2022)

[238] Data Act: Proposal for a Regulation on harmonised rules on fair access to and use of data Shaping Europe's digital future (europa.eu) (Zugriff: 10.4.2022)

[239] Online: https://www.vdma.org/viewer/-/v2article/render/46822445 (Zugriff: 10.4.2022)

[240] Online: https://www.it-times.de/news/bitkom-zum-data-act-143188/ (Zugriff: 30.11.2021)

[241] Online: https://eur-lex.europa.eu/legal-content/DE/TXT/?uri=CELEX%3A52018DC0795 (Zugriff: 30.11.2021)

[242] Online: https://ec.europa.eu/info/strategy/priorities-2019-2024/europe-fit-digital-age/excellence-trust-artificial-intelligence_de (Zugriff: 10.4.2022)

[243] Online: https://www.thepioneer.de/originals/steingarts-morning-briefing/briefings/telekom-ceo-rechnet-ab-europa-ohne-digitalen-binnenmarkt#login (Zugriff: 10.4.2022)

[244] Hans-Jürgen Papier, Die Warnung, München 2019

[245] Online: https://digichina.stanford.edu/work/translation-14th-five-year-plan-for-national-informatization-dec-2021/ (Zugriff: 2.3.2022)

[246] Ebenda

247 Online: https://www.frost.com/frost-perspectives/foxconns-high-stakes-ev-market-entry/ (Zugriff: 2.3.2022)

248 Online: https://www.energytrend.com/news/20210629-22647.html (Zugriff: 2.3.2022)

249 Online: https://www.rolandberger.com/en/Insights/Publications/Transferring-the-open-source-approach-from-tech-to-automotive.html (Zugriff: 2.3.2022). Jack Cheng im Interview mit Wolfgang Bernhart: »The idea behind MIH is to establish an open platform similar to what Android is for smartphones. We invite developing partners to develop hardware and software for this platform. The mission of the MIH Alliance is to facilitate cooperation in the EV sector, to develop the technologies, to establish testing and certification standards, and to bring alliance members together to achieve the goal of cost reduction and expediting development cycles.«

250 DigiTimes Asia (Hrsg.): Eurotrade: Foxconn chairman Young-Way Liu talks semiconductor, EV trends on US-Taiwan High-Tech Forum; 8.11.2021. Online: https://www.digitimes.com/newsshow/company.asp?datePublish=2021/11/08&pages=PD&seq=217&mod=3&q=ic (Zugriff: 2.3.2022)

251 Online: https://www.foxconn.com/en-us/press-center/press-releases/latest-news/694 (Zugriff: 2.3.2022)

252 Online: https://www.mih-ev.org/en/news-info/?id=695 (Zugriff: 10.4.2022)

253 Online: https://www.cnbc.com/2021/11/10/foxconn-buys-lordstown-motors-old-gm-factory-for-230-million.html (Zugriff: 10.4.2022)

254 Online: https://catena-x.net/de/ (Zugriff: 2.3.2022)

255 Automobilwoche 2.3.2021: Vernetzung und Datenaustausch. Automobilbranche setzt auf Initiative »Catena-X«. Online: https://www.automobilwoche.de/article/20210302/AGENTURMELDUNGEN/303029947/vernetzung-und-datenaustausch-autobranche-setzt-auf-initiative-catena-x (Zugriff: 2.3.2022)

256 Online: https://catena-x.net/fileadmin/user_upload/intro_praesenationen/de_overview_catena-x_v1.00.pdf (Zugriff: 2.3.2022)

257 1. Grenzen: Es existieren klare und lokal akzeptierte Grenzen zwischen legitimen Nutzern und Nicht-Nutzungsberechtigten, zwischen einem spezifischen Gemeinressourcensystem und einem größeren sozioökologischen System. 2. Kongruenz: Die Regeln für die Aneignung und Reproduktion einer Ressource entsprechen den örtlichen und den kulturellen Bedingungen. Aneignungs- und Bereitstellungsregeln sind aufeinander abgestimmt; die Verteilung der Kosten unter den Nutzern ist proportional zur Verteilung des Nutzens. 3. Gemeinschaftliche Entscheidungen: Die Betroffenen können an Entscheidungen zur Bestimmung und Änderung der Nutzungsregeln teilnehmen (auch wenn viele diese Möglichkeit nicht wahrnehmen). 4. Monitoring der Nutzer und der Ressource: Es muss ausreichend Kontrolle über Ressourcen geben, um Regelverstößen vorbeugen zu können. Personen, die mit der Überwachung der Ressource und deren Aneignung betraut sind, müssen selbst Nutzer oder den Nutzern rechenschaftspflichtig sein. 5. Abgestufte Sanktionen: Verhängte Sanktionen sollen in einem vernünftigen Verhältnis zum verursachten Problem stehen. Die Bestrafung von Regelverletzungen beginnt auf niedrigem Niveau und verschärft sich, wenn Nutzer eine Regel mehrfach verletzen. 6. Konfliktlösungsmechanismen: Konfliktlösungsmechanismen müssen schnell, günstig und direkt sein. Es gibt lokale Räume für die Lösung von Konflikten zwischen Nutzern sowie zwischen Nutzern und Behörden (zum Beispiel Mediation). 7. Anerkennung: Es ist ein Mindestmaß staatlicher Anerkennung des Rechtes der Nutzer erforderlich, ihre eigenen Regeln zu bestimmen. 8. Eingebettete Institutionen (für große Ressourcensysteme): Wenn eine Gemeinressource eng mit einem großen Ressourcensystem verbunden ist, sind Governance-Strukturen auf mehreren Ebenen miteinander »verschachtelt« (Polyzentrische Governance). Helfrich: Muster gemeinsamen Handelns. Acht Orientierungspunkte für das Commoning. In: S. Helfrich, D. Bollier (Hrsg.): Die Welt der Commons. Muster gemeinsamen Handelns. Bielefeld 2015, S. 55f.

[258] Online: https://www.continental.com/en/press/press-releases/continental-and-nvidia-partner-to-enable-worldwide-production-of-artificial-intelligence-self-driving-cars/ (Zugriff: 2.3.2022)

[259] Online: https://www.continental.com/de/presse/pressemitteilungen/continental-nimmt-eigenen-supercomputer-in-betrieb/(Zugriff: 2.3.2022)

[260] Online: https://www.value-balancing.com

[261] Online: https://www.tuvsud.com/de-de/ueber-uns/geschichte/unsere-gruendungsjahre (Zugriff: 2.3.2022)

[262] TÜV-Pressemeldung 27.10.2021. Online: https://www.presseportal.de/pm/65031/5057419 (Zugriff: 2.3.2022)

[263] Online: www.tuev-verband.de/pressemitteilungen/ki-verbraucherstudie-2021 (Zugriff: 10.4.2022)

[264] Neal Stephenson: Snow Crash, New York 1992

[265] Nele Höfler/Hannah Krolle: Das steckt hinter dem Metaverse-Hype. Online: https://www.handelsblatt.com/technik/forschung-innovation/metaverse-das-steckt-hinter-dem-metaverse-hype-/28073180.html (Zugriff: 18.3.2022)

[266] Online: https://www.crypto-basics.do/blog/die verruckten-bored-ape-yacht-club-nfts-erklaert (Zugriff: 18.3.2022)

[267] Kabir Jhala: Crypto-crazed Sotheby's launches first virtual gallery in digital metaverse Decentraland. Juni 2021. Online: https://www.theartnewspaper.com/2021/06/07/crypto-crazed-sothebys-launches-first-virtual-gallery-in-digital-metaverse-decentraland (Zugriff: 18.3.2022)

[268] Wikipedia. Online: https://de.wikipedia.org/wiki/Decentraland#cite_note-6 (Zugriff: 18.3.2022)

[269] Ron Shevlin: Digital Land Grab: Metaverse Real Estate Prices Rose 700% In 2021. In: Forbes, 4.2.2022 Online: https://www.forbes.com/sites/ronshevlin/2022/02/04/digital-land-grab-metaverse-real-estate-prices-rose-700-in-2021/?sh=255bb897cdc7 (Zugriff: 18.3.2022)

[270] Online: https://www.roblox.com/nikeland (Zugriff: 18.3.2022)

[271] Wikipedia. Online: https://de.wikipedia.org/wiki/Decentraland#cite_note-6 (Zugriff: 18.3.2022)

[272] Online: https://www.accenture.com/_acnmedia/Thought-Leadership-Assets/PDF-5/Accenture-Meet-Me-in-the-Metaverse-Full-Report.pdf (Zugriff: 18.3.2022)

[273] Online: https://coinmarketcap.com/alexandria/article/revealed-how-much-metaverse-industry-could-be-worth (Zugriff: 10.4.2022)

[274] Online: https://www.accenture.com/us-en/blogs/how-accenture-does-it/are-you-ready-for-close-encounters-of-the-virtual-kind (Zugriff: 18.3.2022)

[275] Thomas Jahn et al.: Milliardenmarkt oder Milliardengrab? Was das Metaverse wirklich kann. In: Handelsblatt 11.2.2022. Online: https://www.handelsblatt.com/technik/forschung-innovation/virtuelle-welt-milliardenmarkt-oder-milliardengrab-was-das-metaverse-wirklich-kann/28056280.html (Zugriff: 18.3.2022)

[276] Online: https://www.theverge.com/2021/10/25/22745381/facebook-reality-labs-10-billion-metaverse (Zugriff: 10.4.2022)

[277] Axel Postinett: US-Tech-Giganten erfinden mit Metaverse das Internet neu – So positionieren sich Anleger geschickt. In: Handelsblatt, 4.11.2021. Online: https://www.handelsblatt.com/finanzen/anlagestrategie/trends/aktien-unter-der-lupe-us-tech-giganten-erfinden-mit-metaverse-das-internet-neu-so-positionieren-sich-anleger-geschickt/27764748.html (Zugriff: 18.3.2022)

[278] Online: https://www.handelsblatt.com/technik/forschung-innovation/virtuelle-welt-milliardenmarkt-oder-milliardengrab-was-das-metaverse-wirklich-kann/28056280.html?ticket=ST-9649208-kZB2DcHjxmyrfpgf6AuE-ap3 (Zugriff: 10.4.2022)

[279] A Safer Metaverse. Last week, I was interviewed by news … | by Nina Jane Patel | Kabuni | Medium

[280] Online: https://www.bloomberg.com/professional/blog/metaverse-may-be-800-billion-market-next-tech-platform/

[281] Online: https://www.blockdata.tech/blog/general/81-of-the-top-100-public-companies-are-using-blockchain-technology (Zugriff: 18.3.2022)

[282] Tony Parisi: The Seven Rules of the Metaverse. A framework for the coming immersive reality. In: medium, 22.10.2021. Online: https://medium.com/meta-verses/the-seven-rules-of-the-metaverse-7d4e06fa864c (Zugriff: 18.3.2022)

[283] Online: https://www.handelsblatt.com/technik/forschung-innovation/virtuelle-welt-milliardenmarkt-oder-milliardengrab-was-das-metaverse-wirklich-kann/28056280.html (Zugriff: 10.4.2022)

[284] Andrew R. Chow: How Digital Twins Are Transforming Manufacturing, Medicine and More. In: TIME, 30.12.2021. Online: https://time.com/6131320/digital-twins-uses/ (Zugriff: 24.3.2022)

[285] Accenture Technology Vision 2022. Online: https://www.accenture.com/us-en/insights/technology/technology-trends-2022 (Zugriff: 23.3.2022)

[286] Matthew Ball: Framework for the Metaverse. Online: https://www.matthewball.vc/all/forwardtothemetaverseprimer (Zugriff: 18.3.2022)

[287] Online: https://t3n.de/news/metaverse-erklaert-hype-zukunft-1419141/ (Zugriff: 18.3.2022)

[288] Casey Newton: Mark in the Metaverse. 22.7.2021. Online https://www.theverge.com/22588022/mark-zuckerberg-facebook-ceo-metaverse-interview (Zugriff: 18.3.2022)

[289] Cathy Hackl: Defining the Metaverse Today. In: Forbes, 2.5.2021. Online: https://www.forbes.com/sites/cathyhackl/2021/05/02/defining-the-metaverse-today/?sh=52fcdb3c6448 (Zugriff: 18.3.2022)

[290] Online: https://www.computerwoche.de/a/der-digitale-zwilling-der-erde,3552174 (Zugriff: 13.5.2022)

[291] Online: https://www.fio.one/2021/12/27/the-metaverse-economy-the-future-of-work/ (Zugriff: 10.4.2022)

[292] Matthew Ball: Framework for the Internet. 29.6.2021. Online: https://www.matthewball.vc/all/forwardtothemetaverseprimer (Zugriff: 18.3.20222)

[293] Online: https://thediplomat.com/2022/03/what-will-chinas-metaverse-look-like/ (Zugriff: 13.5.2022)

[294] Lewrick, Michael (2021): Business Ökosystem Design. Ein Paradigmenwechsel in der Gestaltung von Geschäftsmodellen und Wachstum, S. 311

[295] CxO Pulse Survey, Juli 2020, n = 700

[296] Accenture CxO Study, n = 4051 (weltweit), 2021 (unveröffentlicht)

[297] Interview am 28.2.2022

[298] Online: https://www.dfki.de/fileadmin/user_upload/DFKI/Medien/News_Media/Presse/Presse-Highlights/vdinach2011a13-ind4.0-Internet-Dinge.pdf

[299] Online: https://www.bmwi.de/Redaktion/DE/Publikationen/Digitale-Welt/smart-service-welt-internetbasierte-dienste-fuer-die-wirtschaft.html

[300] Online: https://dl.gi.de/handle/20.500.12116/4909

[301] Online: https://www.plattform-i40.de/IP/Navigation/DE/Industrie40/Leitbild2030/leitbild-2030.html